职业教育原理

高 奇 著

光明日报出版社

图书在版编目（CIP）数据

职业教育原理 / 高奇著 . -- 北京：光明日报出版
社，2020.6
ISBN 978 - 7 - 5194 - 5840 - 9

Ⅰ.①职… Ⅱ.①高… Ⅲ.①职业教育—理论研究
Ⅳ.①G71

中国版本图书馆 CIP 数据核字（2020）第 212248 号

职业教育原理

ZHIYE JIAOYU YUANLI

著　　者：高　奇

责任编辑：史　宁　　　　　责任校对：刘浩平
封面设计：中联华文　　　　责任印制：曹　净

出版发行：光明日报出版社
地　　址：北京市西城区永安路 106 号，100050
电　　话：010 - 63139890（咨询），010 - 63131930（邮购）
传　　真：010 - 63131930
网　　址：http：//book. gmw. cn
E - mail：shining@ gmw. cn
法律顾问：北京德恒律师事务所龚柳方律师

印　　刷：三河市华东印刷有限公司
装　　订：三河市华东印刷有限公司
本书如有破损、缺页、装订错误，请与本社联系调换，电话：010 - 63131930

开　　本：170mm×240mm
字　　数：251 千字　　　　印　　张：17
版　　次：2021 年 1 月第 1 版　印　　次：2021 年 1 月第 1 次印刷
书　　号：ISBN 978 - 7 - 5194 - 5840 - 9
定　　价：75. 00 元

前　言

　　高奇教授是我国著名职业教育研究专家。1950年考入北京师范大学教育系，1953年留校任教。北京师范大学教授、博士生导师、外国博士研究生和高级研修班导师。长期从事中国教育史、高等教育史和职业教育的教学和研究。曾任《教育与职业》主编、北京师范大学职教师资培训中心主任和《中国职业技术教育》编辑，同时，兼任全国教育科学规划职业教育学科组成员、职业技术教育学会理事与学术委员、中国职工教育与职业培训协会理事、中华职业教育社理事与理论研究委员会委员、中华职业教育社专家委员会委员等。

　　高奇教授从事教育事业50年来，取得了大量的基础性和应用性成果，并开创了北师大职业教育教学和研究的新局面。在20世纪80年代中期，北师大教育系以高奇教授为代表的一些老教师就开始积极推进职业技术教育学科建设和人才培养。在我国高等学校中首创了职业教育这门新学科，并编撰了国内最早的职业教育学教材《职业教育概论》，培养了我国第一批以职业教育史为研究方向的硕士研究生，为我国职业教育学科建设起到了重要的推进作用。

　　此书稿于2014年完成写作，但成稿时间是在邓小平同志南行之后，1992年10月中国共产党第十四次全国代表大会正式提出："我国经济体制改革的目标是建设社会主义市场经济体制"，也就是国家体制转型关键时期，即从社会主义计划经济转向社会主义市场经济的时期。这个时期非常重要，西方国家想让中国永远成为廉价劳动力供应基地和消费品输出市场，受其压榨和欺凌。但是西方国家和美国没有想到的是中国从改革开放短短几十年里，快速在生产竞争中赶了上来，成为全球市场上最有力的竞争者之一，中国商品大量进入西方国家，加之一些国家内部"脱实向虚"，导致其制造业大幅衰退。在 2008 年西方国家爆发金融危机前后，中国很快突破中低端制造业框架，开始向高端制造业进军，形成更强有力的竞争。在这个转变中，也包含着职业教育的改革与其创新的功劳。作者在整理该书时，以中国职业教育发展的历史轨迹来组织篇章，文中的历史数据和相关事件作者没有进行删减，其目的是从历史的角度来展示我国从职业教育大国向职业教育强国发展的这一历史进程。作者既是中国职业教育发展的参与者与见证者，更是中国职业教育发展的实践者和奉献者。本书不仅是一部职业教育理论著作，也是一本记录中国职业教育发展历程的历史书籍，从中我们能深刻地感受到老一辈教育工作者为中国的职业教育发展事业所付出的巨大贡献！

编者

2019 年 8 月 15 日

目 录
CONTENTS

第一章

职业教育功能

　　"功"，《辞源》称：事也。"事有成效曰功"。"能"指能量。"功能"指事功和能力或功效与作用。英语 Function 具有职责、任务、机能、功能等含义，所以，职业教育的功能，系指职业教育的功用和效能。

　　职业教育是相对于基础教育的一种教育类型，是面向就业的教育。广义的职业教育包括职业陶冶、职业准备教育、职业教育和职业培训。如联合国教科文组织 1974 年第 18 届大会通过的《关于技术和职业教育的建议》中所提出的职业和技术教育"是作为一个涉及教育过程方面的综合术语来使用的，所包括的除了普通教育外，还包括技术和相关科学的学习，以及与经济和社会生活各部门的职业有关的实际技能、态度、理解力和知识，职业和技术教育进一步被理解为：①普通教育的一个组成部分；②为某一职业领域做准备的一种手段；③继续教育的一个方面"①。狭义的职业教育是指为获得某种职业资格而进行的教育或培训。联合国教科文组织 1997 年第 29 届大会批准的《国际教育标准分类法》提出职业教育教学计划"主要为引导学生掌握在某一特定的职业或行业或某类职业或行业中从业所需要的实用技能、知识和认识而设计的。完成这类课程之后可以获得所在国的主管当局（如教育部、雇主协会等）认可的在劳务市场上从业的资格"②。这里所指的是狭义的职业教育。本书关于职业教育功能的概述

---

① 刘来泉. 世界技术与职业教育纵览 ［M］. 北京：高等教育出版社，2002：23.
② 同①287.

是以广义职业教育即让受教育者达到职业资格的准备与获得、保持或转变，以及职业生涯质量的获得与改进的教育为出发点。

职业教育是教育体系中的一个组成部分，因此，职业教育功能与教育所具有的一般功能如文化传递功能、政治功能、经济功能、发展科学技术功能、培养人才的功能等是一致的，但职业教育作为一个特定的教育类型，在共性中又有其自身特有的功能，这里着重论述职业教育的特有功能。从总体而言职业教育具有以下六方面主要的功能。

一、职业教育对人类社会的生存功能

（一）职业教育是劳动力再生产的必要条件

教育是人类的生存方式之一，职业教育是人类社会生存与繁衍的必要条件。在一些动物中也存在着某些学习现象，但有目的、有计划、有组织的教育是人类社会特有的活动。因为，动物主要是依靠本能生活，一般动物自出生就具有相当精确严密的本能活动图式，其在每一种场合中的行为都自有规定。动物只是按照它们所属的那个物种的尺度来进行活动和塑造，如鸟巢、蛛网、蚁穴、蜂房。而人类的生存方式则完全不同。作为人类，除了其自身的生理构造不能自然地保证自身能够成长为一个具有正常的人类智慧的人之外，更重要的是人类是依靠使用工具进行社会性生产而生存、繁衍和发展的。因而，人类是依靠生产知识技术的积累和传递来延续社会的生存和发展的，而不是依靠遗传本能。生产的知识和技术是后天获得的，因此，要从事生产劳动就必须学习。劳动力的再生产是社会再生产的必要条件，与生产劳动直接相关的职业教育和训练又是劳动力再生产的必要条件。

（二）职业教育是保持现代文明的复杂结构以及经济和社会发展的先决条件

人类的社会性生产导致社会分工，社会分工产生了职业。复杂的社会分工构成了现代人类文明社会的复杂结构，职业成为现代社会组织的基本构架。随着生产力的发展，社会的分工越来越细，越来越复杂。现代文明社会不仅有政治、经济、文化、教育、军事、外交等各方面，而且每个领域又有各种不同的层次和结构，构成极其细致的社会分工和千差万别的职业。职业活动、各行各业间的相互关系与合作形式反映了社会运转的方式。职业的载体是人，没有职业教育对各行各业所需人才的培养，现代社会就不能维持和运转，更谈不上发展。所以，职业教育是保障社会生存、保持现代文明的复杂结构及经济和社会发展的先决条件。

（三）职业教育是解决个人生计的保障

职业教育是面向就业的教育。在当代社会职业是个人谋生的手段，个人通过职业获得生存于社会的各种需求。"民以食为天"，就业是个人能够立足和生存于社会最大的安全需要，解决好就业问题也是社会安定的基本保障。1999 年，联合国教科文组织召开的第二届国际技术与职业教育大会的主要工作文件提出："直接为大多数制造业和服务业职工所需的知识和技能是教育体系中的技术和职业教育。虽然技术和职业教育不会创造工作机会，但是它可以使人们掌握改善就业机会所需的技能。"① 因而，从个体而言，职业教育是满足个人生存需要的教育。

二、职业教育对人力资源的开发功能

（一）职业教育是人力资本开发的重要途径

人力资源指人口在经济上可供利用的最高人口数量，或指具有劳动能力的人口。人力资本指凝聚在劳动者身上的知识、技能及其所表现出来的能力。马克思在《资本论》中指出："要改变一般人的本性，使他获得一定劳动部门的技能和技巧，成为发达的和专门的劳动力，就要有一定的教育或训练，而这就得花费或多或少的商品等价物。"② 人力资本是对人进行投资而形成的资本存量，体现于知识和技能，而正是这种知识和技能的进步推动了经济的增长和发展。职业教育是使劳动者成为发达的和专门的劳动力的

---

① 刘来泉．世界技术与职业教育纵览［M］．北京：高等教育出版社，2002．
② 马克思．资本论：第一卷［M］．北京：人民出版社，1975：194．

教育，因而是人力资本开发的重要途径，是培养应用型人才的重要途径。

（二）职业教育是使人力资本开发系统化、规范化的手段

一个社会的人才结构从根本上是由社会生产力水平和经济结构决定的，但由于社会职业十分庞杂，不可能也不需要一一对应进行培养，这就需要通过职业教育体系所划分的层次、专业的设置、课程的开发，使千差万别的职业，形成一个合理的人才结构层次和培养人才的科学系统，形成可以通过教育与培训达到的职业资格标准，为人力资源的开发提供准绳，为企事业单位提供用人的依据，使人力资本开发做到系统化和规范化。

（三）职业教育是形成社会合理的人才结构的基础

职业教育对人力资源开发的贡献主要是对应用型和技术型人才的培养。职业教育要培养大批高素质劳动者和初、中、高级技术人才。通过各级各类职业教育的发展规划和职业教育的发展规模，可以使国家研究型、工程型、技术型人才和高级专业人才、中级专业人才、初级专业人才保持一个合理的比例，使国家的人力资源能够构成一个知识技术结构合理、高效率的智力群体。

三、职业教育对人的个性的发展功能

（一）职业教育是人的全面发展教育的一个组成部分

教育是培养人的社会活动，关于人的发展是教育的永恒主题。马克思对于人的发展前景曾做过概括，即在生产力高度发达的共产主义社会，人们将消灭"旧式分工"，以及由此而造成的人的片面发展和职业性的痴呆，使人的"体力和智力获得充分自由的发展和运用"①。教育的功能就是要通过教育活动，使人的智力和体力得到全面发展，这是教育所追求的理想。但马克思同时又指出："人们是现实的，从事活动的人们，他们受着自己的生产力的一定发展以及与这种发展相适应的交往（直到它的最遥远

---

① 马克思，恩格斯. 马克思恩格斯选集：卷三［**M**］. 北京：人民出版社，1972：322.

的形式）的制约。""人的本质并不是单个人所固有的抽象物。在其现实性上，它是一切社会关系的总和。"① 所以，任何个体都不能离开现实社会所提供的可能去谈个性的发展。在现实条件下，人们通过全面发展教育，即通过具体的德、智、体、美、劳教育，使受教育者在德智体诸方面都能达到一个基本的要求，达到现存社会所能够给予的全面发展。这是各级各类教育的共同任务，在这点上职业教育与其他教育的功能是一致的。

（二）职业教育在人的个性发展上的特殊的功能

由于各种职业之间的差异和人的个性差异是客观存在的，并不是每个人都同样地适应某种职业。因此，在个人与职业之间存在着某种匹配关系。职业教育是专业的定向教育，不同的个性对于不同的职业有着不同的意义。职业教育可以通过定向教育与培训，开发个人潜能，发展学生的特殊兴趣与才能，促进和发展学生与所选专业（职业）有关的才能，充分发挥人的个性特长，使之顺势成才；同时，由于人的可塑性很大，兴趣、能力、性格是可以培养的，职业教育还能够通过有目的、有计划的系统训练，弥补人在某种职业上才能的不足，有助于人的多方面发展和职业的流动与转换，这是职业教育在人的个性发展方面的特殊功能。

（三）职业教育对人的生涯发展的促进功能

职业教育，特别是职业指导可以帮助人们职业生涯的发展。个人的价值不通过社会职业是不可能表现出来的，通过职业教育（职业指导）所提供的服务，达到择业的成功和职业上的成就，能够满足人们实现社会价值的需要，提供成就感，满足受到社会尊重的愿望。人们可以通过对职业的选择，发挥自己的特长，发展自己的兴趣，实现自己的理想，满足展示个性的需要。

---

① 马克思. 关于费尔巴哈的提纲［M］//马克思，恩格斯. 马克思恩格斯选集：卷一. 北京：人民出版社，1972：16 - 18.

四、职业教育对两个文明建设的促进作用

(一)对物质文明建设的促进作用

1. 职业教育为经济建设提供技术人才

任何科学研究成果或工程方案,如果没有技术层面的开发、转化就不可能成为现实的生产力;没有一线操作的技术人员、熟练工人也生产不出产品。所以,职业教育是国民经济发展的重要基础。

2. 职业教育是提高生产率的有效手段

受职业教育者所获得的能力,在生产活动中具有增值效应,即提高教育水平能够提高人们在经济活动中的生产力水平。世界银行的一项研究表明,一个受过四年初等教育的农民比未受过教育的农民,其生产的粮食产量高 8.7%。据闵维方①对我国汽车工厂的实证研究表明,受过职业教育的工人的生产率要比仅受过一般教育的工人的生产率高 6% ~ 11%。所以,发展职业教育是实施科教兴国战略、促进经济和社会可持续发展、提高国际竞争力的重要途径。

3. 职业教育是应对知识经济和经济全球化的重要措施

随着全球经济一体化及信息技术的迅速发展,人类社会已进入知识经济时代,知识成为长远的和可持续的竞争优势的源泉。高技术产业固然需要技术创新,即使作为一个工人,在知识经济时代,也必须是会思考且能提出合理化建议的工人。联合国教科文组织第二届技术与职业教育大会主要工作文件提出:"全球化经济提出的基本挑战是需要有在迅速变化的环境里的调整适应和竞争能力。培养一支生产效率高和灵活的劳动力队伍乃是在 21 世纪进行竞争的最核心的一着。"② 职业教育可以使受教育者有能

---

① 闵维方,教授、博士生导师,生于 1950 年 10 月,其主要研究有:教育经济学、教育财政学、教育管理学、国际比较教育学、经济发展与人力资源的需求与开发、教育资源配置的合理性与科学性、教育系统的内部效益与外部效益,以及教育投资与效益的国际比较等。

② 刘来泉.世界技术与职业教育纵览 [M].北京:高等教育出版社,2002:102.

力面对技术变革和全球商业融合的挑战，通过为劳动者提供技能使之有效参与劳动市场。因此，发展职业教育对一个国家或社会应对知识经济和经济全球化、实现经济结构调整至关重要。

4. 职业教育是国民经济的支柱产业之一

教育是第三产业，是目前我国正在兴起的新兴产业。职业教育的设施、教师的劳动和某些对教学过程或系统起支持作用的相关服务所提供的有形和无形的有价服务所构成的教育产品，可以进入市场。教育服务包括职业教育与培训，在有些国家已经成为国民经济的支柱产业之一。

（二）对精神文明建设的促进作用

1. 对文化的传承与发展

职业教育通过其教学活动（内容、课程、教材、教法）对人类已经创造的文化具有选择、整合、传递、积累与保存的功能；具有吸收、融合、传播本国和世界先进文化的功能；同时，通过职业学校的科研成果、教育实践也具有创新文化的功能。

2. 对社会文明的促进

职业教育通过其全部教育与教学活动对学生进行政治思想教育、公民道德和职业道德教育、心理素质和心理健康教育、环境和生态教育等，培养学生成为有理想、有道德、有文化、有纪律的"四有"新人，是社会精神文明建设的一个有机的组成部分。所以，联合国教科文组织在第二届职业技术与培训大会《技术与职业教育和培训：21 世纪的展望》中认为：我们讨论了 21 世纪一个知识、信息和通信时代的新挑战。全球化和信息与通信技术的革命预示了需要一种新的以人为本的发展模式。我们得出结论：职业与技术教育（TVE）作为终身学习的组成部分，在此新时代应发挥至关重要的作用。因为，它是实现和平文化、有益于环境的可持续发展、实现社会和谐和国际公民意识的有效手段。[1]

---

① 刘来泉. 世界技术与职业教育纵览［M］. 北京：高等教育出版社，2002：56.

3. 培养从事精神文明建设的人才

职业教育通过所设置的专业，培养从事信息、教育、文艺、文化、新闻、出版等各行业的人才，直接为促进社会主义精神文明建设服务。

五、职业教育对劳动力市场（就业）的调节功能

（一）调节供求关系

职业教育的生命力就在于主动适应劳动力市场的需求，所以，职业教育可以从学校布局、发展速度、专业设置、招生规模等方面对劳动力市场的总需求起到平衡供需的调节作用。职业教育也是社会劳动力的蓄水池。当劳动力总体上供大于求时，职业学校可以通过扩大招生、提高层次，以推迟新增劳动力和求职者的就业时间、减轻就业压力，蓄积人才；当某方面人才缺乏时，职业学校也能够开设短线专业、提供急需培训，迅速补充所需人才。

（二）提高就业能力，减少失业率

我国现代职业教育家黄炎培提出职业教育的目的是"使无业者有业，使有业者乐业"。职业教育不仅要使受教育者获得从事某种职业的能力和资格，同时还要通过"核心能力"（关键能力）的培养，获得开发寻求就业、保持就业和变更就业的能力。职业教育可以通过对失业人员的转业、转岗培训，帮助他们重新就业。通过专业设置与各种培训，调节与解决社会结构性失业问题，促进就业。

（三）培养自营职业（创业）能力

培养自营职业（创业）能力是职业教育（职业指导）的一个重要功能。自营职业、自主经营不仅是社会大规模就业的一种主要形式，而且在调节社会劳动力的供求关系、缓解失业方面有着重要的作用。当企事业需求人才量大时，一部分人会向常规部门谋求职业；当这些部门用人减少时，一部分人就会转向自营职业。这种人才的流动，可以减轻社会失业的压力，改善群众的生活处境。同时，为了谋求更多的收入，个人还可以在正式工作之外，从事某些个人的经营。所以，获得自营职业的能力是一种较为可靠的就业保障。

六、职业教育对教育结构与作用的完善功能

（一）改变精英式教育，使教育向大众化转化

我国自古以来的学校教育都是选拔式的精英教育，职业教育处于低下的位置。随着社会与经济的发展，职业教育逐渐改变了其在教育体系中的地位。现在职业教育已从注重狭窄的职业技能训练，转向宽基础的、使学生具有继续学习和发展能力的教育；从早期终结型的教育发展为就业与升学并重的教育；从中低层次的教育向形成高、中、低完整的教育系统发展；从与普通教育隔绝，发展到与普通教育相沟通、相渗透的教育。事实上应用型人才是社会的最大需求，只有职业教育与普通教育（包括初、中、高）的沟通与渗透，以及职业教育与普通教育的均衡发展，才可能改变选拔式的教育结构，实现教育的大众化，实现教育为提高全民素质服务的职能。

（二）完善教育体系，构建开放、灵活的教育体制

以人为本是当代的教育理念，因为现代社会民主确立了人人都有受教育的权利的原则。人人都有发展的可能，教育的功能应是培养而不是淘汰；人人都有就业的权利，人人都有可从事的职业，人人都可以获得成功。职业教育具有两种主要形式——学校式、学历式的职业教育和非学校式、非学历式的职业教育，具有两种证书——学历证书和职业资格证书。所以，职业教育是一种极为灵活开放的教育类型，它可以做到使任何人在任何地点、任何时候，通过不同方式学习其所需要的任何内容。随着职业教育的发展，将会逐渐形成一个可以使受教育者实现多种选择的教育制度，一个可以通过各种不同教育途径得到不断发展的教育制度。

（三）实现终身教育，构建学习化社会

职业教育本质上是一种终身性的教育，一般一个人在受完基础教育（或义务教育）之后，不会再去接受基础教育。而职业教育则不同，在现代一个人一生可能接受多次职业的培训和再培训，这种教育也可能是延续

终身的。所以，继续教育的主体是职业教育。由于知识经济的到来，实践经验成为知识的重要组成部分，职业证书必然要与学历证书并重甚至胜于学历证书。教育将从初中高直线上升，最终变得"扁平化"。人们将寻求掌握多种不同层次的职业能力，为提高就业能力而终身学习，到那时我国也就步入了学习化社会。所以，职业教育是构建学习化社会不可或缺的推动力。

以上所述，是职业教育的主要功能。当然这些功能并不是孤立存在的，而是互相交错、相互促进、互为因果的。由于职业教育具有这些特定的功能，职业教育成为我国教育体系的重要组成部分，以及国民经济和社会发展的重要基础。"推进职业教育的改革与发展是实施科教兴国战略、促进经济和社会可持续发展、提高国际竞争力的重要途径，是调整经济结构、提高劳动者素质、加快人力资源开发的必然要求，是拓宽就业渠道、促进劳动就业和再就业的重要举措。"（2003 年《国务院关于大力推进职业教育改革与发展的决定》）

参考书目：

（1）教育部职业教育中心研究所．职业技术教育原理［M］．北京：经济科学出版社，1980.

（2）刘来泉．世界技术与职业教育纵览［M］．北京：高等教育出版社，2002.

第二章

职业教育的历史沿革

一、我国古代的职业教育

（一）有关原始社会生产技术教育的传说与记载

中华民族是一个具有悠久历史和自己独特文化传统的民族。大约从一百七八十万年前到二三十万年前，我国大地上生活着原始的先民。从 50 万年前周口店"中国猿人"的遗存看，这时的原始人群已经能够打制石器、制造工具，会采集、打猎、用火并且食用熟食。

在我国一些古籍中有着关于原始先民生活状况传说的记载。如《韩非子·五蠹》写道："上古之世，人民少而禽兽众，人民不胜禽兽虫蛇。有圣人作，构木为巢，以避群害，而民说之，使王天下，号曰有巢氏。民食果蓏蚌蛤，腥臊恶臭，而伤害腹胃，民多疾病。有圣人作，钻燧取火，以化腥臊，而民说之，使王天下，号之曰燧人氏。"《易·系辞》载："古者包羲氏之王天下也""始作八卦""作结绳而为网罟，以佃以渔"。"包羲氏没，神农氏作。斫木为耜，揉木为耒，耒耨之利，以教天下"。这里所说的有巢氏、燧人氏、包羲氏、神农氏应不是个人，而是一个时代的象征。这时教育尚未从生产活动和生活实践中分离出来，教育的含义可以理解为在劳动过程中成年人将创造和积累的取火、造屋、耕种、渔猎等生产、生活经验传授给年轻一代，使之一代一代地传承下去，并不断完善发展。这一时期，有传授生产、生活技术的教育活动，但因为社会没有明显的分工，所以不存在职业教育。

大约在旧石器时代晚期，距今约二万到四五万年前，我国的山顶洞文化时期，在氏族公社里，存在着按性别和年龄的不稳定的分工。到了新石器时代晚期，我国人民的生活已经进入畜牧兼农耕的阶段，社会生活有了较明显的分工。《礼记·礼运篇》关于大同之世的说法，反映了人们对远古原始社会时期人类生活的一些朦胧的记忆。其中写到"选贤与能""男有分、女有归"。"贤"与"能"是推选出来的氏族首领，要负责管理生产的社会生活。因此，他们个人与一般氏族公社成员在职责上就有了区别。同时，男子和女子在畜牧、农耕上开始有了不同的分工，比较艰巨复杂的手工工艺如制陶等也要由专门的人来担任了。大约在五千年前，我国龙山、齐家、良渚等文化时期，人类社会已经开始进入铜石并用的时代。轮制陶器和冶金技术是这个时期工艺技术发展最突出的标志。这些生产技术一定要通过专门训练才能传授给后代，并且这时已有了掌握一定文化知识的"巫"，氏族公社的成员已经需要按分工来进行培养了，"分"可以说是最原始的职业，"归"是有了可靠的生活保障。在原始社会中这些具有不同职能和知识技术的人，向青年一代传授不同的知识技术的活动，可以视为最原始的职业教育的萌芽。这时的传授方式是口耳相传，和跟随长辈在实践中学习，这种方式在劳动人民中沿袭了许多世纪。

（二）先秦的职业教育

公元前21世纪到公元前16世纪的夏朝是我国历史上第一个奴隶制国家。据古籍记载，夏代已经产生了学校，但无直接的证据可考。公元前16世纪到公元前11世纪的商朝，学校已有较多的文物可证。这说明夏以后体脑的大分工已经完成，学校的产生标志着教育活动逐渐从生产和生活中独立出来，享受学校教育成为贵族奴隶主的特权，学校成为培养统治者的机构，奴隶和生产劳动知识技能被排除在学校教育之外，奴隶只能在强迫劳动中接受某些训练。到西周（公元前11世纪—公元前770年）时期，教育大体由三个部分组成。

1. 由国学和乡学组成的国家学校系统

即所谓立四学于京师，辟雍居中（成均），东胶在左（即东序），瞽宗在右（即右学），虞庠在国之西郊，为中央的官学。在诸侯封地上的诸侯之学称泮宫，乡遂而下，则庠序并设。这些学校学习的内容为六艺——礼、乐、射、御、书、数，培养统治者和一般行政官吏。

2. 世袭家传的职官教育

在国家产生之后，国家政权需要设官分职而治，产生了具有各种不同职能和掌握不同专业知识的职官。政府中掌握农业、商业、居住、交通、司法、天文、历算、占卜、乐舞、历史、医药等官吏，其职业多为世代相传袭，古人通称之为"畴"人，类似后来所谓的专家。

由于奴隶主贵族对知识的垄断，生产力水平低下，传播手段的缺乏，典籍文物均藏于官府，民间无著述文字，不做官就不能接触到这些专业知识，受不到这方面的教育。政府官员积累和掌握的专业知识、科学技术就成为他们的家学，通过官职的世袭，子继父业，代代相传。这种通过子继父学培养职官的形式，对我国后来专业教育、科技教育影响很大，秦汉以后，虽然不是定制，但是在培养史官、太医、天文、历数等官吏上仍是一个重要的途径。

3. 由地方官向民众所施行的"教化"

所谓"彝"教教化是指由管理生产的官吏或奴隶、工匠之间的对生产知识技能的训练或传授。周朝管理民政的地方官为大司徒，要教民稼穑树艺，其下属分掌各类生产的官如司稼、遂人、稻人、山虞等，要负责教育民众种植、浸种等技术。设于官府的手工作坊，其工艺技术由能工巧匠传授。《礼记·冬官·考工记》称：国有六职，百工居一焉。"知者创物，巧者述之，守之世谓之工"。这种由地方官负责传授农业生产技术和手工业中父子师徒世代相传技艺的方式，后来在封建社会中构成职业教育的一种主要形式。

从夏代开始，经过商代到西周，我国古代职业教育的雏形已经形成。其标志是：从原始氏族对公社成员无差别的传授劳动技能，发展为按社会不同分工进行不同的教育与训练；从年长一代向年轻一代传授各种知识技艺，发展为有专门的人或专职的人负责教育与传授，并且分工固定，世代相传,逐步形成稳定的各行各业。

(三)秦汉至鸦片战争前清代的职业和技术教育

在我国两千多年的封建社会中,职业教育大体可以分为以下四种形式。

1. 职官教育

我国封建社会对于掌握专业知识官吏的教育与培训,从国家的教育体制而言,主要是通过政府的业务部门进行培养,也设有少数专科学校。

秦代提出欲学法令者,以吏为师。这时重视的是法令教育。魏晋南北朝时期,老庄玄学盛行,多讲养生之道,医学受到重视。北魏宣武帝永平三年(公元 510 年)颁《立医学馆诏》,是最早提倡医学专科教育的措施。隋文帝时,设立专门管理教育事务的"国子寺",炀帝时为"国子监"。国子监既是中央官学也是教育行政管理机构,其下设国子学、太学、四门学、书学、算学,书、算两学是中央官学设立专科学校的开端。隋朝还在大理寺设律学,开政府职能机构正式设学之先河。

唐代是我国古代专科教育和职官教育最发达的时期。国子监下设律学、书学、算学。中书省管辖的太医署中设医学,地方府、州官学亦设医学。太史局设天文、历数、漏刻诸学。太仆寺设兽医,太卜署设卜筮。这些隶属于官府的专业教育,都设有专门的教师,称之为博士;有与国子监所属各学相同的教学和考试制度,有规定的入学资格、学习内容和教材。此外,门下省有校书郎,掌校理典籍,刊正错误,其下有拓书手、笔匠、楷书等职员,亦招收学生加以训练。

宋以后理学兴起,科技和专科职官教育逐渐衰落。宋代国子监下设有武学、律学,太史局设算学,翰林院下设书艺局中设书学,画局设画学,太医局设医学。到明代专科学校只有武学、医学、阴阳学和为培养翻译人才而设的"四译馆"。

清代只存算学馆和教授俄语的俄罗斯馆。

2. 家传和私传的专业教育

子继父业,依靠家传或立学收徒传授专业知识技能是古代职业教育的又一重要形式。作为职业，世代家传或从师学习的首推医学。许多名医都是世业。南北朝的徐子才即出生于世代名医之家，六代中有十一位著名的医生。明朝李时珍，祖孙三代行医。历代名医也多有收徒传授医道的，如清代名医陈念祖广收门徒，并在临床与教学的基础上为初学医的人编著《时方歌括》《医学三字经》等入门教材。

天文、算学、数术、艺术、书画等专业技术的传授，也在很大程度上靠家传世业或私人传授。著名科学家祖冲之子幼年就传习家业，其子皓也传家学，长于历算。西晋步熊，少好卜筮、数术，门徒甚盛。元代大数学家朱世杰教授数学"踵门而学者云集"。

3. 工匠培训

我国的官府作坊有悠久的历史，最早见之于《周礼·考工记》，至秦官制中有管理官府工匠的将作、少府之设。唐代设有将作监掌管造之事，少府监掌制作之事，还有军器冶监等。这些官府手工业规模很大，工种繁多，除进行制造、修建供应宫廷、官府和军事各种需要外，同时进行工匠培训。工匠培训最初是世袭家传，唐代出现了世袭以外的传授，采用师徒相传的艺徒制，并对各种不同工艺的学习期限、考核方法都有明确的规定。

民间工匠、手工业者的职业培训，家传是一种主要的形式。各种秘方、秘诀是家传技艺的教本，对外人不轻易泄露，多采用一线单传的方式传习。因此，在传习的职业上有很大的地区和家族色彩。特别是一些绝技更是如此。宣州的笔最好，"自唐惟诸葛一姓，世传其业"。亳州轻纱，唯两家能织，技术几百年不外传。

能工巧匠收徒传习是民间职业和技术教育的又一重要方式。著名的传授纺织技术的黄道婆就是一例。在民间手工业培训中行会也有着重要的作用。唐代已有"行"的组织，至明清城市中每个独立的手工业都有行会。行会对本行业招收学徒的数额、礼节、条件、出师的年限、业务的标准、师傅与学徒的权利与义务等都有规定。商人的组织亦称"行"，各行各业都可以收徒。师傅称掌柜，学徒期满出师后可为铺伙。一般小商贩多是子继父业，在商业活动中进行学习。

4. 农业技术的传授

我国古代经济政策始终把农业置于首位，因此很重视农业技术的传播与推广，所谓"劝课农桑"。除国家颁行各种农书外，地方官负有传播推广和改良农业生产技术的责任，历代都有地方官或专职官员做过这项工作。如汉武帝时令赵过任搜粟都尉（主管农业的官吏），赵过通过实验发明"代田法"（轮种）向全国推广，据称他还推广了耧播技术。元代王桢曾任安徽旌德和江西广丰的县官，常到农村视察，著《农书》推广农业技术。清代福州知府李拔著《种棉说》在福州推广植棉技术等。

除地方官吏外，还有一些专家，或根据自己的经验，或总结一个时期的种植、养殖经验，写成专著，在农业科技传播与教育上起了重要作用。如西汉时《陶朱公养鱼法》是世界上最早的养鱼专著，晋代戴凯之所著《竹谱》是世界上最早的植物专著，北宋蔡襄所著的《荔枝谱》是世界上最早的果树栽培专著，明代中叶有喻本元兄弟著的《元亨疗马集》《疗牛集》《驼经》记载饲养和治疗大牲畜的方法，等等。据不完全统计，两千多年来我国的农书总数有 376 种。

对于广大农民群众子继父业，父子相传仍是农业技术主要的掌握方式。在农业知识、技术的传授中，各种农谚、歌诀起着很大的作用。几千年来积累下的有关农事的歌谣、谚语、口诀如"冬无雪，麦不结""收麦如救火""种地不上粪，等于瞎胡混"，以及二十四节气歌等，极为丰富，集中起来就是一部传授农业知识的百科全书。

综上所述，我国古代已经存在着多种形式的职业教育，如专科学校、官府的工匠培训、私家传授、师徒传授、地方官传播等多种形式。在学校或有组织的培训中已经建立了比较完备的教学、考试、实习、考核制度；形成了课程结构、教学和成套的教材。在教学中很重视直观和实践环节。东汉时就铸造了作为鉴别良马标准的铜马模型和《相马图》，欧洲直到 18 世纪才出现家畜外形的图文和类似的铜马。古代的职业教育也非常重视职业道德的教育，讲究德高与术精。许多医学名著中都有关于医德的论述。

古代医生弟子出徒，老师要送一把雨伞和一盏灯笼，让弟子记住医生的本分是为人治病，不分寒暑，不论风雨，只要有病人，就要出诊。其他各行各业也都总结了许多本行业的职业道德规范，如商业的买卖公平、童叟无欺，制造业的货真价实、精益求精，等等，作为本行业的重要道德规范，代代相传。综上所述，我国古代的职业教育已有了相当的规模，对我国古代经济、社会的繁荣、生产的发展做出了巨大的贡献。但从学校教育而言，则主要是培养统治者及其辅佐（政务官），在教育思想上重治国之道，而轻专业技艺。因此，国家举办的官学，是以人文学科普通高等教育为中心，以儒家经书为主要学习内容，专科学校入学者身份低、人数少，而且时兴时衰，至于生产劳动技术则在学校中没有地位。这极大地阻碍了职业教育的发展。读书做官，"学而优则仕"的思想影响深远，流毒至今。

由于古代自给自足的小农经济占主导地位，社会生产力发展缓慢，历代统治者为维护阶级利益和等级制度，极力使个人的职业固定化，世代相传，不迁其业；也由于职业教育的不发达，形成我国古代职业教育以家传世业为重要形式，以父子或师徒相传为主要方式的特点。这种方式，通过世代研讨，可以使一些专业知识和技艺达到精妙的地步，但也极易湮没失传，从根本上来说是保守的。这种状况直至鸦片战争之后，19世纪中叶我国近代工业产生，才开始发生变化。

二、我国近代的职业教育

近代学校职业教育是近代大工业生产的产物。中国社会在明末清初已经有了资本主义的萌芽，但直至19世纪初尚无近代工业的出现，因而也没有近代的学校职业教育。我国近代的学校职业教育始于洋务运动中的军工教育。

（一）清末的实业教育

19世纪60年代清政府的洋务运动，创办了我国最早的近代工业。

首先是创办军工工业，以及军工工业所要求相应的燃料工业、采掘工业和军事上所需的交通运输、电信等。随之也办有少数民用工业。这些新式工业需要掌握近代科学技术的技术人员和熟练工人，此为满足这种需求，19世纪60年代洋务派开始在兵工厂中附设学堂培养技术人员和工人，此为我国技术学校的开端。1866年制造兵舰的福州船政局附设船政学堂，1867年制造枪械的上海江南制造局附设机器学堂培养技术人才。1868年福州船政局招收艺徒百人，设立"艺圃"，是为最早培养近代熟练工人之机构。以后天津机械局附设水师、水雷、电报学堂。1876年福州设立电气学塾，1885年天津武备学堂设铁路班，1892年湖北矿局附设矿业学堂及工程学堂，1895年有江南铁路学堂之设。

　　农业和商业学校到19世纪90年代才开始出现，最初均与外贸有关。蚕丝一向为我国传统之出口物资，1896年江西高安始设蚕桑学堂。1897年杭州太守林迪臣创设蚕学馆。农林学校直到1901年才有山西农林学堂之设。商业学校始于1891年湖广总督张之洞在湖北设立的商务学校，讲习各国语言文字，讲求商务。综合性的专业学堂最早为1896年南京的江南储才学堂，分交涉、农政、工艺、商务4门。19世纪70年代我国产生了由民族资本开办的近代工业，到90年代有了进一步的发展，并且有了资本主义性质的农牧垦殖公司。因此，出现了为民族资本主义服务的私立职业学校。如张謇用南通大生纱厂部分盈余及劝募所得在南通兴办的教育事业，他在1902年创办的通州师范，是我国第一所师范学校。1904年上海史家修创设私立上海女子蚕桑学校，为我国女子专科职业学校之始。

　　从19世纪60年代到20世纪初是我国近代学校职业教育的草创时期。最初是作为清政府洋务派为巩固封建统治的所谓"富强"新政的一部分而存在。所以，大部分为官办，服务于军工工业，一些学校直接附属于军工工厂。学校数量很少，规模不大，在整个教育系统中不占重要地位，尚无统一学制和课程，有些学校校务和教学都委托给外国人，缺乏自己的师资、管理人员和办学经验。但近代技术学校的产生，打破了以四书、五经为主要内容的传统教育，传播了近代的自然科学、工艺学、农艺学，培养了中国第一代新式知识分子、技术人员和熟练工人，为清末近代新教育制度和实业教育系统的建立奠定了基础。

1903 年清政府颁行癸卯学制，首次将实业教育列入学制，在学校系统中，单成体系。实业学堂包括实业教员讲习所、农业、工业、商业和商船学堂。各项实业学堂均分初、中、高三级。高等实业学堂招收中学毕业生，预科 1 年，本科农业 4 年，其余 3 年。中等实业学堂收高小毕业生预科 2 年，本科 3 年。初等实业学堂招收初小毕业生，学制 3 年。另外还规定有艺徒学堂，收初小毕业生，学制半年至 2 年为速成科，3 年到 4 年为完全科。还有实业补习普通学堂，收高小修业 2 年以上，年龄在 15 岁以上，已在外操作实业，且愿增加其学历的。在教育行政管理上，学部设实业司，各省设实业科，形成一个实业教育系统。这个系统的建立使我国职业教育从古代以师徒、父子相传为主的形式向近代学校职业教育制度转化，构成了我国职业教育发展的一个新阶段。

但是，癸卯学制是封建王朝的学制，其精神与现代教育距离甚远，实业教育仍仅限于传统分工之工、农、商三科教育，尚未包括近代的各种职业分科。清政府特别强调这种教育：其学专求实际，不尚空谈，行之最为无弊；实业教育是清政府"中学为体，西学为用"教育方针中属于"西学为用"的范畴，是用以巩固封建王朝而不是为了中国资本主义经济的发展。因此，就整个学校制度而言，重点仍在培养"通才"的普通教育系统。而且在实业教育中仍按封建社会职官教育的精神，给予毕业生相当于科举制度的奖励出身和相应的授官品级。如中等实业学堂毕业为贡生，可任州判、府经、主簿或教授、教谕等职；高等实业学堂毕业为举人，可授内阁中书、中书科中书、各部司务、知州、知县、通判等官职，仍未摆脱"读书做官"的教育观念。实业学堂系统中无女子职业教育的地位。清末（1909 年）实业学堂有 254 所，学生 16649 人。

（二）现代职业教育体系的建立与沿革

1912 年的辛亥革命是中国民族资产阶级领导的革命，在辛亥革命初期出现了一股发展民族工商业的热潮。民间事业团体纷纷兴起，1912 年 1 月上海有"中华商学会"的组织，2 月间"中华民国实业协会"在南京成立，宗旨为振兴实业，扩充国民生计，挽回利权，后又有"中华商学会"

的成立。在这种兴办实业的热潮下，我国的民族工商业又有一定程度的发展，顺应这个形势，一些教育家大力提倡发展职业教育。1912 年当时的教育总长蔡元培将实利主义列入民国教育方针。在 1912 年到 1913 年间形成的壬子癸丑学制将实业学校分为甲乙两种，甲种实业学校施行完全普通实业教育，收高小毕业生，预科 1 年，本科 3 年得延长 1 年。乙种实业学校施行简易之普通实业教育，收初小毕业生，学制 3 年。女子职业学校就地方情形，与其性之所宜参照各项实业学校规程办理。手工图画课在小学中列为正式科目。第一次世界大战期间，中国民族工商业得到较快的发展，急需人才，发展职业教育更成为当时教育改革的重要议题。1917 年 "中华职业教育社" 成立，以宣传、推广、改进职业教育为宗旨。在各方面的推动下，1922 年颁布的壬戌学制，职业教育占有重要地位，建立起我国现代职业教育系统。

壬戌学制首先用职业教育代替了清末的实业教育，设科范围已不限工、农、商传统分工。其次在学制中设初级和高级职业学校，分别招收高小和初中毕业生，取消专为升学而设的高等学校和大学预科。小学高年级可斟酌地方情形，增置职业准备的教育；初中施行普通教育，但视地方需要，可建设各种职业科；高级中学分为农、工、商、师范、家事等科，但需酌量地方情形，单设一科或兼数科。最后，在高等教育方面，进一步改变高等学校的单一职能和划一的修业年限，规定因学科及地方特别情形，得设专门学校，大学及专门学校得附设专修科。凡志愿修习某科学术或职业而有相当程度的可参加学习，修业年限不等。至此已形成一个从初等到高等的多层次的职业教育系统。

上述职业教育体系在施行过程中产生了一些问题。旧中国教育事业极不发达，学制鉴于这种现状，规定初小毕业即开始分流，实际上能上到高中的学生大都为了升学，在这种情况下，高中阶段实行综合中学制度，不啻空中楼阁。加上师资、设备、教材等又无必要的准备和条件，实行的结果是办理困难，中学职业科缺乏生源。采用综合中学制原意在加强职业教育，但因中学设职业科反而影响了职业学校的发展。职业学校在中等学校中的比重逐年下降，1922 年占中等学校总数的 30%，到 1928 年下降为 16%。为此，1932 年国民党政府教育部认为过去中学、师范、职业学校合并制度，致使设施混淆，目的分歧，结果中学固无从发展，而师范与职业教育亦多流于空泛，致使谋生、任教、升学三者目的均不能达。于是，取消综合中学制度，分别设立中等教育阶段的中学、职业和师范三种学校。同年十二月公布《职业学校法》，1933 年颁布《职业学校规程》，后又制定《职业补习学校规程》及其他一系列有关规程。依照 1935 年修正的《职业学校规程》的规定，职业学校分初、高两级。初级职业学校招收小学毕业生或从事职业具有相当程度的，修业年限 3 年，高级职业学校招收初中毕业生或具有相当程度的，修业年限 3 年。也可招收小学毕业或具有相当程度的，修业 5 年或 6 年。职业学校以就某业中的一科单独设置为原则，但有特殊情形时，亦可设数科。初级职业学校以"县立""市立"为原则，高级职业学校以"省立"或"直隶市立"为原则。社团、工厂、商店农业职业机关或私人，均可设立职业学校，依私立学校规程办理。职业学校类别分农业、工业、商业、海事、医事、家事及其他七类。短期职业训练班办理方式分委托办理、指定办理及自行办理三种，期限 3 个月至 1 年，必要时得延长或缩短。职业学校的课程，最多由各校参酌欧美、日本的成例及校内情形自定，分歧参差。后为提高教学水平，由教育部规划各科课程标准，1934 年刊行《职业学校各科课程表教材大纲设备概要汇编》。

关于职业师资的培养，在《各省市学校职业学科师资登记检定及训练办法大纲》中规定：高级职业学科师资训练班招收高中、师范、旧制中学、高级职业学校、甲种实业学校毕业生予以 3 年至 4 年的训练，或高级职业学校、甲种实业学校毕业生对原所学职业学科作为继续研究者予以 2 年的训练；初级职业学科师资招收初级中学及 3 年制毕业的乡村师范学校，或初级职业学校毕业生，予以 3 年的训练，或初级职业学校毕业生对原所学职业学科作为继续研究者，予以 1 年至 2 年的训练。职业学科师资训练科学生参照师范生优待办法，免除学费及膳费。职业学校学生以不收学费为原则。在普通教育系统，1936 年教育部公布的《中学修正课程标准》规定：初中设劳作课，第 1 年木工，第 2 年金工，第 3 年分木工、竹工、土工及农艺畜牧 4 组，各校得视地方情形只设 1 组，1 组以上学生得选修 1 组；女生则学家事课。初中第 3 学年视地方情形设职业科目 4 学时。高中从第 3 学年酌设商业会计、簿记、统计、应用文书、打字、农艺、园艺、合作社等简易职业科目。

至 20 世纪 30 年代，我国的职业教育在规章、制度上已趋于完备。这种三类学校分立、以单科设置为原则的格局，一直延续到中华人民共和国成立之后。

（三）解放区的生产劳动教育

在老解放区，不同时期都开办过一些职业学校，如苏区的"中央农业学校"，抗日战争时期延安的边区职业学校等。但由于解放区的具体情况，职业教育没有形成单独的体系，在老解放区职业教育最突出的还是群众性的生产劳动教育。1934 年 1 月毛泽东在苏区第二次全国苏维埃代表大会上提出苏维埃文化的总方针是："在于以共产主义的精神来教育广大的劳苦民众，在于使文化教育为革命战争与阶级斗争服务，在于使教育与劳动联系起来，在于使广大中国民众都成为享受文明幸福的人。"确立了教育与生产劳动相结合的方针。在解放区，中、小学教育基本上都不是升学准备教育，所以特别重视生产劳动教育和一定的专业知识教育。1933 年 10 月苏区教育人民委员部发布的《小学课程与教则草案》中特别规定"要用教育来提高生产劳动技术"。1934 年 10 月苏区中央教育人民委员部发布的《小学课程与教则大纲》规定小学教授方法的三原则之一就是小学教育和生产劳动的联系。小学课程中规定每周有 6~8 小时的劳作实习。抗日战争时期，特别是在 1942 年整风和大生产运动之后，小学普遍加强了工农群众生产和生活实际需要的内容，如写信、写路条、珠算、纺织、手工业和农业生产知识以及简单的医药常识等。学校组织学生参加生产劳动，收入除用作学校开支外，学生个人收入可以补助家庭生活。中学大都担负三项任务：培养小学师资，培养地方干部和训练提高在职干部。1944 年中共西北局宣传部和边区教育厅公布之中等学校课程，其中一些科目具有专业训练的性质。如数学以养成财经合作等部门需要的会计、统计人员为主旨；医药知识教一些接生、救急、防疫、兽医等简易实用的技术和一些常见的中西药品的性能，为推广边区群众卫生运动之用。业余的生产技术教育也进行得很普遍，通过夜校、冬学、识字班、识字组对农民进行植物栽培、病虫害防治、手工业、简单的卫生常识等教育。解放区的生产教育不仅学习生产技术，而且是和劳动人民的解放斗争紧密联系的。如1947年华北解放区编写的《生产发家读本》，第一课就是教育农民"组织起来，克服困难，闹生产""挖掉穷根栽富根"。解放区生产教育的目的是为了发展生产，支援民族解放战争、人民解放战争和直接改善人民生活，因此具有广泛的群众性，解放区生产劳动教育的普及是中国历史上以往任何时期和国民党统治地区所不可企及的。

三、我国当代的职业教育

（一）20世纪50年代初以技术学校为中心的职业教育

1949年中华人民共和国成立，我国的职业教育进入一个新的历史时期。旧中国遗留下来的职业教育基础很薄弱。据1949年12月召开的第一次全国教育会议统计：东北区中等教育中普通中学占81.3%，师范学校占11.5%，技术学校只占7.2%；华北地区普通中学占73%，师范为21.2%，技术学校占5.6%。为了适应恢复国民经济、进行社会主义经济建设的需要，会议提出：为了培养大批中级建设干部，中等学校在今后若干年内应着重地向中等技术学校发展。随之，1951年召开了第一次全国中等教育会议，确定在中等教育中首先对中等技术学校采取整顿和积极发展的方针。1951年10月政务院做出关于改革学制的决定，决定强调指出，原有学制的缺点之一是技术学校没有一定的制度，不能适应培养国家建设人才的要求。学制规定初级技术学校收小学毕业生，修业年限2～4年，技术学校收初中毕业生，修业年限2～4年，医药及其他中等专业学校修业年限、招生条件等参照技术学校的规定。专科学校修业年限2～3年；

各种高等学校得附设专修科；各类技术学校附设技术训练班或技术补习班。中小学为普通教育，1952年教育部颁发试行的《中学暂行规程（草案）》和《小学暂行规程（草案）》规定中学不设职业分科，高中有一学时的制图课，小学劳作不列入教学科目。1952年10月高教部发出的《关于调整全国中等技术学校学生人民助学金的通知》规定：各类各级中等技术学校学生，一律享受全部伙食供给，调干的可以有家庭补助。3年工龄以上的产业工人按75%发给工资，确定了我国职工带薪教育制度。1953年高教部《关于中等技术学校设置专业原则的通知》提出：中等专业学校设置专业力求集中单一，以不超过4个为原则。为了满足第一个五年计划的需求，从1952年到1953年对中等专业学校进行了全国性的调整。由原来的794所调为651所。以华北地区为例，调整后大部分学校趋向专业化和单一化，设重工业学校20所，轻工业学校4所，综合学校7所。

在这一时期对徒工培训和职工业余教育也做了规定。1951年1月全国职工业余教育委员会成立。

在大力发展技术教育思想的指导下，从1950年到1953年上半年短短两年多的时间，确立了从初级到高级的职业教育体系，提出了开办正规的、速成的、业余的各种技术学校或训练班适当配合发展的方针，制定了有关技术学校的各种规章制度为复兴中国职业教育事业奠定了初步基础。

（二）中等专业学校和技工学校的发展

1953年以后，提出全面学习苏联教育。

当时苏联的职业教育主要有两种类型：①招收7年制"不完全"中学（即"完小"）毕业生的技术学校、师范学校、医科学校，学制1~3年；②招收4年制初等学校毕业生的艺徒学校，学习期从4个月到3年不等；高等教育中除有2年制的师范工科学校之外，没有高等职业学校。

据此学习的结果，是将招收初中毕业生的中等专业或技术学校作为职业教育的主要形式，所以这个时期实际上发展起来的技术学校主要为两种。①中等专业学校。1954年高教部颁发的《中等专业学校章程》规定，此类学校的任务是：培养具有马克思、列宁主义基础知识，普通教育的文化水平和基础技术知识，并能掌握一定专业，身体健康、全心全意为社会主义建设服务的中等专业干部。招收初中毕业生，学习年限工业性质的 3~5 年，农、林、医及其他学校 3 年，计划经济及会计等学校 2 年半至 3 年，业余中等专业学校年限按同类全日制中专的年限增加 1~2 年。毕业后由国家统一分配工作。②技术工人学校，招收初中毕业生，学制 3 年。培养目标为：培养具有社会主义觉悟，必要的技术理论知识、全面的操作技能和身体健康的熟练技术工人。在我国历史上首次将培养技术工人的教育提高到高中阶段。

至于招收小学毕业生的初级技术学校、职业学校在后来的发展中数量很少。直至 1963 年教育部和劳动部在北京召开城市职业教育座谈会，开始提出"应把职业教育作为我国学制的一个重要组成部分，逐步建立起完备的职业教育体系，将部分初中改变为各类职业学校"的问题。高等职业教育的专科学校，1952 年时大学生中有 45% 为专科学生，但是认为专科学生水准不高，苏联学校制度中也无专科学校，所以从 1953 年以后专科学校逐渐停办，只保留少数师专、医专等学校。在工农业余教育方面，1951 年教育部和全国总工会联合召开第一次全国职工业余教育会议，确定工农业余教育的任务以文化教育为主，适当地结合政治教育、生产技术教育和卫生教育。1951 年 1 月全国职工业余教育委员会成立。

这样，在 19 世纪 50 年代上半期，在我国形成了一种以两类中等技术学校为主体的职业教育体系。技术学校的领导体制均归中央有关业务部门主管，实行集中统一的直接领导。

这一时期职业教育的主要成就是：调整和发展了一批职业教育的核心力量——中等职业学校，提高了教学质量，特别是技术工人学校的建立，使技术工人培训从中华人民共和国成立前小学、初中阶段，提高到高中阶段。中专和技校为我国此后三十几年的社会主义建设事业培养了几十万中级骨干人才和技术工人。这一时期的主要问题是，由于不加分析地搬用苏联教育，破坏了原来自己建立起来的职教体系，初等职业学校被取消，占高等学校 31% 的专科学校和大学专科大部分停办，使职业教育缺乏层次；

设校、设科单一，管理上归各业务主管部门所有，缺乏灵活性。由于当时经济发展以重工业为重点，在设科上重工业比重大，轻工业及其他专业比重小。从教育事业的整体而言，仍是以升学教育为主，中小学教学计划中均未列入劳动或生产教育，普通中学占全部中等学校数的76%，职业学校（包括师范学校）毕业生占全部中等学校毕业生的22%。职业教育薄弱落后的状况并未改观。随着普教的发展，大批中小学生升学与就业问题日益突出，到50年代中期以后变得十分尖锐。

（三）推行半工半读，创设农业中学、职业中学

1955年，我国开始实行第一个五年计划。1956年，中国共产党第八次代表大会提出集中力量发展社会生产力，实现国家工业化，逐步满足人民日益增长的物质和文化需要的任务。经济发展的需要、学习苏联教育产生的弊端、当时开展的"反对修正主义"的政治运动和中小学生升学与就业问题的日趋尖锐化，使教育改革势在必行。1956年，教育部建议把全面发展与因材施教相结合作为教育的原则和方针。1957年2月，毛泽东主席在扩大的最高国务会议上针对这个问题提出："我们的教育方针，使受教育者在德、智、体几方面都得到发展，成为有社会主义觉悟的有文化的劳动者。"1957年3月，教育部通知各地初中三年级可增设农业基础知识课，并一再提出做好不升学的中、小毕业生的生产劳动教育。一场以教育与生产劳动相结合为中心、结合中国实际，探索自己教育发展道路的教育改革便从1957年开始了，并在1958年达到高潮。

1958年的教育改革在职业教育上主要表现在三个方面。

1. 建立半工半读的职业学校

1958年1月毛泽东在《工作方法（草案）》中提出："一切中等技术学校和技工学校，凡是可能的，一律试办工厂或者农场，进行生产，做到自给或半自给。学生实行半工半读。"同年5月，国家主席刘少奇在中共中央政治局扩大会议上提出："我们的国家应该有两种主要的学校制度和工厂农村的劳动制度。一种是全日制学校教育制度和机关、工厂的八小时工作制；另一种是半工半读的学校教育制度和半工半读的工厂劳动制度。"

在上述思想指导下，中专和技校都大力推行半工半读。

2. 创办农业中学、职业中学

1958 年 3 月，江苏开始推广招收小学毕业生的半农半读农业中学，得到肯定。同年 3 月教育部在第四次全国教育行政会议上提出：大力举办农业中学、工业中学和手工业中学，把高小毕业生培养成为有社会主义觉悟、有文化又有一定生产技能的劳动者。农业中学迅速发展，职业中学也有一定发展。

3. 在普通中小学开设生产劳动课

1963 年教育部在几年试验的基础上公布实行《全日制十二年制中小学新教学计划（草案）》，规定小学六年级开设生产常识课，初中三年级开设生产知识课，高中三年级开设农业科学技术知识选修课。到 1965 年中等专业学校有 1265 所、技工学校 871 所、师范 394 所，加上 6 万多农职中，中初级职业学校共有 64156 所，普通中学 18102 所。职业学校数量大大超过普通中学。

但是，这次教育改革是在非常复杂的背景下展开的，除"反对修正主义"的斗争外，国内出现"大跃进"和人民公社运动。在"大跃进"的形势下职业学校发展在数量上失控，造成 20 世纪 60 年代初调整时期的大起大落；在学校办工厂、工厂办学校的形势下，搞厂（场）校合一、以任务代教学等，搅乱了学校的教育思想与教育秩序，教育水平下降；在"反修防修"的思想路线下，把教育改革、教育与生产劳动相结合视为直接为"反修防修"服务，给十年动乱职业教育遭受严重摧残埋下了隐患。

十年动乱使我国的职业教育遭受严重损失。首先在所谓反对资产阶级"双轨制""小宝塔"的幌子下，将职业教育归入资产阶级教育，大加攻击；把学习专业和生产知识污蔑为"智育第一""唯生产力论"，致使农业中学、职业中学全部停办，职工和农民教育亦完全停顿。其次，在培养劳动者的口实下抹杀各级专业学校之间的层次和培养规格。大学招收工农兵学员，入学水平降低到高、初中毕业均可，甚至招收小学程度的学生，大学成了"大家学"，使中等专业学校有无必要存在成为问题。1969 年大批中等专业学校被裁并，教师和干部下放，不少部门和地区的中专几乎全部停办，大批技工学校停办或被改为工厂。再次，为了消灭所谓的资本主义的"人才教育"和"劳动者教育"的双轨制，造成普通中学恶性发展。1965 年普通中学为 18102 所，到 1978 年达到 162345 所。当时中专和技校已有一定恢复，但仅占中等学校总数的 0.02%，中等教育结构严重失调。

（四）改革中等教育结构，大力发展各类职业教育

粉碎"四人帮"以后，党的十一届三中全会确立了党和国家工作重点转移到以经济建设为中心的社会主义现代化建设上来，大力发展社会生产力，并在这个基础上逐步改善人民的物质文化生活的战略方针。明确了科学是生产力这一马克思主义的基本观点，大力发展职业教育成为我国的基本国策和长远的战略方针。1978 年 4 月，教育部在全国教育工作会议上正式提出改革中等教育结构。从只面向升学转变为同时面向培养大批优良的劳动后备力量；从单一的普通中学教育体系转变为普通中学教育与职业教育并行。据此，从 1980 年起各地开始试办职业高中和职业高中班，建立劳动服务公司进行就业培训。1985 年中共中央做出关于教育体制改革的决定，其重要内容之一，即调整中等教育结构，大力发展职业教育，改革有关的劳动人事制度，实行"先培训，后就业"的原则，力争在 5 年左右，使大多数地区的各类高中阶段的职业技术学校招生数相当于普通高中的招生数，逐步建立起一个从初级到高级、行业配套、结构合理又能与普通教育相沟通的职业教育体系。从此，我国的职业教育进入了一个新的发展时期。

第三章

职业教育的结构和体系

职业教育作为一个大系统，其结构取决于职业教育的功能；同时，要达到一定的功能，还必须建立相应的职业教育系统结构。职业教育结构系统指层次结构、类型结构、布局结构、专业结构、课程结构等；体系包括：教育与培训体系、管理体系、职业指导与咨询体系、保障体系。

一、影响和决定职业教育结构与体系的因素

（一）经济全球化与职业教育

目前经济全球化的趋势加速，对职业教育的影响是巨大的。职业教育将从地区、国家走向国际化，同时，要调整结构、扩大规模和提高质量以应对国际经济的激烈竞争。1999 年，联合国教科文组织在汉城召开的"第二届国际技术和职业教育大会"提出的主要工作文件中对这个问题做了如下的论述："冷战结束以后发生的政治变化导致各国之间的贸易和人的流动趋于自由，这个全球化趋势，连同技术发展在一起，对世界各国的影响是不一样的，是不平等的。经济全球化给一些国家迅速带来经济利益，却在另外一些国家引发尖锐的社会问题。"

在发达国家，大部分职业的工作内容发生了巨大变化，同时在工业部门的工作和就业机会总体趋于减少。许多低等和中等技术的工作被转移到劳动力更便宜的发展中国家去了，因此，失去工作的人发现他们自己不胜任高技术产业和服务业提供的工作，他们需要学习和培训。在发展中国家，特别是在非洲，则会大大加剧本来就存在的失业问题。效率低下的劳

动密集型产业由于无法同跨国公司竞争而不得不关闭。发展中国家面临着现代化和发展高新技术产业的问题，同时，也面临着人才流失的危机。所以，全球化提高了一些国家的经济增长速度，同时也要求他们提高竞争能力。"因此，全球化经济提出的基本挑战是需要有在迅速变化的环境里的调整适应和竞争能力。培养一支生产效率高和灵活的劳动力队伍乃是在21世纪进行竞争的最核心的一着。因为，工作现场的要求很可能使没有技能的人陷于失业或没法使用，每个国家都必须使其公民获得生存和改善生活质量所必需的技能。然而全世界有大量的中小学毕业生不大可能在正规部门就业，他们尤其需要掌握这些谋生技能。正规部门就业机会不足在大多数国家中，包括发达国家和发展中国家，已成为事实。人们日益认识到个人必须为从事多种职业，包括自营职业做好准备。许多人为了维持较好的生活质量也许不得不同时担任两个甚至更多的职务。"① "虽然职业教育不会创造工作机会，但是它可以使人们掌握改善就业机会所需的技能。"过去几十年来，不断变化的社会经济趋势已经使职业教育从"供给驱动型"转变为"需求驱动型"（市场驱动型）。新的全球经济环境要求进一步调整职业教育的方向，使之能够更灵活地适应学生、职工和雇主的要求。从终身教育和可持续发展的观念出发，职业教育将向"发展需求驱动型"转化。

（二）市场经济与职业教育

1. 人才市场与职业教育

市场是商品经济的产物，市场存在的前提是商品的交换，商品的产生源于社会分工，职业的产生也是由于社会分工，所以，职业教育与商品生产有着天然的联系。职业教育决定于社会分工、服务于社会分工，同时又是促进社会分工和深化社会分工的有力手段。职业教育是一种规范性的定向教育，通过职业分析、专业设置、培养规格的操作系统，可以使千差万别的职业要求，形成一个合理的人才层次和培养人才的科学系统。只有劳

---

① 引用第二届国际技术和职业教育大会主要工作文件。

动力的所有权和职业资格是明晰的，劳动者才能顺利进入劳务市场。职业教育起着稳定分工，培养各行各业所需人才的作用。同时，在分工深化，新行业、新职业出现时，职业教育也具有前瞻和先导的作用。

2. 职业教育市场

当劳动力、技术、信息等都作为生产要素进入市场后，就形成了职业教育市场。职业教育市场的实质是：职业教育产品生产者与职业教育产品需求者之间交换的场所及其交换关系的总和。即由教育设施、教师的劳动等所提供的有形的和无形的有价服务，与职业教育产品需求者为满足身心发展和职业需求所进行的（一般以学费等形式体现）等价交换，所形成的市场。只有这种交换关系的循环进行，职业教育的产品才能得以不断实现。因此，职业教育产品必须能够满足受教育者和人才市场的需求，才能实现这种交换。

在职业教育市场中，市场机制对职业教育的调节作用，主要是通过劳动力市场来进行的。劳动力市场的需求决定着职业教育的层次、类型、专业、布局和规模。职业教育产品的价格由市场竞争来调节。通过市场调节可以优化教育资源的配置，提高教育资源的利用率，增强办学效益，实现利益激励和优胜劣汰的功能。

但是，教育作为公共产品，具有双重性质。教育既是产业可以进入市场，又是公民的权利，具有社会公益事业的性质。市场调节有其固有的缺陷，如企业从自身的利益出发，往往急功近利，不考虑受教育者的全面发展和长远利益，办教育者为利益所驱动，争办热门专业，各自为政，造成无序竞争，等等。国家和政府必须对职业教育进行宏观调控，对国家需要的艰苦专业给予政策上的扶持；对处于不利地位的人群，如妇女、残疾人、失业者、低收入者等给予政策上的扶助，以保障公民的受教育权。

（三）教育内部的市场运作

根据资本运营的理论，投入职业学校的每一种资金包括资金、教师、土地、设备等都是资本，主要表现为以国家事业经费和学费及其他费用为主的货币资本，以教学设施和土地为主的实物资本，以科研成果和品牌为主的无形资本，以及一些学校以校办产业方式对外投资而形成的一定的金融资本，等等。按照市场经济资本运营的方式，学校的全部资源都可以价值化或证券化。可以通过学校资本的流动来优化学校的资本结构；也可以通过对现有资产的重组，盘活闲置或效益不高的资产，提高办学效益。股份制的学校运作方式目前也正在试验中。

（四）知识经济与职业教育

知识经济是建立在知识和信息的生产、分配和使用（消费）之上，以知识资源为基础，以知识产业为主导产业，以投入知识、创新生产、数字网络化传播和扩散、快速空间增值和整合为基本特征的经济。

1. 知识观念的更新

知识过去更多地被理解为科学理论、书本知识，在知识经济条件下，知识产业作为主导产业，更注重的是知识的应用。美国萨维奇著《第五代管理》将什么是知识，知识的表现形式列为：知道如何做（KNOW - HOW）——完成任务的方法；知道找谁（KNOW - WHO）——该如何获得关键资源；知道干什么（KNOW - WHAT）——具有鉴别基于知识的主要模式的能力；知道为什么（KNOW - WHY）——能理解事件背景和公司意图；知道在何处（KNOW - WHERE）——知道事件可能和应该在何处发生；知道在何时（KNOW - WHEN）——具有节奏感、选择时机的能力及现实主义的态度。因而，实践经验所获得的知识，应用知识解决问题的能力就提到了重要地位。所以，20 世纪 70 年代从北美兴起的以能力为基础的职业教育，迅速在国际上得到了共识。

2. 知识的创新

知识经济使知识的作用和地位发生了变化。美国达尔·尼夫在其主编的《知识经济》一书中写道："在过去一百年里，正是知识应用于劳动，引发了生产力的爆炸，从而创造了发达的经济。技术专家确信机器，经济学家确信资本投资。知识现在正应用于知识，这是知识转变的第三步。知识被系统地有目的地来定义需要的新知识是什么，它是否可行，必须做什么以使知识更有效。换句话说，知识正被应用于系统创新。"知识生产力已成为生产力、竞争力和经济成败的关键。知识将成为长远的和可持续的竞争优势的唯一源泉。高技术产业固然需要技术创新，即使做一个工人，在知识时代，也必须是会思考能提出合理化建议的工人。为了培养知识型、创新型和复合型的人才，必须改革传统的实用性训练的职业教育，要加强基础、普职沟通、提高层次、完善体系。随着工作与学习的界限越来越模糊，通过工作进行教育将成为职业教育的重要手段。

（五）技术革命与职教创新

1. 技术革命与人才竞争

新技术革命源于 20 世纪 30—40 年代的理论突破，在 50—60 年代得到初步发展，70 年代后期开始蓬勃发展，到 80 年代中期已成推动全球之势。这些新技术主要有信息技术、生物技术、激光技术、空间技术和海洋工程等。信息技术、生物技术是新技术革命的主角，新材料、激光等是新技术革命的基础，能源、材料加信息是现代文明的三大支柱。新技术革命的成果将被大规模地转化成崭新的生产主力。新技术革新使各国越来越清楚地认识到，高新技术的发展，将决定 21 世纪自己在世界上的位置。早在 20 世纪 80 年代末，法国总统密特朗在大选中发表的《告全国人民书》中说："当前世界经济宛如一个战场，各国在其间无情地争斗，倒下者必定死亡，不会收容俘虏。"这场竞赛"关系到国家的命运"，"任何松懈皆不可宽恕"，"只有奋斗才能成功"。他认为法国已经是"迷恋于战后的增长，又为过时的结构与思维方法所拖累，觉悟得晚了"。如果继续"在适应观念与现实的变化，将科技成果应用于实际并使生产满足新需求等方面行动迟缓，便将被淘汰出竞赛——这就叫作危机"。几乎同时英国首相撒切尔夫人在英国皇家学会举行的 328 周年宴会上指出：不重视知识分子的国家必定走向灭亡。所有成功的国家都把科学的普及放在非常优先的地位，这并非因为这些国家富裕，而是因为经验已经证明，知识及其有效的使用对国家的繁荣是至关重要的。当然，发展高新技术必然要发展高等教育，包括高等职业教育；同时，也必须有大量中初级的技术人才，使高中初级的技术人才保持一个合理的比例，才能使社会的劳动人口形成一个知识结构合理的高效率的智力群体。

2. 技术革新与职教创新

技术革新直接推动各行各业的发展与变化,推动社会的进步和需求、消费的变化,行业技术的发展和行业职能的变化,直接要求职教创新。许多行业的技术、内涵和社会职能发生了巨大或根本性的变化,如水利行业,过去的观念是工程水利,现在已转变为资源水利,重点不仅在水利建设,而且要建设、管理、经营、环保、开发、服务一体化,医疗卫生的服务模式已从传统的生物医学模式向生物—社会—心理—环境模式转变,要求实现社区服务,培养全科医生。一些行业的技术有了很大的发展,如制造业,"九五"期间被有关部委列入发展规划中的 37 个工业关键技术中有一半是制造技术。先进制造技术有新型加工设备(经优化设计的普通机床、数控机床、加工中心等)、与刀具材料相适应的科学合理的切削用量数据库、新的成型方式(如利用电、热、光、流体、化学等非机械能的特种加工技术、精密铸造、精密锻造等少切屑和无切屑加工技术及长成加工技术)、融入信息技术的设计制造过程(CAD、CAPP、CAM……FMC、FMS、CIM 等)、新的制造(组织)模式——精良生产 LP、灵捷制造 AM、并行工程 CE、准时制 JITT 等。技术的更新带动了生产管理的革新。如冶金行业,企业生产管理自动化水平的提高和生产管理一体化趋势,导致工作岗位尤其是功能少、操作技术简单、主要凭直观经验的岗位越来越少。员工的工作方式发生了根本变化,员工主要是通过计算机终端、操作台和操作中心来了解、控制和优化一条生产线乃至整个企业的设备运行情况及各工序各环节生产经营管理情况。如采用计算机集成生产系统的轧钢企业,原来工种间、专业间甚至工厂间的界限都变得模糊了。这种企业需要有特殊技术的专门人才,更需要大量掌握一定计算机技术和其他技术的复合型人才。

(六)信息化社会与职教信息化

计算机和数字技术、网络技术的产生,使社会进入了信息化时代。在工业化时代,如果说动力机械加强了人力,那么电脑就是加强了人的脑力，摆脱人脑在某些方面的局限性，在一定意义上使人看到了摆脱物的局限性的前景，使人能争取以最少的物质消耗、最快的速度，更好地满足生产和生活的需要，达到可持续发展。

1. 传播手段的更新对教育的重大意义

教育的重要功能之一是传递信息，可以说有什么样的传播工具就会有什么样的教育方式。在没有发明造纸和印刷术之前，学校教育主要靠口耳相传，印刷术发明之后学校才有了教科书。现代信息技术，特别是计算机的使用，使信息可以实现零距离、零时差的交互传播，信息源获取的丰富性和便捷程度是以往的传播手段所无法比拟的。教材将突破目前平面的、静态的书本形式，成为多种媒体、声像具备、能反映事物内部结构和连续变化过程的动态形式。多媒体和交互技术为个性化教育提供了可能。这必然引起教育观念、教育组织、教育内容、教育模式、教育技术、教育环境以及学习方式的深刻变革。职业教育也将走向信息化、网络化，通过建设教学信息库、网上课件、计算机辅助教学、模拟教学、远程教学等，实现一种开放、共享、个性化、动态化，相互协作、无限交互的职业教育教学体系。

2. 信息能力和再就业能力

20 世纪后半叶，知识的富集和衰减的速度都急剧加快，人们必须不断地学习，学习新知识、解决新问题，因此，获取和应用信息的能力就成为重要的就业能力。国际教育协会（ISTE）提出，信息化的教育应使学生具备以下能力[①]：

①熟练使用信息技术进行信息和思想交流的能力；

②在信息汇集的基础上做出决策和概括的能力；

③了解内容并获取所需额外信息的能力；

④评价信息和来源的能力；

⑤建构、生产和发布模式、内容及其他创造性作品的能力；

---

① 袁云霞. 走近职教信息化［J］. 中国职业技术教育，2001（6）：31－32.

⑥成为自主学习者，在团队工作中相互协作、解决问题和做出明智决定的能力；

⑦以合乎道德规范并且以恰当的方式与他人交往的能力。

1999 年 4 月，国际劳工组织就业与培训部（ILO）在为第二届世界技术与职业教育大会提供的参考文件《政府及权益者在职业教育与培训中作用的变化》中提出："世界正在从工业化时代走向信息时代——通常称为知识社会。这个新的社会要求有一种不同的学习，一种能提高'接受再培训能力'的学习，以提高就业能力。对个人讲，提高就业能力的学习意味着开发寻求就业、保持就业和变更就业的能力或是自主就业的能力。对劳动者来说，提高就业能力的学习就是终身学习，获取柔性技能，以增强流动性和保住岗位。对企业来说所谓可就业能力就是他的工人能够依工作岗位要求的变化而随之变化，以增强企业的竞争力和经济增长。对国家来说，就意味着要造就一支有应变能力的劳动队伍，作为达到充分就业的关键因素。"①

旧概念	新概念
供给驱动	需求驱动
为就业而培训	为提高就业能力而培训
在岗培训	终身的继续学习
教师为中心的培训	学员为中心的自我学习
一次性培训	继续的、可回归的终身学习
教育与培训分离	教育与培训结合（扎实的普通教育和宽口径的基础培训是终身培训必备的基础）
专攻一种技能	寻求多种技能
能力的认定根据培训期限和考试	能力的认定根据实有能力（包括以往的学习所获）

---

① 孟广平. 政府及其权益者在职业教育与培训中作用的变化 [J]. 中国职业技术教育，1999（8）：52 - 54.

续表

旧概念	新概念
固定的、死板的入、出制度	灵活的、可多次入、出制度
正规教育培训部门为主	正规教育培训部门与非正规教育培训部门并重
培训为了工资就业	培训为了工资就业和自主就业
集中的体制	分散的体制，要求既有强大的国家机构又有分散的机构
国家统管政策和实施	政策制定与实施分开，市场驱动
国家主宰管理	多方参与的管理，承认多方作用，社会对话

（七）学习化社会与职业教育

1. 学习化社会的特征

最早论述学习化社会的是美国教育家哈钦斯。他在 1968 年提出："所有全体成年男女，仅仅经常地为他们提供定时制的成人教育是不够的；除此之外，还应该以学习者的成长及人格的构建为目的，并根据此目的制定制度，以及更以此制度来促使目的的实现，而由此建立一个朝向价值的转换及成功的社会。"联合国教科文组织强调，未来社会应该是学习化社会，在任何情况下，每一位公民都可以自由地取得学习、训练和培养自己的各种手段，教育不再是一种带有强制性的义务，而成为公民对社会的一种自觉的责任。1994 年，哈钦斯在罗马召开的"首届世界终身学习会议"上再次提出这个问题，他认为学习化社会不是简单的个人行为，而是一种社会行为，与其说它是一种教育观念，不如说它是一种生活方式。

2. 教育的目的是使学生学习化

学习化的要求或者说是表现有以下几方面：要使学生把个人的进步当成自己的责任；学习被认为是一种有创造性的、有回报的、愉快的活动；个人的能力和共同的价值观、团队活动与学习知识一样重要；学习是一种合作关系；学习被当作是一种终身的连续不断的活动；学习是外向的、开放的，对别人的文化、传统、种族信仰都能理解、容忍、尊重和接受等；人人都有发展的权力，人人都有发展的可能；职业教育是为人的发展服务的，所以，因材施教不是看学生不能学什么，而是要发现学生能学什么。

（八）终身教育观念与职业教育

终身教育这个观念早已有之，我国古代就有"活到老、学到老"的说法。1919 年，英国建立成人教育委员会时，认为成人教育的机会是普遍的和终身的，但成人教育作为一个专门的教育概念在 20 世纪 60 年代才开始被提出。1965 年，联合国教科文国际成人教育促进委员会讨论保罗·朗格朗的提案，把法文译成英文——Life Long Education，正式确立了"终身教育"这个概念。保罗·朗格朗被任命为联合国教科义组织终身教育科科长。他的代表作《终身教育引论》1970 年出版。1972 年，终身教育原则在以埃德加·富尔为主席的、由联合国教科文组织用《学会生存》的标题出版的报告里，在国际范围内被肯定下来。1976 年 6 月，设在曼谷的联合国教科文组织亚洲教育中心主办了"关于终身教育课程的区域会议"。1985 年，《终身教育引论》被译成中文在我国出版。

保罗·朗格朗在为《终身教育引论》中译本所写的序言中，对终身教育观念做了如下说明，即终身教育认为："教育和训练的过程并不随学习的结束而结束，而是应该贯穿于生命的全过程。这是使每个人在个性的各方面——身体的、智力的、情感的、社会交往的方面，总之，在创造性方面——最充分地利用其禀赋和能力的必不可少的条件。正是通过不断的努力学习和研究，通过实习培训，人才会有更大的潜在可能性去有效地、应付裕如地迎接他一生中遇到的各种挑战。"所以，终身教育思想的核心就是考虑教育过程的统一性、整体性和连续性。

1. 必须把教育看作是贯穿于人的整个一生与人的发展各个阶段的持续不断的过程

从这个立场出发，重新考虑安排人的全部教育过程。保罗·朗格朗认为"一切都必须重新加以审查和思考：教育结构、课程内容、作用与地位、初等教育的目的、在各年龄段（童年期、青春期、成人期和老年期）各种教育类型之间的关系及相互联系、教师的招聘、作用及培训，等等。"他说，现在"由各类中小学和大学所提供的基础训练，并没有使儿童和青少年为成年后所需承担的义务和任务做好充分的准备。在这种情况下，重要和迫切的事情是在单纯的智力活动这个狭窄范围以外，大幅度地扩展教育和培训的内容。鉴于这一目的，必须为基础训练提出新的目标，必须制定、保持和发展属于每个人的、往往受到传统的教学方式损害的独特的表现方式。在这种既符合个人利益、也符合集体利益的、充分利用人类资源的前案中，我们可以明显地看到儿童教育、青少年教育、成人教育在个性发展的完整概念中密切地联系在一起"。

2. 应将普通文化教育和职业教育视为一个统一的、有机的整体

保罗·朗格朗说："还有一个问题无论在理论上还是在实践上都远未被人们所认识，这就是职业训练和普通教育之间存在的密切而有机联系的问题。换句话说，也就是个人在发展方面的教育需要的整体性问题。""现代社会各行各业所需要的是一种同一类型的人，因而，也就需要一种新型的教育。今天，每个人都必须接受训练，以应付现代世界实际的、具体的任务，其中，首先和最重要的是经济的和技术的任务。"有一些教育家"他们把人的生活分为两个部分。一部分与精神的崇高、愉快和自由有关，专门用在文学、艺术和理论科学上。根据他们的思维方式，这是生活的文化部分。另一部分则集中在谋生的需要上，文化被抛弃，个性萎缩。他们说，这是所有各种各样劳动者的命运。没有比这种说法更荒谬的了，因为，人的个性根本就没有这种分界。至于说到文化教养，也同样是极为荒谬的，因为它包含着人生的所有方面，而首先是专业活动"。因为，"所谓的普通教育，也就是学会使用科学知识和表达思想的工具，只有在它培养了人们从事职业的能力时才能获得其充分的意义，也才能获得最强大的动力"。"教育的功能为学习者提供了最大的动力。教育在抽象的真空中是不能有效地起作用，以便追求对其本身的目标，而必须与对日常生活、职业生涯、政治、社会生活条件的改善产生强烈兴趣联系起来。"

3. 要特别重视成人教育

保罗·朗格朗认为，教育的传统职能是："把当代人与过去的人和未来的一代人联系起来，而年轻人传递他们前辈已经思考、感受和创造了的东西，不只是为他们自己，也是着眼于整个世界。""然而，这些遗产只有

在与投身于劳动、工作和斗争的成年人的经验结合起来时才有价值和意义，才能产生真正的影响。"他说："对儿童和青少年的教育工作不管怎么重要和必要，它都只是一种准备，只是真正的教育过程的一种不完美的开端。这种教育只有在成人中进行时，才能体现它的全部意义，发挥它的全部潜能。"

如何实现终身教育，保罗·朗格朗认为："要提出一种模式的终身教育是不可能的。每个国家都有自己的体制、结构、自己的传统，自己的禁忌，自己的便利条件。"但可以根据终身教育原则所阐明的主要方针来寻求实际的解决办法。这些原则是："要保证教育的连续性以防知识过时；使教育计划和方法适应每个社会的具体要求和创新目标；在各个教育阶段都要努力培养新人，使之能适应充满进步、变化和改革的生活；大规模地调动和利用各种训练手段和信息，这种训练和信息超出了对教育的传统定义组织形式上的限制；在各种形式的行动（技术的、政治的、工业的、商业的行动等）和教育目标之间建立密切的联系。在这些原则的基础上可以建立多种多样的模式，这些模式都考虑到各种不同的方面，但都服从同一条件，这就是使教育成为生活的工具，成为使人成功地履行生活职责的工具。"

在联合国教科文组织《学会学习》的报告中提出："我们建议终身教育应作为发达国家和发展中国家今后教育方针的主要概念。""终身教育之下概念涉及教育工作的各个方面，它包括所有的教育工作，而且比它各个组成部分还完整，人们不可能在教育中验证出一个和其余部分截然不同的终身部分，它绝不是这样的东西。换言之，终身教育既非一种体系，也非一个领域，而是据此为基础来全面组织一个体系，并推敲其组成部分的原则。"

终身教育是一种教育观念，是教育的一种理念，而不是某种具体的教育，有人把终身教育与成人教育或继续教育相等同，是对终身教育的误解。终身教育也是构建职业教育体系的重要指导思想。

二、教育转轨与职业教育体系的构建

随着我国社会和经济的发展及社会主义市场经济的建立和完善，我国的教育也正在经历着一场大的变革，即从几千年传统的选拔式的精英教育向现代普及的、大众化和终身的教育转化。

（一）基本完成九年义务制教育和高校扩招

我国自古以来学校教育都是选拔式的精英教育，虽然从近代开始许多教育家力图改变这种教育状况，中华人民共和国成立以来，也做了不少努力，但都未能从根本上得到改变。直至《义务教育法》的颁布与实施，才开始加速了这个转变的进程，亦即首先从基础教育实现普及的大众化的教育。这个目标现已基本实现，大中城市和经济发达地区，已经或正在普及高中阶段教育。现在高等教育开始扩大规模，这意味着高等教育也正在逐渐向大众化方向转化。

（二）全民素质教育的提出

1999 年 6 月 13 日，中共中央国务院发布《关于深化教育改革全面推进素质教育的决定》。素质教育的提出改变了传统的以选拔为导向的应试教育和以终结型为主的职业教育。《决定》提出："高等学校和中等职业学校要创造条件实行弹性的学习制度，放宽招生和入学的年龄限制，允许分阶段完成学业。大力发展现代远程教育、职业资格证书教育和其他继续教育。完善自学考试制度，形成社会化、开放式的教育网络，为适应多层次、多形式的教育需求开辟更为广阔的途径，逐渐完善终身学习体系。"这种以提高全民族的素质为目标的教育，要满足社会和受教育者双方的需要，要树立消费者主权社会的思想观念。全民素质教育是教育转型的基础。

（三）多种教育类型和教育途径的建立和发展

如自学考试、各种证书考试、各类培训和继续教育的发展，远程教育和网络教育的建设与发展，已经为我国教育由终结型向终身型教育转化提供了可能，像北京这样的大城市已经提出争取在 8～10 年内使全市各区县

全部进入学习化社区的目标。

教育的转型对职业教育的结构将产生重大影响：普通高校必将更为开放化、职业化；高等职业教育不仅数量增加，而且要向上延伸，构成完整的专科、本科、硕士、博士的高等职业教育体系；中等教育从学制到类型都要求更加多样化，高中后教育可能成为学制中的一级；各种培训将成为教育的另一主体。

三、国家劳动政策与职业教育

职业教育是为劳动就业做准备的教育，因此，要受国家的劳动就业政策的制约。国家的劳动政策直接影响或决定职业教育的实施，它包括劳动力管理、劳动报酬、工作时间、休息时间和休假制度、劳动安全和劳动卫生、女职工和未成年工的劳动、劳动保险、社会保障、职业培训等，其中与职业教育更密切相关的有以下三方面。

（一）青少年职业定向的年龄阶段和开始专业化的最小年龄

青少年职业定向的年龄阶段和开始专业化的最小年龄，一般是由国家的劳动政策和教育政策所决定。即规定在哪一年龄阶段开始职业定向、允许学习职业科目和允许就业的最小年龄。职业定向和开始专业化的最小年龄可能是一致的，但也有的国家不一致。有的国家在小学后即开始定向，可入不同的初中，但接受专业化教育则在初中后。

我国在这方面有过如下规定。

1951 年 10 月，中央人民政府政务院颁布的《关于改革学制的决定》规定：儿童 7 岁入学，小学学制 5 年（后大部分仍实行 6 年制），技术学校分技术学校和初级技术学校两级，前者招初中毕业生或同等学力者，后者招小学毕业生或同等学力者，就是说从小学即开始分流，按学制规定，职业定向和专业化的最小年龄为 13 岁。

1958 年 2 月，国务院颁布的《关于国营、公私合营、合作社营、个体经营的企业和事业单位的学徒的学习期限和生活补贴的暂行规定》规定：学徒的年龄一般应在 16 岁以上，某些特殊行业可以小于 16 周岁。亦即允许参加生产劳动的最小年龄为 16 岁。

1985 年，中共中央《关于教育体制改革的决议》确定：在我国的教育体制中从初中开始分流。《义务教育法》规定，儿童 6 岁入学，毕业时为 15 岁。《义务教育法》还规定，不准招用接受义务教育年限内的儿童、少年就业。违法者处以罚款直至责令停止营业或吊销营业执照。1986 年 7 月，国务院《国营企业招用工人暂行规定》规定，企业招工的必备条件之一是必须年满 16 周岁。所以，我国现行的允许就业的最小年龄为 16 周岁。分流年龄从 20 世纪 50 年代的 13 岁提高到 15 岁。

国际上也有这样一个提高的过程。20 世纪初，一些实现了小学阶段义务教育后的国家，职业定向在小学后，开始专业化的最小年龄一般在 11 ~ 12 岁。第二次世界大战后，由于民主运动的发展和教育的发展，这种小学毕业即需决定职业定向的教育受到非议，许多国家延长了义务教育年限，推迟职业定向的年龄。如英国从 11 周岁推迟到 16 周岁。一些义务教育或基础教育达到高中阶段的国家，职教高移，分流已推迟到高中后。

可见，对职业定向的年龄阶段和开始专业化的最小年龄，不是任意规定的，主要是以基础教育（义务教育）的年限为转移。而义务教育年限的确定，则取决于社会生产力的水平和社会经济的发达程度，取决于社会制度和对劳动年龄的限制，取决于教育发展水平和教育制度等诸因素，其中起决定作用的是经济发展水平和教育发展水平。当前，大多数国家将接受职业教育的年龄规定为初中后，即 14 ~ 16 岁。根据这种现状，1974 年 10 月，联合国教科文组织在巴黎召开的第 18 届大会通过的《关于技术和职业教育的建议》中提出：原则上把 15 岁当作开始专业化的最小年龄。我国的规定与国际上大多数国家是一致的。

国家规定开始专业化和允许雇佣劳动的最小年龄的意义在于以下四个方面。

一是保护青少年的合法权益和身心健康。为保障未成年人（指 6 周岁以上不满 18 周岁的公民）享有的宪法、法律赋予的权利不受侵犯，使他们能在德、智、体各方面得到全面发展，国家禁止使用童工，并规定国家、社会和家庭必须予以保障的义务教育年限。

二是尊重公民权利。公民有选择职业的权利，所以，职业定向的年龄阶段的规定，要考虑到青少年身心发育的水平，应达到可以确定自己职业定向的最小年龄，这个年龄一般在 15 岁左右。

三是保障义务教育的实施，保证职业教育在一定的普通基础教育上进行，避免过早专业化对人的全面发展带来不利影响。

四是避免未成年人过早进入劳动力市场妨碍青少年成长，增加社会就业压力，降低劳动者素质。

（二）先培训、后就业的政策和劳动预备制度

1. "先培训、后就业"的政策

从事任何职业都应有一定的职业资格，受到一定的职业培训，这是当代社会生产和社会生活所要求的，但很长一段时期内在我国这个问题没有得到应有的重视，福利性的广就业政策和一度实行过的子女顶替政策更加重了这个问题。子女顶替政策原是一种劳动保险政策。1953 年 1 月，劳动部在《中华人民共和国劳动保险条例实施细则修正草案》中规定：职工的直系亲属具有工作能力，而该企业需人工时，行政方面或资方应尽先录用。20 世纪 60 年代扩大到某些特殊行业的招工。规定森林采伐、盐场、矿山井下、野外勘探等行业增加工人时可由退休职工子女顶替。1978 年以后扩大到面对所有退休工人。开始是适用于工人退休后生活困难，或多子女上山下乡，子女就业少的职工，后来演变成为只要父母退休子女就可顶替，使一大批没有受过职业培训的人走上了技术岗位，以牺牲劳动生产率为代价，换取安置一批人就业，造成了不良的后果。所以，从 1981 年开始，不再实行招收子女的办法，并取消子女顶替政策。

1985 年，中共中央《关于教育体制改革的决定》（简称《决定》）正式提出先培训、后就业的政策。《决定》指出："职业技术教育问题已强调多年，局面没有真正打开，重要的原因在于长期以来对就业者的政治、文化、技术准备缺乏应有的要求，在于历史遗留的鄙薄职业技术教育的陈腐观念根深蒂固。因此，要在全党和全社会进行教育，树立行行光荣，行行

出状元的观念，树立劳动就业必须有一定的政治、文化和技术准备的观念，并且在改革教育体制的同时改革有关的人事制度，实行先培训、后就业的政策。今后各单位招工，必须首先从各种职业技术学校毕业生中择优录取。一切从业人员，首先是专业性、技术性较强行业的从业人员，都要像汽车司机经过考试合格取得驾驶证才许开车那样，必须取得考试合格证才能走上工作岗位。有关部门应该制定法规，逐步实行这种制度。"

2. 劳动预备制度和就业准入制度

为实行"先培训、后就业"的政策，劳动部于 1996 年 12 月下发了《关于进行劳动预备制度试点工作的通知》，并制定了《劳动预备制度实施方案》（简称《方案》）。《方案》提出劳动预备制度的总体目标是："对城乡新生劳动力，有计划、有步骤地实行追加 1 至 3 年的职业培训和相关教育，提高他们的素质能力，为其实现就业准备条件，同时，通过延长这部分劳动者进入劳动力市场的时间，缓解就业的压力。"主要任务是："将城乡初高中毕业后不能升入更高一级学校学习，并有就业愿望的青年组织起来，要求他们在就业前，参加 1 至 3 年职业培训和相关教育，取得相应的职业资格，为参与市场竞争、就业上岗做好准备，并在国家政务的指导和帮助下实现就业。同时，有步骤地组织农村初高中毕业后不能升入更高一级学校学习，并准备向非农产业转移或进城务工的青年参加这一制度。"《方案》提出实行就业准入制度，"要求适合参加劳动预备制度的人员，应当掌握必备的学识和技术、能力，以取得相应的培训证书和职业资格证书后，方可就业"，并对培训工作做了具体的规定。

1999 年 6 月，劳动保障部、教育部、人事部、国家计委、国家经贸委、国家工商局联合下发《关于积极推进劳动预备制度加快提高劳动者素质的意见》（简称《意见》），提出从 1999 年起，在全国城镇普遍推行劳动预备制度。严格实行就业准入控制。《意见》提出："劳动预备制人员培训或学习期满，取得相应证书后，方可就业。从事一般职业（工种）的，必须取消相应的职业学校毕业证书或职业培训合格证书。从事国家和地方政府以及行业有特殊规定职业（工种）的，在取消职业学校毕业证书或职业培训合格证书的同时，还必须取得相应的职业资格证书。从事工商经营的，也应接受必要的职业培训，其中从事国家规定实行准入控制职业（工种）的，必须在取得职业资格证书后方可办理开业手续。对未经过劳动预备制度培训学习，或虽经劳动预备制培训学习，但未取得相应证书的人员，职业介绍机构不得介绍就业，用人单位不得招收录用。对违反规定招收、录用的单位，劳动保障监察机构要责令其改正，并要求未经培训学习的人员参加相应的劳动预备制培训学习，限期取得毕业证书、职业培训合格证书或职业资格证书。对用人单位因特殊需要招用技术性较强，但当地培训机构尚未开展培训的特殊职业（工种）人员，经劳动保障部门批准后，可允许企业先招收再培训，取得相应职业资格后再上岗。" 2000年，全国有73万未能升学的城镇初高中毕业生参加了劳动预备制培训。

（三）职业资格证书制度

1990年7月，经国务院批准劳动部颁布了《工人考核条例》（简称《条例》），《条例》规定："工人考核分为录用考核、转正定级考核、上岗转岗考核、本等级考核，以及技师、高级技师（以下统称技师）任职资格的考评。"其中规定："企业、事业单位和国家机关从社会招收录用新工人，包括录用技工学校、职业学校、职业高中的毕业生，以及就业训练中心和其他各种就业训练班结业的学生，须经工人考核组织的录用考核，方能择优录用。" "学徒（培训生）学习期满和工人见习、试用期满时，须经转正定级考核。经考核合格发给相应的《技术等级证书》或者《岗位合格证书》或者《特种作业人员操作证》之后，方能上生产工作岗位独立操作，并根据其思想政治表现、生产工作成绩和实际技能按照国家有关规定确定工资等级。考核不合格者准予延期补考。补考仍不合格者应当解除劳动合同或者调换其他工作。学徒见习、试用期各方面表现优秀的，可以提前进行转正定级考核。" "工人改变工种，调换新的岗位，或者操作新的先进设备时，应经过技术业务培训和上岗转岗考核合格后方能上岗。在精密稀有设备上工作和从事特种作业的工人，离开生产工作岗位一年以上，重新回到原岗位，应有一定的熟悉期，期满经技术业务考核合格后方能上岗，并按考核成绩，重新确定技术等级。"" 企业、事业单位和国家机关根据生产经营活动或工作需要，对本单位的工人定期进行本等级的技术业务考核。考核不合格者允许补考。补考仍不合格者，应降低其技术等级或者调换工作岗位，重新确定技术等级和工资待遇。"《条例》规定考核的内容包括思想政治表现、生产工作成绩和技术业务水平。考核合格可发给《技师合格证书》《技术等级证书》《岗位合格证书》。

1993 年，劳动部根据《条例》制定颁发了《职业技术鉴定规定》（简称《规定》），《规定》提出："职业资格包括从业资格和执业资格。从业资格是指从事某一专业（工种）学识、技能和能力的起点标准。执业资格是指政府对某些责任较大，社会通用性强，关系公共利益的专业（工种）实行准入控制，是依法独立开业或从事某一特定专业（工种）学识、技能和能力的必备标准。"职业资格证书制度的基本内容是：按照国家制定的职业技能标准或任职资格条件，通过政府认定的考核鉴定机构，对劳动者的技能水平或职业资格进行客观公正、科学规范的评价和鉴定，对合格者授予相应的国家资格证书。

2000 年 3 月，劳动和社会保障部发布了《招用技术工种从业人员规定》。规定用人单位招用从事技术工种（职业）的劳动者，必须从取得相应职业资格证书的人员中录用。《职业资格证书就业工种（职业）目录》共列出车工、电工、营业员、秘书等 90 个工种（职业），从事这些工程（职业）的劳动者须持职业资格证书就业。2000 年 4 月，劳动和社会保障部制定了《劳动预备制度培训实施办法》，对培训对象、机构认定、专业设置、培训招主、培训期限、培训内容、培训形式、培训证书、培训经费、就业服务等做出规定。在此同时，人事部门和一些行业也开展了特有工种职业技能鉴定、专业技术执业（职业）资格考核和专项能力的考核等。到 2001 年上半年，全国累计共有 2500 多万人取得了不同等级的职业资格证书。

四、构建职教结构体系的指导思想

国家的劳动就业政策是构建职业教育结构和体系的法规依据，而构建职业教育的结构体系则要以大职业教育观念为出发点。"大职业教育主义"这个观念是黄炎培 1926 年在一篇题为《提出大职业教育主义征求同志意见》的文章中提出来的。当年黄炎培积累十几年倡导和举办职业教育的经验，认识到不能孤立地看待职业教育的发展问题。他说："只从职业学校做功夫，不能发达职业教育；只从教育界做功夫，不能发达职业教育；只从农、工、商职业界做功夫，不能发达职业教育。""只从职业学校做功夫，使得职业学校以外各教育机关觉得你们是另一派，与我们没有相干。岂知我们常说什么界，什么界，界是分不来的。不要说师范教育、医学教育等等都是广义的职业教育，就是大学、中学、小学和职业教育何尝没有一部分关系？大学分科、高中分科是不用说了，初中何尝不可以兼设职业科，小学何尝不可以设职业科？何况初中还有职业指导，小学还有职业陶冶呢。要是此方认为我是职业学校，与一般教育无关，彼方认为我非职业学校，与职业教育无关，范围越划越小，界线越分越严，不互助、不合作，就不讲别的，单讲职业教育，还希望发达吗？所以，第一层只从职业学校做功夫是不行的。""第二，办职业学校最大的难关，就是学生出路，怎样才能使学生有出路呢？说几句联络职业界的空话是不够的。设什么科，要看看职业界的需要；定什么课程，用什么教材，要问问职业界的意见；就是训练学生，也要体察职业界的习惯；有时聘请教员，还要利用职业界的人才。不只是参观啦，实习啦，请人演讲啦，都要职业界帮忙哩。最好使得职业界认作为我们而设的学校，那就打成一片了。所以，只从教育界做功夫也是不行的。""社会是整个的，不和别部分联络，这部分休想办得好。"在腐败政治底下，"农、工业不会好，农工教育那里会发达呢？国家政治清明，社会组织完备，经济制度稳固什么事业都会好，反之什么事业都不会好。所以，提倡职业教育而单单从农、工、商职业界做功夫也是不行的"。70 年过去了，中国社会已经发生了巨大的和根本的变化，但黄炎培的这个观念依然适用。

今天在已经变化了的形式下，大职业教育观念应包含以下内涵。

（一）要在全部教育工作中、在各级各类学校教育中，树立起职业教育观念

职业教育是针对取得某种职业资格的教育，职业资格是一种综合能力，这种综合能力是靠整个教育过程中的不断培养而获得的。实际上人们的职业准备从幼儿时期就已经开始了。幼儿园的老师都要通过游戏等教儿童认识各行各业，培养儿童热爱劳动、尊重各行各业的劳动者和爱护劳动成果等思想品质。幼儿园和小学都要启发儿童树立职业理想、培养职业兴趣、培养和锻炼日后从职从业所必需的知识能力和品质。对此，黄炎培称之为"职业陶冶"。初中要进行职业指导，开设劳动技术课程，初等职业教育从这个阶段开始。高中以上即正式进入职业教育阶段了。所以，职业教育渗透于、存在于各级各类教育之中，不能仅仅将其视为职业学校的事。

（二）在整个教育系统中，职业教育既要有从初级到高级的独立系统，又要与其他类型的教育相互衔接、相互沟通

职业教育包括学历教育和职业培训两大部分，它既是一种牵涉面很广、受教育人次最多的教育，也是一种贯彻整个职业生涯的教育。在职业教育中学历教育与职业培训并重，学历证书与职业资格证书并重。随着知识更新速度的加快，就业前的职业教育将成为基础教育，职业的继续教育与培训将成为职业教育的主体。人们对任职资格的观念正在改变，不是注重学了什么，在什么地方、用什么方式学的，而是看具有什么能力、能够胜任什么，职业资格证书将重于学历证书，事实上现在已经有一些职业，除了学历之外，还必须获得职业资格证书，才具有执业或从业资格。

（三）职业教育是一个开放的系统

一是自古迄今职业教育都是由各行各业参与的社会事业，企事业单位是职业教育的直接受益者，关心、支持、举办职业教育是企事业单位的责任和义务。同时，社会职业繁多，各种生产岗位更是不计其数，完全由教育部门和学校来解决各种工作岗位人员的培训问题是根本不可能的，某些企业所需要的特、高、少、快人才教育部门也无法培养。企业要负责举办职业教育并且参与职业教育是职业教育的一个基本特征。二是就业是国家

公民的一项基本权利，国家和社会应保障公民都能受到基础的职业教育，在他们需要的时候，能够受到补充和提高的教育、转业或转岗的教育，等等。所以，职业教育是一个开放的系统，职前与职后沟通、正规与业余并举、全日与半日或夜校并存，允许工读交替、学分积累，从工作中取得的知识和经验应被学校正式承认。实行弹性学制，在入学和学习年限上灵活多样，实现一种 4A 教育：任何人（anyone），可以在任何地方（anwer-where），任何时候（anytime），学习任何内容（anything）。三是职业学校必须建立完善的反馈系统，及时进行社会调查，了解社会职业需求、就业形势、毕业生反馈意见等。

（四）职业教育的社会职能是全面的，既为建设社会物质文明服务，也为建设精神文明服务

过去有一种倾向，谈职业教育更多的是提到为经济服务，具有片面性；现在素质教育的提出，已有很大的改变。教育是培养人的事业，任何教育都要把培养人作为首要的任务。职业教育要培养学生正确的政治观点、社会责任感和参与意识；培养学生的民主思想和法制观念、环保意识；培养学生的文化素养和道德情操，等等。不能将职业教育仅仅理解为一种技术能力或操作能力的训练，更不能认为是仅仅为了获得谋生的一技之长。

（五）产教结合

职业教育是专业教育，职业教育机构都拥有自己的专业人才和一定的专业设备，具有一定的生产和研发能力。职业教育机构应成为教学、科研、生产、服务、技术开发和技术推广的基地。职业学校依托专业办产业，办好产业促专业，在这方面，农村的农科教结合就是成功的经验。

（六）职业教育要面向世界

科学和技术是没有国界的，在经济全球化日益加速、国际人才竞争更为激烈的情况下，职业教育必须加速面向世界。要研究国际市场的动向、需求和技术水准，用国际通用技术标准培养一批高水平的人才，才能使产品迅速打入国际市场；要通过职业教育促进教育交流、人才交流、劳务输出，在国际教育市场、人才市场上占有自己的地位和份额。

大职业教育观是由职业教育的特性所决定的,因而是客观规律,其所涉及的范围已不限于职业教育,所以也可以说是一种宏观的教育指导思想,是对传统选拔式的精英教育和以狭窄职业技能为主的"工匠"式教育的一种变革,因而,将会导致教育整体的更新。

五、职业教育的结构与体系

(一) 我国职教结构的发展趋势

从上述背景中可以看出职业教育结构当前的发展趋势有以下几点。

1. 层次结构

在层次结构上初、中、高等职业教育日渐完备,但高等职业教育中尚缺乏本科和研究生层次。同时,在大城市和经济发达地区,职业教育已呈高移态势,向高中后和高等职业教育转移。近两年中等职业教育出现的问题之一,就是对这一形势缺乏足够的认识和预见,以致在高校扩招之后出现了被动的局面,表现在对高职发展的决心和力度不大,限制在"三改一补"等。

2. 类型结构

类型结构呈多元化趋势,特别是中等教育类型的多元化。随着义务教育的普及和群众对教育需求的多元化,从个性发展出发,给中学生以更大的选择余地是当今教育发展的趋势。高中阶段已有普通高中、职业高中、专业高中、综合高中;高职中有独立设置的专科、职业大学、职业技术学院也有中高职合作的"3+2"高职和设于中职中的"3+2"高职班。从学生的入口和出口来看也呈现多元化的趋势,但中专、职业高中和技工学校三类学校则由于培养目标日益接近而走向趋同。

3. 布局结构

布局结构趋向区域化。随着经济体制的改革和政府职能的转变,国家部委主管职业教育的情况已经改变,职业教育主要由地方管理,为地方经济服务。学校布局、专业布局都将区域化,并向社区化发展。

4. 专业结构

专业结构综合化、基础化已是当前职业教育专业设置的共同趋势,狭窄专业已被职业群或岗位群的专业所代替。

5. 课程结构

目前，模块式课程已开始代替学科型课程以及文化课、专业基础课和专业课三段式课程，文化课比重增加并受到重视。这是由学科的综合化、知识应用的综合化趋势以及有利于知识的横向扩展与纵向提高和学生继续深造的需要等所决定的。

（二）职业教育体系的构成

职业教育是一个十分复杂的系统，从总体而言，有四个大的体系，在职业教育的系统中这四个体系是缺一不可的。

1. 开放的培训体系

开放的培训体系要求学制、学校、各类培训机构以及教育与培训的方式手段等都应是开放的。

2. 优化的管理体系

根据《中华人民共和国职业教育法》我国的职业教育管理体制是，国务院教育行政部门负责职业教育工作的统筹规划、综合协调、宏观管理。国务院教育行政部门、劳动行政部门和其他有关部门在国务院规定的职责范围内，分别负责有关的职业教育工作。县级以上地方各级人民政府应当加强对本行政区域内职业教育工作的领导、统筹协调和督导评估。但由于旧的计划经济下的管理体制和管理思想的影响，和正在进行中的经济体制改革、国企改制等因素，虽然在管理体制上提出的政府统筹、分类指导，农村中的农科教统筹和普、成、职三教统筹等都是有效的管理经验，但仍存在许多需要解决和改革的问题。如教育行政部门在思想上对办学主体的认识和服务观众问题、政府的职责和行为的转变问题，行业对职业教育的管理问题，企业的参与问题等都尚待解决。

3. 完备的职业指导和就业咨询体系

职业指导是使人职业化，即从准备职业、选择职业、为职业做准备、从职从业直至职业生涯的结束，由学校或社会提供的专业化指导。因而，职业指导是职业教育的重要组成部分，应该有专门的组织机构进行规划，在学校和劳动部门、劳务市场设置职业指导员、指导教师和职业咨询机构，并从中央到地方形成系统。此外，还要有培养职业指导人员的教育与培训系统。目前，我国的职业指导工作基本上处于分散进行状态。教育部职成司将职业指导列入 2001 年职业学校德育大纲，列入中等职业学校的教学计划，是一大进步，但仍不能包括职业指导的全面要求和全部内容。同时，不仅职业中学需要进行职业指导，高等学校、普通中学和社会从职从业人员、失业人员等都需要职业指导，因此，要想建立完备的职业教育指导体系，还需要做很多工作。

4. 有效的支持体系

要发展职业教育，必须有一个完整和有效的支持体系。除经费保障外，支持体系还包括科学研究、师资培训、专业目录和教学大纲的制定、教材的编写与出版、教学设备的研制、生产、配备等。

（三）建立职教系统的原则

总的原则是从中国的实际出发，可以借鉴国外经验，但决不可照搬，应记取历史上这方面的经验教训。职业教育的体系，必须有利于普及，有利于个人的发展。所以，构建职业教育系统应遵循以下原则。

1. 多轨并行

即普通教育学校中的职业教育课程与职业学校并行；对青少年的和对成人的职业教育并行；全日制的与半日制、业余的职业教育并行；学校学历职业教育与各种培训班、学徒培训、自学考试并行；教育部门办学与劳动部门、行业、企事业单位和各种社会力量办学、私人办学并行。特别要充分利用现代化传播手段，缩短发达地区与欠发达地区的教育差距，努力扩大受教育面。

2. 沟通协作

即就业前与就业后职业教育的沟通与协作；职业学校与行业、企业及其培训工作的沟通与协作；普通中小学与职业学校和职业培训机构的沟通与协作；中等职业学校与高等学校、科研院所、科技推广机构的协作；各类职业教育机构之间的协作，建立地区性或行业性的职业教育中心等，以提高职业教育的总体效益。

3. 梯形层次

从我国的国情出发，职业教育的重点在中等职业教育，但数量最大的，特别是农村和经济欠发达地区，是初级职业培训和实用技术培训。因此，职业教育的结构层次应是梯形的。在大城市和经济发达地区以中高级职业教育为主；在贫困地区以结合普及义务教育的初级职业教育和初中后的中级职业教育为主：大力发展小学后、初中后和高中后的职业培训，发展成人职业培训。

4. 灵活开放

职业教育要面向所有未就业的适龄青少年，面向全体从职从业人员，面向不断变化着的社会与经济需求，为人民群众的求职、就业、发展和社会的进步服务。因此，职业教育的生命力就在于尽可能满足各种层次人们的各种职业需要，因此办学必须是多形式、多层次、多规格的。在入学条件与方式、学习时间、教学组织、教学管理、结业方式等方面尽可能给受教育者以方便，既要灵活又要开放。灵活指不拘一格，开放指面向全体劳动者。应该努力做到使每一个劳动者在其需要的时候，都能够受到与其需要相适应的、必要的职业教育。

5. 相互衔接、殊途同归

职业教育的办学形式尽管可以多种多样，但不等于不要一定的规格要求。各级职业学校有自己的教学目标，自不待言，特别要注意的是课程的相互衔接，职业培训要制定培训规格，各种短训也要有明确的教学目标。这里模块式课程或板块式课程是解决这个问题的可行办法。职业教育应做到使受到不同水平的职业教育的人，能够获得接受高一级教育的机会和能力，使劳动者有继续提高或转业的可能。总之，无论何种类型、何种层次的职业教育其目的都是一致的，即使受教育者不论通过什么途径，学校的或自学的、全日的或业余的、集中的或分散的，等等，最终获得从事某一职业的资格，获得职业资格证书，这就是殊途同归。

第四章

职业教育教学论

导言

教学是学校教育的中心工作，也是职业学校的中心工作，是进行职业培训的主要手段；教学工作有共同的理论基础，但由于不同类型教育的培养目标不同，受教育对象不同，课程设置与教学方法不同，因此，各类教育也都有其自己的教学特点，职业教育的教学同样具有自己的特殊性。职业教育教学论是教学理论的分支学科，亦即职业教育的教学要遵循基本的教学理论，受普遍的教学规律所制约，在此基础上，阐明职业教育教学的特殊规律，根据职业教育的特点构建自己的学科体系。

1. 职业教育教学论的研究对象

职业教育教学论是在教学基本理论的基础上，研究职业教育教学的特殊规律，包括各种具体的教学变量和教学要素：如教学的先变量（教师与学生的特点）、教学过程变量（教学行为及其改变）、教学情景变量（教学环境状况）和教学结果变量（学习结果）等。教学要素包括教与学的关系、教与学的条件、教与学的操作等。

2. 职业教育教学论的特点

第一，职业教育与社会的职业需求直接相关，决定于和服务于社会经济、社会、经济、科技、就业等状况，构成职业教育教学的直接背景。因此，研究职业教育的教学不能就教育论教育，探讨社会经济、职业需求与教学的关系，是职业教育教学论的重要课题，并要将其结论贯彻于教学的各个方面。

第二，专业设置在一般教学理论中是不涉及的，但职业教育是有具体职业背景的专业教育，专业的设置与建设是职业教育教学的基础，是确定学习年限，开发课程，采用何种教学手段、教学方法等的依据。因此，专业设置就必须作为职业教育教学的重要方面被列入职教教学论。

第三，职业教育的课程设计与普通基础教育的课程设计有很大的不同，其特点是要按不同的专业和教学目标进行设计，具有专业性。同时，职业教育专业繁多，培养目标差异大，更新变化快，具有自己的设计理论、程序和方法。所以，课程论是职教教学论的又一重要组成部分。

第四，职业教育教学是由理论教学和实训教学两部分构成，这点与普通教育不同。两种教学或分别进行各成系统，或交替进行，或相互融合，构成多种教学模式和多元教学方法，是职业教育教学的又一特点。模块式教学在职业教育教学中应用广泛，实训教学有自己的教学特点和体系。因此，实训教学和教学模式的研究也是职教教学的重要内容。

第五，与针对儿童和少年的基础教育不同，职业教育几乎包括所有年龄段的人，因此，成人教学也构成了职业教育教学论的一个组成部分。

3. 职业教育教学论的基本结构

职业教育包括高、中、初三级，包括学历教育和非学历教育，包括对青少年的就业前教育，也包括对成年人的继续教育，这些不同对象、不同教学目标的教学具有很大差异。但高等教育、成人教育、继续教育作为教育理论的分支学科，都有专门著述，所以职业教育教学论以中等职业学校教育的教学为重点，兼顾其他方面的教学问题。

职业教育教学论的体系主要由职业教育教学原理、专业设置、课程设置、教学方法与教学手段、职业教育的实训教学、教学评价和成人职教教学构成，是理论与实际并重，以理论指导实践的应用性学科。

一、职业教育教学原理

（一）教学的概念与内涵

1. 教学概念的形成

（1）教育的本质

教育是人类特有的一种生存方式，人类有思维、语言、文字，所以有历史，可以将自己在生产和社会生活中获得的知识、经验、技能积累下来并传递下去。所以，人类不是依靠遗传的本能生存、繁衍和发展的，而是依靠生产技术知识、社会生活知识的积累与传递来延续社会的生存与发展的。要从事生产劳动就必须学习，劳动力的再生产是社会生存的必要条件，教育和训练又是劳动力再生产的必要条件。因此，在人成为人之时，就存在教育，有教育当然就存在教与学的活动。但最初的教与学没有从生活和劳动中分离出来，没有明显的师与生，因而也没有"教学"的概念。教学概念的形成，应在学校产生之时。

（2）学校的本质

学校是人类在长期教育实践中创造出来的，是社会精心策划的、由专职人员主持的、为教育与培养下一代而设的专门机构。生产力的发展和体脑大分工的完成，开始使极少数的儿童能够摆脱为养活自己而进行的生产劳动，为了实现社会以最有效的方式，在有限或限定时间内（如成人之前），达到一定要求的培养目标的目的，所以产生了学校。由于学校的产生，就有了师与生，有了教与学，也就产生了教学的概念。

（3）教学的本质

由于人类积累的经验越来越多，越来越复杂，不经过总结、归纳、选择，由专职专业人员采取一定的方法手段进行传授，就难以在一定的年龄段和时间内达到培养目标，因而在学校中产生了有别于一般认识活动的教学活动。教学是为达到教育目标而采取的途径或方式，是为完成教学任务而采用的师生协调活动的方法体系。商代甲骨文是我国最早有关教学的文字记载，甲骨文中多次出现"教""学""师"等字。我国最早的教育著作《学记》，已有对教学活动如学习内容、修业年限、师生关系，以及教与学、学与习的规律，教学方法，考核标准等比较全面的论述。

2. 教学观念的发展

由于学校和教学产生的时代背景和现实目的，及以往教学条件的制约，一般教学专著将教学定义为：教学是教师教、学生学的统一活动，在这个活动中，学生掌握一定的知识和技能，同时，身心获得一定的发展，形成一定的思想品德；或者教学是在教育目标的规范下，教师的教与学生的学共同组成的一种教育活动，亦即大家都一致认同教学是师与生的双边活动，通过教学活动使学生得到成长。但在传统的教学观念中，更着重教师的传授和学生的习与行这样一种线性的单向教学与培养，较少或不考虑学习者自身如何能自主掌握知识和技能。随着社会生产力的发展，特别是传播媒体的进步，这种观念已经开始发生变化。

1997 年 10 月，联合国教科文组织第 29 届大会批准的《国际教育标准分类》的文件中对教育与教学提出一种新的观念。即认为教育应从是有组织地和持续不断地传授知识的工作，改为旨在满足学习需要的各种有意识的和系统的活动，是实现学习的有组织的交流。"学习"指任何行为、信息、知识、理解力、态度、价值观和技能方面的进步与提高。"交流"是涉及两个或更多人之间传输信息（包括信息、思想、知识、方法等）的关系。交流可以分为语言的或非语言的、直接面对面的或是间接的、远距离的，并可有各种各样的途径和媒介；"信息"包括消息、思想、知识、策略等。这个观点反映了对教育与教学的一些新的认识。

拓宽了教育与教学的范畴。所有指导学习的、有组织的及持续的交流，都可视为教育和教学，而不论是何种教育机构、以何种方式提供的教育。

注意到受教育者自己自主获取知识与技能的现实的可能性（需求上的和技术上的），将学习者视为主动实现教学目标的"主体"，而不是受体的所谓"主体性"。因此，将"传授"改为"指导学习"，教师的职责从传授转变为更多起着引导、指导、激励和评价的作用。

学习被认为是任何进步与提高。意即教育是培养，教学是导致进步而不是淘汰，这与在教学资源贫乏的情况下，学校教学具有选拔功能和淘汰作用，是完全不同的教学观念。那种以"分"划界，考试不及格就可以淘汰的教学将淡出教育范畴。现在各国义务教育已是每个公民必须接受的教育，随着经济、社会、教育的发展，基础的职业教育或培训也将进入这一领域。这种观念还说明学习的含义不仅是知识（更不仅是书本知识）的获得，也包括技术技能以及其他方面的进步。在这个观念下，可以使教学更为个性化，适应不同个人的多样化的需求，有利于教育的普及和大众化。

扩展了教学内容和学习方式。教师和教科书不再是学校教学内容的唯一来源，学习涉及更广阔的内容以及各种途径和媒介。

这个观念更重要的是强调了交流。学生不是容器，只进不出。学生应在一种教师与学生、学生与学生、学生与其他媒体、学生与社会等相互交流的环境中进行学习，教学的绩效不是只看考了多少分，而要表现在受教育者行为上的改变。

3. 教学的内涵

根据上述对教学的观念，教学的内涵应包括以下方面。

第一，教学是一种特定的实践活动，由一系列教与学的活动组成，主要是一种认识活动和认识过程，是一个动态系统。

第二，教学是教师与学生的双方面的共同活动，缺少任何一方都不能构成教学。但在教学活动中教师与学生双方的地位与作用是不同的。教师是执行国家教育方针、按照已定的教学目标、通过一定的教学手段和方法进行教学活动的教育者。学生是正在成长中的受教育者。因此，在教学活动中教师起主导作用，学生是学习任务的承担者和学习活动的主体。

第三，教学过程是促使受教育者身心发展的基本途径。任何教学都具有发展功能，学生借助教学形成自己的世界观、人生观、知识结构、能力结构、个性与人格特征。

第四，教学的构成要素为教师、学生、教材（教学内容）和教学手段。

4. 教学的功能

（1）职业教育教学的功能

教学是学校的中心工作，离开教学，学校就失去了存在的依据。从总体而言，教学具有以下功能。

①传承：传道、授业、解惑。这是教学的基本功能，即将人类世代积累下来的知识、思想、技能通过教学活动传递给下一代。

②培训：培养、训练。通过教学的教育性和发展人的作用，培养学生科学的世界观、人生观，养成良好的道德品质和健康的体魄，获得基本的职业技能训练和学习、生活、就业的能力。

③养成：修养、习成。通过教学中学生的自主活动、自我学习和自我修养，"习与性成"，形成良好的学习习惯、工作态度、生活方式、职业知能和独立人格、合作能力等，达到全面素质教育的目的。外因必须通过内因起作用，没有学生积极地、主动地练习、修养、自省、实践，教学就不能达到目的。

④创新：教学本身就是一种创造性的劳动，教师所面对的是生动活泼的具有不同生活与学习背景、不同的个性特征和正在成长中的青少年。教师和学生都面对着不断变动的社会需求、日新月异的知识技能和多种的就业形势与需求，所以，一成不变的教学是不可能的，教学与创新总是联系在一起的。教学对学生而言其知识、行为、德行、技能诸方面的进步就是一种创新，所谓"好好学习，天天向上""苟日新、日日新、又日新"。对教师而言，是一个不断学习、改进和创新教学的过程，所谓"教学相长"。同时，由于职业教育的专业教育特点，在教学过程中教师和学生都能利用各自的知识和技能在专业范围内进行创新或创业活动。

（2）教学的不可替代性

教学的不可替代性指的是：教学是师生双方共同的活动，从学习的类型上看是一种师生型，即教者为"师"，师须"学为人师，行为世范"；学者为"生"，是生生不息的、能动的发展主体。目前有一种看法，认为由于信息技术的发展，学生可以通过电脑程序、网络等进行学习，学习将摆脱现有的形式，人机型的、个别化的学习将可取代师生型的教学。信息技术的发展将会引起教学的巨大变革，这是肯定的，但是任何电脑都不可能代替教师在教学中所起的作用。教师本人特有的丰富知识和专业技能、能动灵活的教学策略、教师个人的人格魅力、教学中情感的感染与交流、言教与身教的风度与风范，以及一种和谐亲切的师生关系等在教学中的作用，是任何非人性的电脑所不能替代的。同时，学校特有的教育文化氛围，班级团组的集体效应，人际之间交流的欢乐，社交公关能力的形成，合作能力的培养等，也是电脑或个别化的学习所不能替代的。

（3）教师角色的演变

上面谈到教学具有不可替代性，这是问题的一个方面；问题的另一方面是教师在教学中的地位和作用，以及相应的行为模式，并不是一成不变的，而是正在发生变化。教师的地位从古代的以门派为重，主要传授不得变动的"家法""师法"；发展到为以传授社会（或政府）认定的教学内容，以"传道、授业、解惑"为主，所谓"尊师重道""师道尊严"；现在又在变化了的学习条件下，逐渐转向"导"重于"教"。在教学活动中教师更多地应起着先行、启发、引导、激励、评价的作用；教师也不是全部知识和技能的占有者和传授者；策划、组织、管理学习，督促、检查、评价学习，将逐渐成为教师的工作重点。

在这个问题上，需要注意的是，一件事物的产生，要具备需要和可能两个方面的条件，如果没有现代生产条件的改变和职业的多变性，学习者掌握了教师给予的知识技能就能受用终身，或有政府包就业，有铁饭碗保生活，学生就没有多方面学习的动力和愿望。如果没有充分的学习资源、学习手段、教学设备，学校不能具备学生学习所需的资料、设备、实习场地、学习条件，也谈不上教师角色的转变。

5. 职业教育教学的任务

教学任务决定于教育目的、学科特性、学生年龄特征、教学的时空条件。职业教育在这些方面都有自己的特点。职业教育的教学与普通中学教学的不同，或者说职业教育教学的特点首先体现在教学的任务上。职业教育的目的在于使学生取得某种职业资格，同时，给予学生今后发展的必要的知识与能力。因此，在学科上除基础文化学科外均具有专业性、综合性；学生的年龄和对所学科目的选择具有更大的弹性；在教学的时空条件上与普通教育差异更大。所以，职业教育的教学任务是：传授和使学生掌握必备的文化科学基础知识和基本技能，培养职业综合能力；发展学生的智力和体力及职业所需的特殊的智能和体能；传授专业知识、技能，培养学生定向的职业能力，以获得某种职业的初始上岗资格；培养学生科学的世界观、人生观、正确的职业观和良好的职业道德与心理品质。

职业教育教学任务是教育和教学功能的具体化，它反映的是职业教育这一类型教育的功能，是一种价值的判断。因而，适用于各类职业学校。

6. 教学目的与教学目标

（1）教学目的

教学目的是教学过程结束时所要达到的结果，或在教学活动开始前已经确定了的预期达到的结果，也可以视为培养目标。不同类型、不同层次的学校其培养目标是不同的。

20 世纪 50 年代初期，我国对职业教育统称为技术教育。1952 年，教育部颁布的《中等技术学校暂行实施办法》规定"中等技术学校的宗旨与任务是：以理论与实际一致的教育方法，培养具有必要的文化、科学基本知识，掌握一定的现代技术，身体健康，全心全意为人民服务的初级和中级技术人才。"

20 世纪 50 年代中期以后，职业教育主要为中等专业学校和技术工人学校。1959 年 4 月，劳动部确定技工学校的培养目标是：具有社会主义觉悟、较系统的文化与技术理论知识、较全面的操作技能和身体健康的熟练工人。1963 年 6 月，教育部《关于制定全日制中等专业学校教学计划的规定（草案）》提出"中等专业学校学生的培养目标是：具有爱国主义国际主义精神，具有共产主义道德品质，拥护共产党的领导，拥护社会主义，愿意为社会主义事业服务，为人民服务；逐步培养学生的工人阶级的阶级观点、劳动观点、群众观点、辩证唯物主义观点。具有相当高中程度和中等专业人才所必需的文化基础知识，掌握本专业的基础理论、专业知识和实际技能，获得从事本专业工作、解决实际问题的初步能力。工科、林科、农科专业要求学生具有组织管理生产的初步知识，具有健康的体质。"

20 世纪 80 年代出现了职业高中。1980 年 7 月，教育部提出职业高中、农业高中是"培养有社会主义觉悟的，具有相当普通高中文化水平，并掌握一定专业基础知识和生产技能的，有体力的劳动后备和技术后备力量"。1986 年 4 月，国家教委在《关于制定和修订全日制普通中等专业学校（四年制）教学计划的意见》中规定"中等专业学校的培养目标是：德智体美全面发展，牢固掌握必需的文化科学基础知识和专业知识有较强实践能力的中等专门人才。"1986 年颁布的《技工学校工作条例》对技工学校的培养目标规定为：

"思想政治方面：培养学生爱祖国、爱人民、爱劳动、爱科学、爱社会主义，讲文明，懂礼貌，守纪律，有良好的职业道德，有为国家富强和人民富裕而艰苦奋斗的献身精神。

"操作技能方面：培养学生熟练地掌握本工种（专业）中级技术水平的作业，养成遵守操作规范和安全生产、文明生产的习惯。

"文化技术知识方面：培养学生扎实地掌握基础理论知识，具有一定的分析和解决问题的能力。

"身体方面：重视体育锻炼，使学生具有健康的身体。"

20 世纪末，三类学校统称中等职业学校。2000 年 3 月，教育部《关于制定中等职业学校教学计划的原则意见》提出："中等职业学校培养与我国社会主义现代化建设要求相适应，德智体美等方面全面发展，具有综合职业能力，在生产、服务、技术和管理一线工作的高素质劳动者和中初级专门人才。他们应当具有科学的世界观、人生观和爱国主义、集体主义、社会主义思想及良好的职业道德和行为规范；具有基本的文化素养，掌握必需的文化基础知识、专业知识和比较熟练的职业技能；具有继续学习的能力和适应职业变化的能力；具有创新精神和实践能力、立业创业能力；具有健康的身体和心理；具有基本的欣赏美和创造美的能力。"

可见经过 40 多年的时间，中等职业学校的教学目的有了很大的发展和变化，在 20 世纪末，关于教学目的，已改变了重在专门技能的培养，终结性的教育，明确提出培养综合职业能力、继续学习能力、适应职业变化的能力、创新精神、实践能力和立业创业能力五种能力。教学目的是对教学的总体要求。

（2）教学目标

教学目标是教学活动主体（包括师与生）预先确定的、必须达到的，在教学活动结束时可以测度的教学结果。教学目标表现在对学生学习成果和行为变化的具体说明，是对可观察得到的学习终点行为及其评价标准的描述，由教学总目标、课程目标、单元目标、课时目标等目标系列组成。教学目标应是可以分解、操作和测度的。

教学目标是规范教学活动的主要指标，是要求学生通过学习必须达到的（学业）能力水准，是进行教学评价的尺度。因此，确定明确、适度的教学目标是达到教学目的的重要环节，是实现教学质量的保证。教学目标的功能有以下三个。①指引作用。教学目标对教学过程起着指引的作用，使教学中的师生活动有明确的共同指向，避免教学中的盲目性。②激励作用。明确的教学目标使教师和学生了解对自己的具体要求，对教师和学生都起着激励的作用。③协同作用。教学目标是教学系统内各组成要素的联结点和灵魂，各种教学要素如教与学、教材、教法、环境、设备、管理都是围绕着实现教学目标服务的，只有在共同目标的组织下，各种要素才能协同做功，发挥出最大的效能。

（3）教学目标分类

既然教学目标因教学操作的需要，必须进行分解，教学目标的分类就成为一个重要的问题。美国芝加哥大学教授布卢姆 1956 年出版了《教育分类学》，第一个把分类学应用于教学领域。布卢姆和其合作者们遵循的分类原则主要有：教育的原则，即各类别之间的主要区分应大体上反映教师对学生行为所做的区分；逻辑的原则，即分类应合逻辑，并保持内在的一致性；心理的原则，即分类应与我们现在所了解的心理现象一致；中立的原则，即分类应该是一种纯粹描述性的体系，能以比较中立的态度表述每一种教学目标。他们分类的结果是：

目标领域	亚目标及层阶
认知领域	知识、领会、运用、分析、综合、评价
情感领域	接受、反应、价值的评价、组织、由价值或价值复合体形成性格化
技能领域	反射动作、基本—基础动作、知觉能力、体能、技巧动作、有意沟通

教学目标的分类是以行动和科学为基础的，行为是人和环境交互作用的表现，是可以观察和记录到的一种人类活动。其中认知性学习行为着重于思维（记忆、分析、评价）上而非情感或动作上的学习。如理解所学只是将知识运用于具体情景中，分析知识的意义，对所学知识的编辑、设计、创作、筹划、重组。情感目标是树立起支配作用的普遍价值观念，是形成人生观和世界观的基础。如注意到刺激的存在和有接受的愿望，主动参与的行为反映（爱好、兴趣、愉快），价值认识，行为表现中具有各种价值观念，把各种观念组织起来，形成系统与相互关系，树立起支配作用的普遍价值观等。

在技能方面，美国学者辛普森的研究比较具体，1972年他出版了《动作技能分类教育目标》一书，将这一领域分为以下几个方面。①知觉：感官觉察客体的过程；②定式：动作的准备状态（生理、心理、情绪定式）；③指导下的反应：学习活动；④机制：已成为习惯的习得反应，从事某种行动已有一定信心和熟练程度，习惯动作已开始形成；⑤复杂的外显反应：掌握了所需动作类型，能从事相当复杂的动作，形成动力定型，使复杂的动作条理化、自动化；⑥适应：改变动作以符合新问题；⑦创造：创造出新的动作或操作材料的方式。

我国研究教学目标问题也已有十几年了，并有全国目标教学专业委员会的组织。通过研究，许多人主张在目标分类中，除认知、情感、动作技能外，应将学习策略列入，成为四类。此分类法反映了近年来对学生自主学习和学法指导的重视。

所以，教学目标是教师通过教学活动对学生身心发展变化的期望，这种发展与变化不仅表现为易于观察和测量的行为变化，也表现为与行为变化相统一的心理变化。为更全面地把握目标教学，教师应注意三个方面的辩证关系，即教学目标的内隐性与外显性、收敛性与开放性、预期性与非预期性。亦即教学目标的制定，既应有明确的可测目标，也必须包括不可能立即显现的长期培养目标，如思维能力、观察力、理解力等；教学目标具有绝对性，即必须达到的教学要求，不能随意变动，但也不能一成不变，否定在教学过程中可能随机产生的变量；教学目标是预期的目标，但由于教学活动是一个动态的过程，也会出现预期不到的结果和预想不到的效果。这些在确定教学目标中都应该考虑到，并做出恰如其分的处理。

（4）目标教学

目标教学是以对教学目标的分析为依据，以教学目标为导向和以反馈矫正为机制的一种教学体系。其操作过程：前期测评，确定已有的学习能力和基础——认定目标，制定学习目标——导学达标，可采用多种教学方式、方法导致和引导学生学习——达标测评，根据目标采取不同形式的对学习结果进行评定。在职业教育中目标教学是一个主要的教学指导思想和教学模式，有各种实施的方式。建立在职业分析基础上的课程设计如MES、CBE 都是目标教学。有的职业学校将全部教学划分为四大类目标：知识、技能、能力、道德，每类目标又分课时目标、单元目标、学期目标、学年目标、终端目标五个层次。有的学校在一个教学单元，或一个课业教学的具体操作中采取展示课堂目标——达标教学——形成性达标检测与评价——引导归纳小结的步骤进行教学。

（二）职业教育教学的产生和发展

1. 中国古代的职业教育教学

中华民族是一个具有悠久历史和自己独特文化传统的民族，大约从一百七八十万年前到二三十万年前我国大地上生活着原始的先民。从五十万年前周口店"中国猿人"的遗存看，这时的原始人群已经能够打制石器、制造工具，会采集、打猎、用火并且熟食。这一时期，必然有传递生产技术和生活知识的教育活动，但社会尚无明显的分工，不存在社会职业，所以也不存在职业教育。

职业教育是在社会出现分工之后产生的。大约在旧石器时代晚期，距今约二万到四五万年前，我国的山顶洞文化时期，在氏族公社里，存在着按年龄和性别的不稳定的分工。

到了新石器时代，我国人民的生活已进入畜牧兼农耕的阶段，社会生活有了较明显的分工。《礼记·礼运篇》关于大同之世的描述，反映了人们对于远古原始社会人类生活的一些朦胧的记忆。其中写道："选贤与能""男有分、女有归"。"贤"与"能"是氏族推选出的首领，要负责管理生产和社会生活。因此，他们个人与一般氏族成员在职责上就有了区别。男子和女子在畜牧和农耕上开始有了不同的分工，比较复杂的艰巨的手工艺要由专门的人来担当了。大约在五千年前，我国的龙山、齐家、良渚等文化时期，已经开始进入铜石并用的时代，这些生产技术一定要通过专门训练传授给后代，需要按分工来进行培养了。"分"可以说是原始的职业。"归"是有了可靠的生活保障。这时的传授方式是口耳相传在实践中获得，可以说是职业教育教学的萌芽。由于职业教育与生产的密切联系，这种最原始的职业培训的教学方式，至今在新的条件下，仍在沿用着。

在我国古代五千多年的发展过程中，逐渐形成了多种多样的职业教育教学形式，主要有：以学校教育为主的职官教育，如国子监中的算学、律学、书学、画学、阴阳学、武学；以专职部门为主的太史局中的天文学、太医署下的医学，太仆寺中的兽医生，太卜寺的卜生，门下省招收培养的书手、笔匠、楷书等学生；有家传或收徒传授的专业教学，如医学、天文、历算、书画、艺术等；有官府工匠培训，如将作监、少府监、军器监中的工匠培训；有家传技艺和能工巧匠收徒教学以及官府和私人对农艺的推广等。

在国子监所属各学中，教师分为博士、助教、直讲，有政府审定的课程和教材及课程结构和教学顺序。如唐代算学有审定颁行的《算学十经》；医学有《黄帝内经》《黄帝明堂经》《神农本草经》《本草纲目》《伤寒杂病论》《针灸甲乙经》《脉经》《太平圣惠方》等，科目有疮肿（外科）、少小（儿科）、耳目口齿科（五官科）、痈法科（针灸、推火罐）四科，药园收学生学习药物种植、培养、保管等；武学有《武经七书》等教材。考试制度有旬试、岁试和毕业考试，考试不及格需要重习。如三次不及格或在学年限达九年仍不及格，令退学。告假逾限，操行过劣不堪教导者皆令退学。官府的工匠培训，规模大、工种多，有将作、少府、军器、铸钱、冶鉴等。最初是世袭家传，至唐代出现了世袭以外的传授。有规定的教学年限，如"细镂之工"四年，"车辂乐器之工"三年，"平漫刀鞘之工"两年，"矢镞竹漆屈柳之工"半年，"冠冕弁帻之工"九个月，"杂作之工"一年半到四十日不等。学徒学习师傅所传的家法。一年中按四季进行四次考核，由监中令或丞考核，年终由监总试。成绩根据刻有学徒姓名的产品评定。宋以后在艺徒培训上重视使用"法式"（类似工匠手册）作为教学的基础教材和考核的标准。"法式"中分为名例、制度、功限、科侧、图样等部分。据《宋史》载：将作监"庀其工徒，而授以法式"，少府监"以法式查其良窳"，军器监"凡利器以法式授工徒"。民间手工业的职业培训家传是主要的形式，特别是一些绝技更是如此，在职业和技术传习上有很大的地区和家族色彩。能工巧匠收徒传授是另一种主要形式，有的工匠还有著述传世，如北宋《元祐法式》、明代《营造正式》，还有北宋木工喻皓所著的《木经》，李诚编写的《营造法式》。明代漆工黄成著的《髹饰录》是现存最早的油漆工艺的专著，为培训提供了教学资料。

在手工业和商业的徒工培训中行业起着重要的作用。明清时城市中每一个独立的手工业和商业都有行会，行会对于学徒的招收、培训，如收徒的礼节、数额、条件、出师的年限、业务的标准、师傅与学徒的权利与义务，都有一定的规定。清代温州的丝织业对学徒的教学做出如下规定：学徒的学习顺序是先学织，后学染；每三台织机可以有两个学徒，每一工户只许一人学习染丝，未经正式拜师，不得为学徒；学习期限为五年，出师后要帮师傅工作两年方能离开；学徒可以中途退学，但此后永不准再参加本行业，等等。以这些规定来保证教学质量，同时也用以限制从业人数，避免过度竞争。

在农业领域对农业生产技术的传播，主要由地方官负责"劝课农桑"。在农业技术的总结传授上，我国古代也居于世界领先地位。如西汉时《陶朱公养鱼法》是世界上最早的养鱼专著，其他如晋代戴凯的《竹谱》、唐代陆羽的《茶经》、北宋秦观的《蚕书》，都是世界上最早的养殖、植物、蚕丝等专著。清代乾隆年间修成并颁发了大型农书《授时通考》。

在职业教育教学中很重视直观教学和实践环节。东汉时就铸造了作为鉴别良马标准的铜马模型和《相马图》，欧洲直到18世纪才出现类似的著作和铜马模型。北宋的针灸铜人是世界上最早的医学模型。对医学生的考试不仅要考理论，还要考核临床的成绩。天文生要进行天文观测。师徒、家传等培训方式更主要是在实践中学习。

我国古代职业教育教学也十分重视职业道德的养成。许多名医都有关于医德的论述。医学弟子出徒，老师要送一把雨伞、一盏灯笼，让弟子记住，医生的本分是治病救人，要不分昼夜，不论风雨，只要病人需要就要出诊。其他各行各业也都有许多本行业的职业道德规范，如商业的买卖公平，童叟无欺；制造业的货真价实，精益求精；为官要廉平宽简，不可贪淫暴刻等。这些职业道德规范作为重要教学内容，代代相传。

我国古代的职业教育教学积累了丰富的经验，为中华民族的兴盛发展做出巨大贡献，是我们的宝贵遗产，反映了我国古代文化的繁荣和生产技术的先进。但当时，这种建立在以手工劳动、小农经济为基础的自给自足的自然经济条件下的职业教育教学，学校教育数量很小，人数很少，地位低，主要是为培养掌握某种专业的职官；生产劳动是"小人"之事，不入学校殿堂。对广大的劳动者而言，家传世业和师徒相传是主要的教学方式，这种教学方式，由于世代研讨，使一些专业知识和技艺达到精微深妙的地步。但这种传授又具有保守性，有些"秘诀""秘方""绝招"绝不轻传，常常是一线单传，传子不传女，传女则女不能嫁；徒弟学艺往往也很艰难，有时还需要"偷艺"，致使一些绝技很易湮没失传。教学方法主要是从实践和经验中学习，不具备科学的教学理论和方法。这种状况直至鸦片战争之后，我国产生了近代工业，才开始发生变化。

2. 近代职教教学的产生和发展

大工业生产是现代职业教育的基础。马克思在《资本论》中指出在手工劳动的情况下"人同时能使用工具的数量，受到人天生的生产工具的数量，即他自己身体的器官数量的限制"。而机器生产则不同，"同一工作机同时使用的工具的数量，一开始就摆脱了工人的手工工具所受的器官的限制"。"劳动资料取得机器这种物资存在方式，要求以自然力来代替人力，以自觉应用自然科学来代替从经验中得出的成规"。用机器代替人的手工技艺，这样一种变化对职业教育产生了什么影响呢？

（1）大工业生产破坏了旧日的徒工制度。

机器是人的智慧的产物，是物化的智力。但机器的使用简化了工人的操作，作业的分工使工人不再需要掌握更多的工序和旧式徒工那样多方面的技能，工人成为机器的附属品；智力荒废、体脑分离，长时期的学徒已无必要。大工业生产使劳动者被剥夺了生产资料，成为雇佣劳动者，已不可能像过去掌握一定生产资料和生产工具的手工师傅那样收徒；大工业生产过程以机器为中心，工人的流动不会使生产中断，工人的流动性增大，也难以维持旧日的师徒关系。所以，随着大工业的发展旧式学徒制度逐渐被淘汰。

（2）大工业生产为近代学校职业教育与培训开辟了道路

因为工人的生产条件发生了变化，工人面对的是物化的智力和工艺学所确定的生产流程，生产的本身就要求工人具有一定的文化知识和专业技能，使之既能创造利润又不会弄坏机器。劳动者流动性的增大，也需要工人掌握一般生产过程的原理，才可能从一个生产部门转入另一个生产部门。现代工业的技术基础是革命的，从理论上说可以无限改善，现代工业从来不把某一生产过程的现存形式看作和当作最后的形式。为获得最大限度的利润和在竞争中获胜，必须不断地进行技术革新和改善管理，以提高生产率。这就需要职业教育的支持。

（3）学习条件发生了变化

大工业把科学作为一种独立的生产能力与劳动分离开来，使生产工艺从手工技艺、个人经验、祖传秘籍变成了科学，科学形成了学科，构成独立地和广泛地进行教学的可能性，同时大工业所创造的物质财富也给人们的学习提供了必要的条件。

马克思对职业学校的产生做过这样的论述："如果说劳动的变换现在只是作为不可克服的自然规律，并且带着自然规律在任何地方遇到障碍时都有的那种盲目破坏的作用而为自己开辟道路，那么，大工业又通过它的灾难本身使下面这一点成为生死攸关的问题；承认劳动的变换，从而承认工人尽可能多方面的发展是社会生产的普遍规律，并且使各种关系适应于这个规律的正常实现。大工业还使下面这一点成为生死攸关的问题；用适应于不断变动的劳动需求而可以随意支配的人员，来代替那些适应于资本不断变动的剥削需要而处于后备状态的、可供支配的、大量的贫困工人人口；用那种把不同社会职能当作相互交替的活动方式的全面发展的个人，来代替只是承担一种社会局部职能的局部个人。工艺学校和农业学校是这种变革过程在大工业基础上自然发展起来的一个要素，职业学校是另一要素。"所以，近代职业教育是近代大工业生产条件下的必然产物，不以什么人的愿望为转移。大工业生产方式，产生了近代的职业学校，以及从事职业学校教育的新型教师，有了专用的设备与教材、新的教学原则、教学方法，进行规范化的教学，提高了职业教育的教学质量。而且随着工业化的不断发展，职业教育从个别的职业学校，发展成为教育制度中的重要组成部分；从在双轨制中被认为是低一等的教育，发展为被认为是经济发展的基石；从认为只是一部分人所受的教育，发展为基础教育的一部分，并且向大学本科和研究生水平高移；从早期终结型教育向终身教育发展，这些也是不以人们的主观愿望为转移的。这种变化一方面反映了工业化和后工业化（特别是知识经济）生产的要求；另一方面反映了人类对自身发展认识的深化。

3. 现代学徒工培训

近代的学校职业教育，对于大量培养工业化所需要的人才起了重大的作用，但也具有先天的缺陷，这就是割裂了知识与技能、知识与其产生的情景、知识内容与其价值取向之间的密切联系，导致理论脱离实际。同时，有一些工艺的学习，特别是需要手工制作的产品，不可能完全为学校教育所取代。因此，学徒工培训在各国始终存在着。我国 20 世纪 30 年代来仅有工业、交通、建筑等 12 个产业部门，所培养的 837 万新技术工人，其中 90% 是通过学徒工制培养的。1979—1980 年，中央各产业部门先后颁布文件做了关于各行业、工种学徒工学习年限、培训内容、培训方式的规定。规定培训采取签订师徒合同的方式，培训内容包括学徒工入厂教育（包括厂史厂纪、工厂生产概况、安全生产、法制、职业道德等方面）、技术教育（技术理论知识和操作技能训练），方法是边干边学，出师要经过考核合格。从 1983 年，我国开始引进德国双元制的学徒工培训，在全国几大城市和一些企业中试行。

现代学徒培训模式的代表是德国双元制的学徒培训，国外学徒工培训占职业教学的比重是：丹麦占 56%，德国和奥地利占 42%，英国占 34%，卢森堡占 13%，法国和比利时占 11%，西班牙占 10%。这种与企业合作的学徒工培训，1997 年受欧洲委员会委托进行调查的荷兰经济研究会的调查报告认为，学徒教育对改善青年人就业前景起着重要作用。

有人撰文介绍，在 20 世纪 80 年代末，西方一些学者提出第二次教育革命（现行学校教育被认为是第一次革命）的观点。他们认为：如果使学徒制的方法适应学习者的思考和问题解决的技能等认知技能的培养，那么这种新的现代学徒模式将在实现理论和实践的结合，在改革传统学校的物质设施、组织形式、教学方法、评价标准等方面，尤其在消融传统学校与社会各行业的界线，加强校企的结合和渗透等方面，掀起一场真正意义上的学习革命与教育革命。这种现代学徒工培训的特点是：要求有真实的环境、现场；在做中学、学中做；有一定的社会激励，如产品、报酬，学徒要有一定的理论学习和理论基础。

　　总体来看，现代学徒培训和古代学徒培训的区别在于：必须在一定的普通教育的基础上进行；在实践训练的同时必须学习相应的理论知识和文化知识；在师徒合同中必须充分保障学徒工的权益；师傅应具有国家认定的教育资格；学徒工与企业或师傅没有依附关系，出徒后可以在本企业工作，也可以另寻职业；正规的学徒工培训，如双元制培训，是国家教育制度中的组成部分，可以是学历教育，也可以是非学历教育；现代企业内培训多为师徒形式的培训，学徒工培训也是企业与学校的合作培训，个人收徒在现代仅存在于某些特殊行业，不是职业教育教学的普遍形式。

　　现代学徒培训的优点是有利于理论结合实际，培训与企业密切结合有利于就业；同时，在培养学生的应用知识的实践能力、分工协作的合作能力、解决问题的能力、创新和创业能力等方面都有独到之处，特别是学会像专家那样的思维，具有更大的教育意义。目前我国有的学校正在试行师徒教学的模式，取得了较好的效果。

　　（三）当代职教教学的新观念及其产生的背景

　　1. 科学技术的发展

　　科学技术的发展与教育有着直接的关系，教育制度、教育层次的划分、教学内容、组织形式、教材教法，等等，都与科学技术水平相关，受其制约或决定。从职业教育角度而言，当前教学改革的科技背景主要有三个方面。

　　（1）传媒手段的更新（变化）导致教学的全面革新

　　传播媒体的技术手段对教学具有决定性的影响。教育的重要功能之一是传递信息，可以说有什么样的传播工具就会有什么样的教育方式。在造纸和印刷术没有发明之前，书是非常稀少的，教学主要靠口耳相传；造纸和印刷术发展之后，学校有了教科书和书面教材，教科书就成为教授知识的主要传播手段，上学叫"读书"，从事教师职业叫"教书"。现在随着计算机和网络技术的产生和发展，情况又发生了变化。现代信息技术，特别是计算机、多媒体和交互技术的使用必然引起教育观念、教育组织、教育内容、教育模式、教育技术、教育环境以及学习方式的深刻变革。职业教育也将走向信息化、网络化，通过建设教学信息库、网上课件、计算机辅助教学、模拟教学、远程教学等，实现一种开放、共享、个性化、动态化，相互协作、无限交互的职业教育教学体系。

现代信息技术已可以做到零时差、零距离的交互传递，以前信息传播中的时间、距离、物质条件的限制现在已不是问题，所能获得信息的丰富和便捷是以往任何传播手段所无可比拟的。因此，可以不断获得新情况、新知识、新技术、使教学可以改变那种固定的、相对封闭的状态，形成一个开放的、动态的教学体系。

职业学校面临着如此庞大的、迅速增长的又迅速老化的知识技术，如何做到通过教学在一定时限（学习期限）内，达到既能满足社会职业的需要，又使学生获得今后发展的能力，是当今教学必须解决的一个难题。其中存在着人的能力的有限性与信息资源的无限性之间的矛盾和时间的有限性和知识的广阔性的矛盾。因此，学校的教学就必须转向不在于传递更多的知识技术，而在于培养学生处理信息的能力（如对信息的获取、分析、加工、利用的能力；信息的发现、采集、优选、分类、综合、查错、评价的能力；信息的处理、贮存、利用、传递的能力；对信息排序与检索、组织与表达、存储与变换、控制与传输的能力；利用信息解决各种问题、自我更新知识、提出解决问题的新方案的能力）。对学校而言是教学的重点发生转移，对学生而言，就是要求学生学会学习。

教材的形式将发生变化，教材将突破目前平面的、静态的书籍形式，变为声像具备的、能反映连续变化过程的动态形态，学生可得到的知识将大大丰富和多样。

多媒体教学对提高教学效率具有极大的潜力。如教师可以依托课件，减轻文字工作，通过计算机进行辅导和个别教学，甚至家访，可以集中精力解决教学中的关键问题；学生通过多媒体学习，多种感官参与，既提高兴趣又增强理解和记忆；通过计算机的演示，可以将不易观察、理解的形象、部件、构造、运动过程等演示出来，大大提高教学效率；学生可以通过模拟、虚拟（公司、贸易、驾驶、运作等）教学，进行学习和操作，做到节时、高效、节约。

个性化和个别化教学将成为可能。统一的课堂教学将会减少，学生知识的来源多样化，学生将可以主动选择学习内容、时间、进度甚至地点；可以随时入学、适时毕业。围墙式、学年式的学校教育将发生变化。

远程教育、网络教育的发展有利于职业教育的普及和质量的提高，有利于实现教育的平等和民主化。特别是在职业培训中，自学辅导、实习中心可能成为一种新的学习形式。

上述种种，导致教学中的师生关系、教师角色、课程开发、教学媒体、教学过程、教与学的方式方法，等等，面临着全面的变化与革新，其中有些教学方式已经开始进入教学，如多媒体教学、网络教学，有的现在可能还没有了解到，无论怎样教学改革已势在必行。

（2）行业（职业）技术的发展和行业内涵的变化导致专业、课程、教材、教学法等一系列的变革

技术革新直接推动各行各业的发展与变化，推动社会的进步和需求、消费的变化，行业技术的发展和行业职能的变化，直接要求职教创新。许多行业的技术、内涵和社会职能发生了巨大或根本性的变化。

①技术的发展与更新。20 世纪以来，生产技术飞速发展，以冶金行业为例，过去冶金行业被称之为重工业，冶炼工的体力劳动强度很大，但现代化的钢铁企业如宝钢，员工主要是通过计算机终端、操练台和操作中心来了解、控制和优化一条生产线和整个企业的设备运行情况及各工序各环节的生产经营管理情况。钢铁行业的新技术有自动化智能化技术、仿真技术、网络技术、最优化技术、节能技术、废旧利用技术和再生技术、纳米技术及软件工程、系统工程等。因此对员工技能的要求就完全改变了，需要复合型人才。这样就使高校轧钢专业先改变为压力加工专业，1998 年又改变为材料成形与控制工程专业，培养通晓材料、成形、控制的复合型人才。毕业生就业面由冶金行业扩大到机械、汽车、建筑结构、航空航天等工程制造和研究领域。中等职业学校的专业设置也开始将轧钢与冶炼、表

面处理、板材成形、焊接或计算机控制等专业结合，形成新专业，培养有多个专业知识和技能的复合型人才。

②高新技术的应用。当代社会高新技术层出不穷，如制造业，新技术有改进型和新型加工设备——经优化设计的普通机床、数控机床、加工中心等；与刀具材料相适应的、科学合理的切削用量数据库；新的成型方式——利用电、热、光、流体、化学能等非机械的特种加工技术，精密铸造、精密锻造等少切屑和无切屑加工技术及长成加工技术；融入信息技术的设计制造过程——CAX（CAD、CAPP、CAM……）、FMC、FMS、CIM等；新的制造（组织）模式——精良生产（LP）、灵捷制造（AM）、并（平）行工程（CE）准时制及时生产、智能制造（IM）、仿生制造（BM）、虚拟制造（VM），等等。由此导致其中的机械行业，现在使用机械、模具、特种加工方法比例为 4：5：1，改变了传统以机械加工为主的局面。特种加工方法目前已发展到 100 余种，但现在能操作的人才较少，高技能工人奇缺。在模具专业，过去中专生大都从事模具设计，20 世纪90 年代以后，模具 ACD 技术逐渐普及，数控加工技术使模具制造向精密化、自动化的高技术推进，现在中等专业学校毕业生已退出模具设计，大部分从事模具制造等操作型岗位。而在高职则出现了"精密模具制造技术"专业。电子化、智能化是现代汽车工业的重要标志。ECT 电控自动变速器、ABS 制动防抱死系统、ESA 电控自动点火系统、EFI 电控燃油喷射系统和维修设备的现代化，如发动机故障诊断仪、四轮定位仪、排放气体分析仪等使维修方式发生变化；汽车的逐渐普及使服务对象也发生变化，从仅为运输行业服务变为为全社会服务。为适应现代汽车电子化的方向和上述变化，汽车维修专业的教学内容也在不断发展，需要重点加强汽车电子技术应用与维修、外语、计算机等课程。在农林畜牧业中如畜牧业的新技术有：疾病防治新疫苗、基因工程疫苗、单克隆抗体、核酸探针、全价日粮、胚胎移植、基因工程、真空新技术、冻结新技术、超高压处理技术等。随之而来的是疾病防治的规范化、品种改良网络化、饲料供应配套化、产品加工精细化。同时，也要求职业学校的培养目标必须从单一的饲

养业向多种专业发展。

③行业内涵的发展。科学技术的进步，生态平衡、可持续发展观念的深入，人对于自身和自然认识的加深，使有的行业在其社会职能和工作内涵上发生了深刻的变化。如水利行业的内涵目前已从工程水利（以建设水利工程为主要手段，以保障人类社会与经济发展，人与水的关系是以人改造和利用水利资源和水环境为主要特征）改变为资源水利（以水资源优化配置为主要手段，实现水与经济、社会环境持续协调发展的现代水利）。要应用计算机技术、微电子技术、现代通信技术、遥感技术、地理信息系统、全球定位系统、自动化技术等技术，建立水资源实时动态控制管理系统、防洪调度决策系统、城市供水网络的监控管理系统、污水处理网络的调度系统、水库群的联合调度信息系统等，就必然要改革水利方面的专业设置和教学的内容，使科学技术教育和人文社会教育相结合才行。

医疗已从生物医学模式改变为生物—社会—心理—环境模式，医疗教学必然要随之变化。要实现社区服务，需要培养全科医生，医护专业的层次也随之上升等都是行业的内涵发生了变化。

④经营手段的改变。最明显的例子是电子商务和商业自动化。电子商务是各参与方之间以电子方式，而不是以物理接触方式完成任何形式的商业交易。电子方式包括：电子数据交换、电子支付手段、电子订货系统、电子邮件、传真、网络、电子公告系统、条形码、图像处理、智能卡等和在线商场、网上书店、网上订货、网上银行等。商业自动化是利用计算机技术、网络与数据库技术、条形码技术等现代化手段，实现商业管理功能的数据式自动化系统、销售点实时管理系统、电子订货系统、电子数据交换（处理订单、发票、海关申报单、进出口许可证等规范化商业文件的相互传递）、加值网络系统（制造业、批发业、零售业相关的信息的相互传递管理系统）、商业决策信息系统（进、销、调、存）、内部管理系统等。经营手段的改变同样要求职业教育随之发生变化。

由于行业技术的发展、行业内涵的变化和经营手段的改变，产生了诸如现代商务管理（电子商务）、环境监测与保护、计算机辅助设计与制造等过去所没有的专业。

(3) 职业的迅速变化和就业形势的改变要求教育的适应

①劳动人事制度的改变。在社会主义市场经济条件下，我国的就业制度已从原来计划经济下的统包统配变为自主择业、双向选择，使用人单位和个人都成为选择的主体。职业教育必须从供给（政府）驱动型转向需求（企业和个人）驱动型进而向发展需求（包括社会的、经济的、个人的以及环境的诸多方面）驱动型转化。前一段时间，我国职业教育因为没有及时转变观念，对群众的教育需求（如升学问题）、企业的需求（如对高级技工的需求）没有及时回应，和学校与社会的认识不当（盲目追求热门专业、用人高消费），已经对我国职业教育造成相当大的负面影响。社会就业状况直接影响职业学校的教学。

②经济体制的改革。我国合资、外资、民营、乡镇企业的产生和发展，农村的家庭联产承包责任制等经济体制的改革，产生了新的职业需求，如对金融投资、外经外贸、工商管理、营销等专业人才的需求，不仅面向国有、集体经济，还要面向多种所有制，面向个体创业、非工资就业等使职业学校产生了新的专业（职业）如家庭经营专业和对小企业主的培训等。

③科学技术和社会的发展所产生的职业变动。随着社会与科学技术的发展，一些旧的职业（岗位）消失了，如激光照排使印刷业的铅字排字工岗位消失，建材行业玻纤拉丝新工艺的应用，使制球、坩埚工、拉丝工等岗位将被淘汰。同时，新岗位不断产生，如出现了机器人技术员、电传编辑、计算机信息处理员、野生动植物保护员、环境监理、家政与社区服务、老年人服务与管理等新的职业。英国 1997 年《职业名称词典》比 1965 年的第三版增加了 2100 个岗位，有 3500 种职业岗位消失了。美国近五年中有 7000 多个职业岗位消失，新增了 8000 多个职业岗位。我国目前对此虽尚无确切统计，但岗位的变动是明显的。其趋势是低技术岗位大量消失。天津劳动局前两年对企业下岗工人做过一个调查：下岗的大部分为普通初高中毕业生，他们从事技术含量低的工作，而技工学校毕业的技术

工人无一下岗；岗位技术高移，过去由中专生担任的技术员工作，现在大部分被大专以上学历毕业生代替，中专生大多从事一线操作，因此，中等专业学校的培养目标、课程教学已在调整。由于技术水平和操作水平要求的提高，技工学校的培养目标也在变化，如火车司机原为技工学校培养，现在内燃机车和电气机车司机要求中专水平。所以，现在中专、职业高中和技校三类学校逐渐趋同。

④管理模式的变化和职业流动性加速。现代社会一个人一生只从事一种职业的时代已经过去，职业的流动性加大。由于生产的柔性化，生产管理从泰勒的最大分工和简单工作，最少智能工作内容和众多的从属关系的管理原则，转变为扁平化和零管理层结构，体力劳动与脑力劳动之间的界线减少。同时，缺乏工资形式的就业岗位和无技术的工作岗位，都要求重新审视如何培养学生的技术能力、适应能力和创业能力，自然也引起教学上的一系列改革。"九五"期间被我国有关部委列入发展规划中的 37 个工业关键技术中有一半是制造技术。技术的更新又带动了生产管理的革新。如冶金行业，企业生产管理自动化水平的提高和生产管理一体化趋势，导致工作岗位尤其是功能少、操作技术简单、主要凭直观经验的岗位越来越少。员工的工作方式发生了根本变化，如采用计算机集成生产系统的轧钢企业，原来工种间、专业间甚至工厂间的界限都变得模糊了。这种企业需要有特殊技术的专门人才，更需要大量掌握一定计算机技术和其他技术的复合型人才。

上述种种变化，直接影响职业教育的层次、系统、专业、课程、教学组织、教学方法等的变化和更新，职业教育必须在这些方面积极响应，才能主动适应新技术革命的要求。同时，新技术革命也直接影响着教育手段的更新。

2. 中国加入世界贸易组织对职业教育的影响

我国加入世界贸易组织，对教育的最大影响是教育观念的转变。表现在对教育是不是产业、能不能产业化、教育服务能不能成为一种贸易的认识。新中国成立以来，我国一贯认为教育是上层建筑，不属于经济领域，当然更不是能够进入商业领域的贸易行为。改革开放以后，按国际通例的产业划分，将教育列入了第三产业。但对教育如何作为一类产业进入市场则争论很大，如什么是教育产品，如何进行教育产品的市场运作，教育能不能以营利为目的，教育投资者的权益问题，教育盈余的分配与使用问题，等等。这种状况使教育是为消费者的服务不能很好地得到落实，使受教育者（或国家、政府为公民）购买教育的市场交换关系难以形成。职业教育在各方面不能满足消费者的需求，投资者裹足不前，我国的教育也没有打入国际市场的壮举，也就不足为奇了。

而加入世界贸易组织，就意味着承认教育是产业，而且是可以进入国际市场的服务贸易，教育产品在制定服务贸易总协定（GATS）承诺一览表时，使用了联合国《中心产品分类》条款（UN CPC）的分类和有关代码。由教育设施、教师的劳动和某些对教学过程或系统起支持作用的相关服务（如教育测试服务、学生交流项目服务、留学生便利服务等）所提供的有形和无形的有价服务是教育的产品。教育服务贸易的供应模式，在国际贸易上属于服务贸易总协定中规定的四种方式：跨境交付——从一成员国境内向任何其他成员国提供服务；境外消费——成员国居民在另一成员国境内享受服务；商业存在——一成员国的服务者在任何其他成员国境内通过建立、经营和扩大商业实体来提供服务，例如建立分支机构、代理处、子公司；自然人存在——成员国的服务者进入并暂时居留在另一成员国境内以提供服务。从教育作为产业这个意义上来说，学校和教师的教学工作，应树立"雇客"至上的观点，提供满足消费者（学生）为身心发展和职业需求而购买的优质高效服务（产品），是教师职业岗位的职责。这也就是为什么教学质量是职业学校生存之本的经济诠释。

此外，"入世"对职业教育的影响还有经济与教育的双面刃。据预测，我国加入世界贸易组织每年GDP将增加2.94%，将增加2400多亿元的产值和1176个就业机会。对我国企业竞争有利的行业有纺织、服装、建筑业等，这些行业对人才的需求会有所增加；不利的行业有汽车、电子、邮电等，这些行业的产品如在中国制造或实现（邮电、保险等），会增加对人才的需求，如不在中国制造或实现（软件、先进药品等），则高级人才将会流失。我国旅游、丝绸、特色农业产品（茶叶、蔬菜、食用菌、养殖、花卉等）在国际市场上有一定的竞争力。有测算认为增加比例为服装71%、纺织业24%、食品10%、皮革8%，纺织品在欧美市场的份额可比现在上升30%，就业人数可增加282.5万人。"入世"5年后食品加工业、纺织业、服装业、建筑业、服务业的就业机会将分别增加16.8万人、282.5万人、261万人、92.8万人、266.4万人。粮食产品不具竞争优势，美国大农场生产一吨小麦的成本只有我国沿海地区的70%，10年内将有966.2万人离开农业。许多行业如石油天然气、汽车、电子、服务等，要进行产业调整、技术更新，须在生产标准、制造工艺、加工设备、生产手段、经销网络、企业管理等各方面下功夫，方可立足。我国适应全球竞争的能力远远不够。如我国石油天然气股份有限公司的固定资产为德国埃克森公司的66%，但营业额却只有它的1/3，纯利润仅有它的1.7%。中国石油的生产成本最多比国际竞争对手高出100%。我国约有120家汽车生产厂家，它们的平均生产效率只有日本的一半。

所以，"入世"的"双面刃"在经济方面，一方面增加了就业岗位，同时也会加剧结构性失业。一些生产手段落后的企业将被淘汰，部分种植业会萎缩，农业从业的人口会减少，农业人口向非农转移加快。下岗职工、农民工、低技术问题突出。在职业教育方面，由于生产发展，就业机会增加，企业需要提高技术，对职业教育的需求量增加，职业教育带来了极好的发展机遇。另一方面就业形势严峻，对职业教育会产生更大压力，职业学校如果不能及时调整以应对变化，一部分学校也将会面临淘汰。

据统计，北京工业系统105个大中企业，1982年引进的大学以上人员，到现在流失率已高达64%，大多流入外资和合资企业。"入世"后将面临更为严峻的人才竞争与掠夺。我国的高级技工仅占技术工人总数的3.5%，中级占35%，初级工占61%（发达国家分别占35%、50%和15%）。广州调查显示，2000年以来，企业拥有高级工（高级工、高级技师）技术等级证书的技术工人仅占全部工人总数的19.2%、中级工占

33.4%，初级工占47.4%，而且高级工年龄都偏高。"入世"后不仅面临高学历人才的竞争，也面临对高级技术工人的竞争。

"入世"后在教育服务贸易方面，我国在承诺上虽有一定的限度，但在市场准入方面，国外教育和培训机构的进入和国外大力吸引留学生已成定局。义务教育不包括在承诺的范围之中，因此，职业教育特别是培训市场将会出现激烈的竞争。提高教学质量，抢占市场份额，强化我国特有的专业、课程，积极参与国际教育贸易服务，尽快在教学和证书认证上与国际接轨，是当前职业教育教学的重要任务。

从职业教育而言，不仅要培养了解世界贸易组织规则的各类经营管理人才，还需要根据不同的需要培养各类技术人才。同时，要加强对技术工人特别是中高级技术工人的培养，以提高产品质量，使我国的产品能打入国际市场。对加速流动的农村剩余劳动力，入城务工人员，要有专门的培训措施，使他们能有一技之长。

3. 终身教育

在1999年《联合国教科文组织（UNESCO）21世纪第一个十年的技术和职业教育计划》中将促成技术和职业教育作为终身教育的一个有机组成部分，作为面向未来的战略目标和实施计划中的第一个目标。并提出所有与技术职业教育有关的各方，要通力合作，制定法律和政策，建立适合的体系结构，重新设计教学计划（课程）。从终身教育理念出发，联合国的各项活动应达到下述目的：①在普通中小学课程中设置职业课，使年轻一代获得通用的技术知识和重要的职业预备教育的技术（prevocational skills）从而使为所有人服务的职业教育成为国家教育政策的有机组成部分；②实现技术和职业教育与其他各类教育之间的衔接，要强调承认以前的学业和工作经验，提高职业教育在教育体系中的地位；③促进正规教育与非正规教育之间的协调，促进职业教育、培训、劳动和社会福利工作的政府各部门之间的协调；④促进有利害关系的各方的积极参与，特别是私营企业的参与，以便提供通向就业的职业教育，从而改善职业教育与就业的联系与合作。因此，终身教育是保障教育平等的重要手段。

4. 以人为本、以全面素质教育为基础、以能力为本位的教学理念

（1）以人为本的教学理念

教育以人为本位还是以社会为本位，是一个在教育哲学上争论的一个很古老的问题。在先秦诸子的争鸣中就有自主的人才教育和国家控制的官吏教育问题，儒家、墨家所要求培养的君子、兼士都要求一种人格上的完善，而法家则倾向于对教育内容和权利的国家控制。在近代工业化的生产条件下，"工人变成了机器的单纯的附属品"和劳动的工具，致使职业教育更成为以社会生产为本位的劳动力的训练机构，人的发展被压抑，学校地位低下，成为被人们轻视和某些教育家不认同的原因之一。

马克思关于人的发展与社会发展辩证统一关系的观点，是认识这个问题的关键。马克思和恩格斯在《共产党宣言》中指出：在取代资本主义社会之后的未来社会"每个人的自由发展是一切人的自由发展的条件"。"已经积累起来的劳动只是扩大、丰富和提高工人生活的一种手段"。也就是说，在社会生活中，人是主体，人的自由发展是目的，生产发展、社会进步只是提高人的生活水平，实现人的幸福的手段。马克思又指出："人的本质，并不是个别的个体所具有的抽象属性，就其现实性来说，它是一切社会关系的总和。"既然人从本质上是一种社会性的动物，不可能离开现实社会所能提供的条件去空谈人的发展，那么按社会的需求进行教学以促进社会的发展，以创造能使人达到自由发展目的的条件，和以人为本，促进人的发展从根本上是辩证统一的。

当然，如恩格斯所描绘的通过消除旧的分工，进行生产教育，变换工种，共同享受大家创造出来的福利，以及城乡的融合，使社会全体成员的才能得到全面的发展的教育，在现阶段尚不可能达到，但信息社会的到来，知识经济的需要和将会进入的学习社会让我们看到了曙光。

以人为本的教学要做到以下几个方面。

①尊重学生人格。建立新型的、平等的师生关系，教学相长。

②尊重学生受教育的权利。学生在学习上应机会均等，要使学生有均

等的学习环境，使之能达到教学要求，不可厚此薄彼。同时，要使学生获得以后继续学习的能力。

③尊重学生的选择，认同差异，行行都能出状元，人人都可以成才。

④尊重学生身心发展特点，遵循教育规律，使学生生动活泼、积极主动地得到发展。

（2）以全面素质教育为基础的教学理念

1999 年 6 月 13 日，国务院颁布《关于深化教育改革全面推进素质教育的决定》（简称《决定》），是我国正式提出实施素质教育之始。《决定》指出："实施素质教育，就是全面贯彻党的教育方针，以提高国民素质为根本宗旨，以培养学生的创新精神和实践能力为重点。造就有理想、有道德、有文化、有纪律的、德智体美等全面发展的社会主义事业建设者和接班人。"这是素质教育的总体目标。

素质的内涵包括两个方面。一是人的自然素质，指有机体天生具有的某些解剖和生理的特征，主要是指神经系统、脑的特性，以及感官和运动器官的特性，是人发展的生理基础。二是平素之意，指通过各种影响、教育培训、锻炼修养而形成的一种稳定的个性品质，或稳定的个性特征。提出全面推进素质教育对旧教育思想的转变具有重要意义。一个德智体美得到全面发展、知情意和谐发展、身心健康的人，对国家、社会、家庭和个人都是十分重要的。教育不能培养"高分低能"的书呆子，脆弱得有一点问题就想不开的人；至于没有社会责任感、没有爱心、灵魂扭曲的"高才生"更是教育的失败。所以要全面推行素质教育，达到使受教育者坚持学习科学文化与加强思想修养的统一；坚持学习书本知识与投身社会实践的统一；坚持实现自身价值与服务祖国人民的统一；坚持树立远大理想与进行艰苦奋斗的统一。要坚持面向全体学生，为学生的全面发展创造相应的条件。

（3）以能力为本位的教学理念

在信息社会教学不是强调知识积累的数量，而是强调学会应用知识的能力。关于如何看待能力问题，奥迪、宝马、福特、通用、保时捷和大众六大汽车制造商，在德国联合提出一个"职业教育改革七点计划"，虽然该计划是针对欧洲提出的，但从其中我们可以得到启发，了解现代生产和现代企业对能力的观点和对职业教育的一些基本要求。

该计划认为，传统职业教育的内容和形式已经不能提供现代企业所需要的员工并维持他们的持续发展。在技术高速发展以及管理和劳动组织方式的变革中，企业员工除了要掌握快速变化和不断深入的专业能力外，还必须具备较强的个性能力（如行为能力和学习能力）和社会能力。而现代职业教育，则是发现、评价和促进这些能力的一个持续过程。他们关于教学的建议有以下3点。

①职前教育是基础。不断加速的技术和企业变革，提高了对专业知识、社会能力、自我组织能力和学习能力的要求。普通教育和职业教育学校必须尽早为人们成功的生涯发展打下良好的基础。这包括掌握基本文化基础；培养关键能力、社会能力和自我评价能力；企业为职业学校教师提供企业实习进修的机会；企业与普通教育学校合作，共同开设选修课。

②证书考试中多一些发展和评估，少一些定量的分数。在职业教育中，必须建立一个对学生发展潜力进行持久和深入评估的基础。要想长期保持企业员工综合素质的持续提高，必须将证书考试与企业人力开发措施结合起来。这就要求，证书考试必须按照行为导向和构建（创造）导向的原则进行改革。

③职业学校的任务是传授有关劳动过程的理论。在现代企业的生产和管理实践中，专业劳动不再按照泰勒模式进行，而是建立在综合化的劳动过程基础之上。未来专业劳动的特点是：按照创造价值的过程进行水平分工，通过新的劳动组织方式扩展人们原有的工作范围。在职业学校教育中，应当针对各个特定职业领域中的创造构建过程和劳动过程来传授理论知识，即按照创新原则，通过综合性的案例教学来传授理论知识；针对企业的发展，培养团队能力和创新精神，将企业实践作为必修课；促进以创造为导向的教育理论和职业教师资格培训的发展；进行课程改革；提高职业学校教学设备的现代化。

（4）学校教育和企业培训功能应重新划分。在废除泰勒劳动组织方式后，在职业教育中系统培养跨专业能力越来越重要。由于大众接受普通教育年限增加，职业教育学生的年龄增大了。因此，必须对职业学校的企业培训的任务和功能做出新的定义。面向未来的、以过程为导向和全面发展的职业教育体系，只有在学校和企业的共同努力下才能顺利运转。在创新导向或设计导向的职业教育体系中，学校和企业在教育培训功能上的区分不再严格；学校成为终身学习的服务机构，企业必须成为学习化的企业；学校教学内容和企业知识管理的内容必须通过共同的培训项目和课件进行"同声组合"。

（5）职业教育课程模式具有灵活性与综合性。现代企业在制定发展和投资规划时遇到的困难越来越大。技术和组织的快速变化要求职业教育不仅要培养被动的适应能力，更要通过柔性化的课程培养创新能力，只有以设计或创新为导向的课程体系，才能持续适应企业发展的需要。通过核心课程模式，实现职前教育和职后教育的现代化（如信息技术专业中，50%为通用核心能力，50%为各职业所特有的专项能力）。核心能力的基础是技术和产品的创新过程及其对劳动者的要求。必要时，课程可以包含20%~30%具有区域特征和相同数量的具有企业特征的教学内容。

（6）欧洲统一劳动市场的建立，要求欧洲两大职业教育体系，即学校教育和双元制教育在质量和相互承认方面能够更好地协调。在欧洲，双元制教育的优势和"独特卖点"是在劳动过程中或平行于劳动过程的、以构建为导向的学习。通过核心能力和模块化课程，促进欧洲职业证书的可比性，增加职业证书内涵的透明度。

（7）促进合作式高等职业教育发展。当今社会，在对高技术工人需求总量不变的同时，对他们的能力要求却发生了很大变化。只有灵活而多样化的职业教育才能满足这一需求。应当进一步探索高等职业院校和企业合作培养人才的新途径。如企业和高等职业院校探索合作创办职业培训和高等教育一体化的、高水平的教育形式；企业和普通高等院校合作，为企业的组织、计划和人力开发等工作者开设继续教育课程和专业；促进贴近劳动岗位的职业教育典型实验，加强劳动教育学和学习心理学的理论研究。

从这些建议中可以看出：现代企业看重的是基础知识和关键能力以及创新能力、实践能力、学习能力与持续发展能力；分数并不是主要的，重要的是潜能和潜能的发挥；要求职前教育与职后培训相沟通，学校与企业合作；在教学上主张采用与劳动过程相一致的案例教学，而不是学科性的课程。

（四）教学过程与教学原则

1. 教学过程概述

过程是事物发展变化的经历、历程。一种事物的发展不仅是在时空中表面形态的变化程序——过程，而且还包含着事物发展变化的内因，内在的动力和依据，内在矛盾的发展。关于教学过程的构成要素，有繁与简的不同观点，最简约的是三要素说，认为教学过程由教师、学生、教材三角形组成，其理由是，教学是教师教与学生学的共同活动过程，这种活动过程又以教材为中介。

其他有四要素说——教师、学生、教材、教学环境；五要素说——教师、学生、教材、教学方法、教学环境；六要素说——教学目标、教师、学生、课程、教学方法、教学环境；七要素说——学生、目的、课程、方法、环境、反馈、教师。虽然分法有繁简的不同，但对教学过程中的基本要素的看法没有分歧。其中学生是学习的主体，教学目的是通过课程教材、教学方法来实现的，环境是教学的外部条件，反馈是师生双方围绕着课程和教学方法而表现出来的，教学则是各种要素的中介，各种要素都是通过教师来影响学生的。

2. 教学过程中应注意的问题

教学过程是一个动态的过程，可以采用教学策略来设计、监视和调控。教学过程中的主要矛盾是教与学的矛盾，从职业教育角度看，在教学过程中应注意以下问题。

（1）教学过程中的认知问题

教学过程是一个认识过程，因而，它与人的一般认识规律是一致的。

即由感性认识到理性认识，从实践到理论再到实践；从生动的直观到抽象的思维，再从抽象的思维回到实践。但是教学又是一个特殊的认识过程，学生所学的是经过选择、整理、编排的简约化的知识和技能，从总体而言，这些知识和技能不是学生在自身自发的实践中获得的，教学也通常是从理论开始再由理论到实际应用，这就增加了教学中认识的难度，也是教学与科学研究和一般人类认识的不同之处，构成了教学的特点。

因此，在教学中认识活动的主要矛盾是学生如何学习间接知识的问题。因为，如果学生不知道这些间接的理论知识与实际生活有什么关系，他们就会缺乏学习的动力，而知识又是形成学生技能和实际应用能力的基础，不知道是什么、为什么，也就不可能知道干什么、怎么干。从学生学的角度而言，从认知规律而言，任何间接知识的学习，都要以一定的感性认识为基础。因此，在教学中就必须精心设计学生掌握知识的认识程序，增加学生的感性认识，在这个意义上，教法即学法。

在职业教育的教学中，要通过教具、教学环境、现场等给予学生以典型的感性知识，理论联系实际，引导学生积极思维，达到理性认识。通过实验、实习达到比较完整的认识。职业教育中的工读交替方式、案例教学、现场教学、模拟教学等，对解决教学中的认知问题是一些很好的途径。

（2）教学过程中的能力培养问题

这是一个教学目标或价值取向问题。当前比较公认的是职业教育的教学应以培养职业能力为基础。这里所说的能力不限于一般心理学意义上的能力（ability），即人们成功地完成某种活动所必需的个性心理特征，而主要指的是具有胜任某种职业岗位或职业岗位群的（从业）能力（competency）。这里的"能力"强调的是对职业（岗位、岗位群）工作表现出的胜任和适应。潜在的含义是如果表现出能够胜任某项工作的能力，亦即承认其具备了从事这个职业的知识、技能和思想品质等条件。反之，如果不具备这些知识、技能也就不能表现出能够完成或胜任这个职业所要求的工作。职业教育所要求的不仅是能力的蓄积，主要是能力在实践中创造性的释放，因而更具有客观的、可操作的评估标准。英国学者认为能力是一个内涵和外延极广的概念，它代表着在工作范围内能将技术、知识在新的形势下转换运用的能力。

能力的内涵包括些什么，目前的认识并不一致。从职业教育对能力的要求上看，主要内容是指职业岗位或岗位群所必需的知识、技能和态度。在对能力的分析中有三个维度：从工作角度侧重分析是应具有的专业（技术、业务）能力；从劳动组织角度侧重分析是应具有的管理能力；从职业转换、流动的角度分析是对个人总体素质和综合素质的要求。基本上包括以下三个方面。

①从能力的内容上看，加拿大实行的以能力为基础的职业教育，将能力分为知识、技能、态度、反馈四个方面，以这四个方面来确定某项能力的最终绩效目标，比较具有代表性。其中除知识、技能、情感之外加入的反馈一项十分重要，就是说要求学生对自己的学习负责，知道自己学什么、通过什么学习和怎么样学习，能分析自己学习的结果、认识成就与不足，以及进一步再如何学习。这是在教学过程中培养学生学会学习的重要一环。

②从能力所包含的基本要素上看，有三个基本要素：专业能力——从事职业的技能与知识，包括综合能力和专项能力；方法能力——从事职业活动所需要的工作方法和学习方法；社会能力——从事职业活动所需的社会行为能力，如职业道德、人际交往、公共关系、个人的思想品质等。

③从能力的层次上看，可分为从业能力（就业性技能）——从事某种职业所必须具有的初始入岗能力或基本的任职能力；基础能力（关键能力、核心技能）——在具体的职业能力之外的、为从事任何职业都必须具备的通用能力。关于关键能力各国提出的虽不尽相同，但大同小异。英国的国家资格委员会制定的国家基础职业资格无论哪个领域、哪个级别的标准，都包含以下六种核心技能：交流表达（communication）、数字运算（applichtion of number）、信息处理（Information technology）、与人合作（Working with others）、自我提高（improving own learning and performance）、

解决问题（problemsolving）。这六种核心能力被认为是在未来从事任何职业都必须具备的通用核心能力。美国劳工部在《关于 2000 年的报告》中提出，未来的劳动者应具备五种关键能力：处理资源的能力、处理人际关系的能力、处理信息的能力、系统看待事物的能力和运用技术的能力。我国劳动与社会保障部根据我国的实际，提出我国青少年和职工应掌握的核心能力为交流表达能力、数字运用能力、自我提高能力、与人合作能力、解决问题能力、信息技术能力、创新创业能力和外语应用能力。

在教学中对能力的培养，要充分重视行为能力的培养，不可重传授而轻实践，出现高分低能；在教学目标的确定和表述上，要改变过去以教师为主体的笼统培养目标，制定出学生需要达到的具体绩效目标。

（3）教学过程中学生的发展问题

教学过程具有传递功能、发展功能、教育功能和审美功能。通过教学过程使学生得到发展是教学的根本目的。

①在教学过程中要以教材为依托，在传授知识与技能的过程中，通过多种教学方法与手段，促进学生智力、体力、情感和意志的发展，发展学生的创造力。在职业教育中要特别注重与职业相关的特殊能力的发展和训练，如汽车司机就要特别注重注意力、观察力、动作协调能力的发展，与艺术相关的职业要更注重想象力的发展等。

②要把教书与育人结合起来，使学生通过教学过程，达到对客观世界的认识，树立正确的世界观、人生观、职业观；通过教学的思想性，培养学生的道德品质和职业道德，提高学生的精神境界。

③教学是一种艺术，包括教学环境的适宜，教学目标的适度，教学方法手段的巧妙，教学语言的准确、简洁、生动，操作技能的完美，教容教态的至善，师生之间的融洽，独特的教学风格，等等。掌握教学艺术将使教学过程变得生动流畅，具有美感。学生在学习中得到陶冶，学习不仅可以是快乐的，而且可以是一种享受。

④在教学过程中对学生体质的发展，往往被忽视。应重视教学过程中各教学因素对学生健康的影响，在教师的备课中，不仅要有知识技能、思

想品德教育的要求，而且必须有体育的内容。在体育教学中，重要的不是技能技巧的获得，而是要养成对终身运动的认识和习惯。在职业学校应进行职业体育的研究和教学。职业体育是通过对运动心理学和生理学的研究了解各类体育活动对身体影响的特点，确定哪些体育项目有助于富有成效地掌握这种或那种职业所必要的素质，哪些运动项目不利于某种职业的掌握，从而编制出供职业学校学生使用的体育教材，开展职业体育运动，帮助学生更好地获得从事这种或那种职业所必需的素质，发展学生的职业能力和职业所需的身体素质。

对待发展要有一个正确的观念：人人都有发展的潜能，人人都有权得到发展；教育是发展，不是压抑；是培养，不是淘汰。

3. 教学过程的基本阶段

为达到教学目标，作为教学的一个完整的过程，可分为以下几个基本阶段：

①启发学生学习兴趣，引起学生求知欲望；

②使学生感知新教材（或要学习的新的操作技能），形成关于所授教材（技能）的印象；

③理解教材（或讲解、示范实训科目），形成科学概念（或基本动作技能）；

④知识（技能）的复习与巩固；

⑤知识（技能）的运用或与知识相关的技能技巧的培养；

⑥对学生掌握知识、技能和技巧情况的检查。

4. 教学过程的基本规律

关于教学的基本规律目前尚没有完全一致的认识，大体有以下几个方面。

（1）教与学辩证统一的规律

在教学中由于师生的角色不同、教师与学生在信息掌握上的不均衡性和学生的不成熟性，所以教师处于主导地位。学生是学习的承担者，处于主体地位。在主导与主体"两主"的关系中，教学的主要矛盾是要解决学生由不知向知转化的问题；而矛盾的主要方面，是教师如何教学生学的问题。这种矛盾的转化（或统一）的表现形式则是学生的进步，这是教学的一条基本规律。衡量教学成效的尺度只能是学生进步。

（2）学生的发展依存于知识技能传授的规律

一个人的发展总需在一定的条件下才能实现，生活经历、工作岗位、社会实践等都可以使人得到发展。学校作为专门的教育机构，为学生提供的条件与一般的发展条件不同，是以知识和技能的传授作为实现发展的主要途径和手段，也就是说教学是学校的中心工作，通过教学中学生的认识活动，掌握知识、培养品德、形成技能技巧以达到受教育者要求发展的目的。所以，在学校环境下，学生的发展要依存于知识技能的传授，离开教学活动就谈不上学生的发展。

（3）间接经验与直接经验相互作用的规律

学生在校主要学习的是间接经验，但也必须学习直接经验。实验就是以直接经验对间接经验进行验证。实习主要是要获得直接经验。只有获得两种经验才能够形成能力，职业能力更是如此。间接经验是学生学习直接经验的知识基础，直接经验是学生学习间接经验的认识基础。两者相互作用、相互促进，是教学的又一规律。

（4）动手与动脑相互作用、相互促进的规律

智力是人发展的基础，脑科学的研究表明，人的左脑和右脑、大脑和小脑功能不同，但人脑是一个整体。心灵手巧，手巧也心灵，教学中学生的动手与动脑并重，才能达到相互促进的目的。

（5）教学效果取决于教学系统的和谐与优化的规律

教学系统指实现教学功能的相互联系的要素组成的整体，教学系统的和谐和优化，就是要使各种要素构成之间连接、交互、互补，成为能最有效地进行知识经验传递的有机整体，所以教学效果取决于教学系统的和谐与优化。

5. 教学原则

教学原则是为了有效地进行教学所必须遵循的基本要求。这方面在教

学理论中已经形成了相当丰富的原则体系。如直观性、积极性、量力性、系统性、巩固性等原则；科学性与思想性相结合、理论与实践相结合、教师主导与学生主动相结合、集体教学与个别指导相结合、统一要求与因材施教相结合、教学相长的原则等。这些原则同样适用于职业教育的教学。同时，针对职业教育的特点，应特别重视以下原则：

（1）积极性原则

创新人才的培养和创业人才的培养是职业教育的任务。教学要促进学生学习、促进发展、促进创新，就必须确立以学生为主体的观念，要使学生不仅有学习知识的积极性，而且有参与教学的积极性，努力实践的积极性，自我反馈的积极性。在职业教育中贯彻积极性原则，明确的职业目标和必须达到的能力目标，是调动学生学习积极性的重要因素；理论与实践相结合、动手与动脑相结合、学中做与做中学是另一重要因素；成功则是重要的激励因素。在教学方法中加拿大 CBE（以能力为基础）的自主学习中的自学辅导法，英国国家级证书课程（BTEC）中的课业设计法，德国的双元培训以及微格培训等，都是发挥学生积极性、主动性的值得探讨的教学方式。

（2）简约性原则

中等职业教育要面向学生就业和升学的需求，培养学生可持续发展的能力，由于教学目标的多重性，而时间是常数，所以要充分发挥学校教学简约性的优势，在教师的引导或指导下，通过一定的方式方法，用最少的时间收到最大的学习效果。简约性包括教学内容的简约性和教学过程的简约性。贯彻简约性原则要求精选教学内容，注重基础课程和综合课程，避免各学科之间的交叉与重复；专业课程以适度为原则，给学生留出发展的空间；组织教学要系统、有序，重点突出、简明扼要，尽可能增加学生的专注学习时间。要为学生编写学习指导材料，指导学生学习方法，提高学习效率；各教学辅助设施如图书馆、实验室、运动场所要以学生为主体，提供便利有效的学习和活动条件；实习一定要讲求实效与时效。

（3）因材施教原则

职业教育是专业教育，因此，与学生个人的个性、特长、兴趣、爱好直接相关，同时，还要满足学生个人的职业选择。所以，必须特别注重因材施教。在教学制度和管理上实行学分制、弹性学制；教学组织上可以多层次、多目标，分类教学；在学生职业能力的形成上，要尊重学生的个性特点、兴趣爱好，扬长避短、挖掘潜能；也要帮助学生形成柔性技能，善于迁移、顺势成才。

（4）教育与生产劳动相结合的原则

教育与生产劳动相结合的原则，在职业学校中不是一般的劳动教育，而是特指在校生在学习期间直接参与社会生产劳动。之所以强调这一方面，是因为：一般的劳动教育，学校内的实验室和实习场地，不能代替社会的真实生产或劳动过程；学校的生产设备，一般落后于企业；工作场所的人际关系也不同于学校的师生关系。学生参与社会生产劳动，不仅能使所学知识在实践中得到验证，同时可以获得在学校中难以学到的新的知识与技能，培养学生服务社会的思想、态度和能力，特别是诚信意识、公平竞争的意识、质量意识和环境保护意识。农村中的教学、科研、生产、服务、推广一条龙教学和边学习、边生产、边致富的"三边"教学，以及双元制培训、工读交替、职业学校独立校办工厂实习、专业与校办实体承包式教学、校外工厂或场所实习等，都是教育与生产劳动相结合的教学形式。

（五）教学设计与教学策略

1. 几个相关的概念

（1）教学计划

教学计划是对教学学科（课程）的总体安排。教学计划要列出开设的学科门类（文化课程、专业课程、实习课程必修课、选修课、任选课）及课时，课程顺序（前行课程、后续课程、并行课程），以及列入教学计划的课外活动课程等。

（2）教学大纲

教学大纲是以纲要的形式，规定出本学科的内容、体系和范围。它规定出课程的实质性内容，是编写教科书的直接依据，也是检查教学质量的直接尺度，对教师工作具有直接的指导意义。

（3）教学环节

教学环节指教师工作的基本环节，即教师在教学过程中，横向活动所组成的不同结构，包括备课、上课、作业的布置和检查、考试、考核等。

三者的关系是，教学计划是制定教学大纲的依据，教学大纲和教材是设计教学环节和进行教学设计的主要依据，根据教学设计，形成策略化教学。

2. 教学设计

教学设计是对教学活动进行系统规划和安排决策的过程。一切教学活动都是有目的、有计划的，所以，总体而言教学设计包括对课堂教学、实践教学、课外活动及一切教学活动的设计。

（1）教学设计的类型

教学设计从类型上划分可分为传统型和模块型。

①传统型：主要根据课程和教材的构成顺序，依次设计教学单元，其形式呈链式组合的递进关系。

②模块型：以模块为独立的教学单位，模块内仍可分单元教学，模块间则可灵活组合。

（2）教学设计的程序

无论哪一类教学，其设计程序都基本一致。

①确定教学预期目标，分析教学任务，尽可能用可观察和可测量的行为变化作为教学结果的指标。

②确定学生的起点状态，包括知识、技能、学习动机、学习态度等。

③确定如何呈现教学内容（教材、实习项目、活动内容、使用媒体），如何指导学习（课堂教学、自学辅导等），设计教学环境（教室、实习场所、现场等）。

④确定如何获得学生对教学的反馈，如提问、作业、操作、评议、讨论等。

⑤确定如何对教学结果进行测量、评价或考核。

所以，教学设计所包含的教学要素是：教学目的、教学内容、教学策略、教学媒体、教学评价。

3. 教学策略

策略是为达到某种目的而采取的一种具有方略性的策划。教学所要达到的是教学过程中各种因素（教师、学生、教材、教学手段）作用下的综合效果，并且要遵循教育教学规律，在教学过程中还会出现许多变数，甚至意想不到的问题。因此，要在教学过程中对所采用的教学模式（如案例教学还是引导课文教学）、课型（如以讲述为主的课、以操作为主的课、以讨论为主的课等）、课程结构，（一节课的组成部分，各部分的组成联系、顺序和时间分配）和所采用的教学方法、教学手段进行选择，在应用中还须不断予以相应的监控、调节和创新，所以，需要进行方略性的策划。制定教学策略要遵循以下原则：

（1）整体性原则

教学策略所要求的是对教学的整体进行谋划。①纵向要考虑一门课的体系，横向要考虑本课与其他课程的联系；②要考虑一个教学单元或一堂课的总体要求；③要考虑课程内容的特点、学生的情况、教学的环境、条件等综合因素。以此作为确定采用的课程类型、教材及其使用、教学方式、教学方法、反馈与评价方式等系列化策略的依据。

（2）动态性原则

在教学过程中，要及时对教学进程进行监控，如在讲述时发现学生有疲劳现象，注意力不集中，马上可以改为提问，不要在情况发生变化时，还按已定的方法不变，要适时进行调整和改变。如叶圣陶先生所倡导的"教学有法，教无定法，贵在得法"。

（3）效率原则

实施教学策略的目的是实现教学过程的最优化。所以，要按简约化的教学原则，做出相对最优的选择，要排除对教学无益的干扰，如没有必要的板书、例证，过多的形体语言、演示等，在对教学的策划上，不能搞形式主义。

二、专业设置

专业是教育部门根据职业分析和学校教育规律所确定的学业门类，是教育部门对职业学校办学方向宏观调控的重要方面；职业学校的专业设置和专业建设是学校教学工作的核心，是设置课程的依据。看一所学校的专业设置就可以知道学校的类型是单科型的还是多科型的，是卫生学校还是工业学校，学校的声誉要看有没有名牌专业，所以，也可以说专业设置和专业建设是学校生命力之所在。

（一）专业与专业分类

1. 行业、职业、专业

职业教育专业设置的基础是对职业的分析，与行业也有密切的关系。

（1）行业与专业设置

行业是根据生产使用的原料、生产的产品、提供的服务相同或相近的职业所做的职业分类。我国 1984 年发布、1985 年实施的《国民经济行业分类和代码》将国民经济各行业划分为门类、大类、中类、小类四级。门类共 13 个。它们是农、林、牧、渔、水利业；工业；地质普查和勘探业；建筑业；交通运输、邮电通信业；商业、公共饮食业、物资供销和仓储业；房地产管理、公用事业、居民服务和咨询服务业；卫生、体育和社会福利事业；教育、文化艺术和广播电视事业；科学研究和综合技术服务事业；金融、保险业；国家机关、党政机关和社会团体；其他行业。行业与职业的区别在于行业的划分是物化的，是以社会的生产、服务为本位的，而职业的划分是人格化的。多数职业具有行业的归属性，如教师集中在教育行业、医护人员集中在卫生行业、邮递员只有邮政系统才有，但也有许多职业没有明显的行业归属，如会计、电工、秘书、打字员、电脑程序设计员、档案管理员等，可以在各行业中工作。

在专业设置中行业起着制约、指导的作用。

①"行业配套"是专业设置的基本原则。"行业配套"指在这一行业内所归属的职业、所需要的人才都应纳入专业设置的范围。亦即这一行业

所特有的职业系统（或岗位群），如纺织行业需要纺纱工程技术人员，纺织纤维检验人员，针纺织品检验人员，纺纱、针织、印染人员，纺纱、针织、印染设备及管理人员，纺织、针织、印染工艺员及管理人员等，都要按行业所需设置专业，不留人才空洞。行业配套还包括一个比例问题，如医疗卫生行业中的医护比，不同行业人才的需要量和所需人才的层次比等。所以，行业配套不是指行业内所需各式各样人才的全部。过去行业部委办学中的"小而全"，为了本行业的需要，办一些不属于这个行业的专业，是计划经济下行业封闭式的办学模式，各行业重复办学不符合市场经济的规律，并不是这里所说的行业配套。

②行业是宽窄专业划分的基础。一般而言，没有明显行业归属的职业，在专业设置中多为就业面宽的宽专业，有明显行业归属的专业多为这一行业所需的窄专业或特色专业。

③行业组织对专业设置的指导。设置专业和专业建设都要有行业组织或代表参加，才能确实保障行业的需要，教育部门和职业学校都不能闭门造车。这方面我国的行业组织目前尚不健全，没有可依的法规和运作的机制。教育部对其组织的"行业职业教育指导委员会"的职责规定为：调查分析社会发展和科技进步对本行业职业岗位变化和人才需求情况，指出本行业职业教育人才培养的知识和能力需求，专业设置及其标准，培养目标和教学基本要求，参与讨论新专业设置与管理工作。

（2）职业与专业设置

①职业的概念与构成要素。职业，按现代汉语词典的解释是："个人在社会中所从事的作为主要生活来源的工作。"职业也被定义为：在业人口（从事社会劳动并取得劳动报酬或经营收入的人口）从事工作的种类，或劳动者从事相对稳定的有报酬的工作种类。职业的载体是人，所以，职业类别的划分是人格化的，是以人的工作岗位为本位进行划分的。构成一种职业的要素有以下几方面：需要有确定的工作对象，生产原料、服务的事或人等；确定的工作任务、操作程序、业务标准；确定的工作手段，工作过程中使用的材料、工具与设备等；一定的劳动场所。职业的内涵包

括：劳动者本人应具备的职业能力（职业资格）；该职业所属的行业部门及社会劳动分工中的作用（职业的社会价值）；个人的劳动价值（职业层级），劳动者收入和社会地位（劳动回报）等。

②教育与职业的关系。职业的载体是人，教育的对象也是人，职业资格是依靠教育才能获得的。所以，如果不从职业的角度来认识社会分工，而仅从物（行业）的角度看社会分工，就不能认识教育对社会生产和社会进步的作用。教育与职业沟通的基础是职业所需人才的培养及其规格，教育是个人与社会职业之间的桥梁。

③职业分析是专业设置的基础。在社会分工中形成多少种类的职业，从事某种职业需要什么资格，是确定人才培养层次和规格的基础。因此，设置专业必须进行职业分析，职业分析是专业设置的依据。职业的岗位虽各有不同，但有些职业所要求的基础知识是相同的或基本一致，有相通的专业技术，对从业者的能力要求相近，这些职业就有可能形成某种职业群，由职业群形成专业。如种植、农艺、园艺、园林就是一个比较大的职业群，职业群不仅是构成专业的基础，对于从业者选择职业的空间、拓宽就业范围、转业的可能性都有很大意义，是专业设置的覆盖面的基础。由于不同职业的职责职务不同，所要求的知识技能不同，有的职业如会计，各类专业会计、审计、统计、税务、物价、金融等，可以沟通形成一个大的职业群；有的则不能，如监狱管理、劳教管理只适用于监狱和劳动教养场所。宽窄专业的形成是由职业职务决定的。职业多至上万种，一一对应培养，一是不可能，二是不需要，三是不应该（从学生的发展看）。

（3）专业

专业是教育部门确定的学业门类。由于社会职业十分庞杂，不可能也不需要一一对应进行培养。因此，需要通过教育系统对专业进行设置，使千差万别的职业，形成一个合理的人才结构层次和培养人才的科学系统。所以，专业是根据职业分析和学校教育规律所确定的学业门类。

专业比职业的数量要少得多，各国也有一定的差异。如我国 2000 年公布的《中等职业学校专业目录》，其中列出 12 个专业大类：农林类、资源与环境类、能源类、土木水利工程类、加工制造类、交通运输类、信息技术类、医药卫生类、商贸与旅游类、财经类、文化艺术与体育类、社会公共事务类及其他，共 470 个专业，其中 80 个为重点专业。

英国的国家职业资格证书将培训职业划分为 11 个大的领域：农业和畜牧业、能源和矿业、建筑业工程和制造业、交通运输业、商业和服务业、医疗卫生、社会服务和治安、银行金融、法律、通信、教育。德国"双元制"职业培训则分为 13 大类职业领域，68 个职业群，450 个专业。13 大类是：经济与管理（包括三个专业重点，营销经济与顾客咨询、商行经济与商务管理、法律与行政管理）、机械技术（包括三个专业重点：生产与切削加工、安装与金属结构、机动车技术）、电气技术、建筑技术、木材技术、纺织技术与服装、化学物理与生物（包括两个专业重点：印刷制版、印刷技术与加工及装订）、色彩技术与房屋装修、健康、保健护理、营养与家政（包括三个专业重点：旅店与家政、糕点与甜食、肉类加工）、农业（包括两个专业重点：动物、植物）。瑞典中等职业教育为综合中学类型，1994 年实行的新教学大纲划分了 16 个专业，全国统一，学校可根据自己的情况选择设置一个或若干个专业。专业分为：艺术、经营管理、护理娱乐、建筑、电机工程、能源、食品、手工艺、保健、餐饮服务、工业传媒、交通工程、自然科学、社会科学。其中自然科学和社会科学属于学术性学科。专业下设若干课程（细目），名称有的与职业名称相一致，如护理、焊接、会计、机械技师，大多数则由"成组"职业构成，如肉类加工、卫生护理、林业等。日本则分为 6 大教育学科：农业科、工业科、商业科、水产科、家政科和护理科。

由以上的例证可知，专业的划分与一个国家的经济结构、社会结构、就业结构和教育结构都密切相关。

（4）专业的意义与作用

专业反映了人才的职业类型、层次结构和培养规格，是人才培养和使用的基本依据。

专业是职业学校教育和教学工作的基础。学校的课程设置、教学组织、教学方法都是依专业而设定的。

专业是职业资格认定的基础。职业是专业设置的基础，专业是职业分析的结果，但专业不是简单的职业类集，而是根据教育规律进行的可行性的分类综合。因此，专业又会反作用于职业。通过专业设置形成系统的可以通过教育达到的职业资格标准，为人力资源的开发提供了准绳，为企事业单位提供了用人的依据。如果专业设置不当，也会造成人才市场的混乱。目前出现的所谓"人才高消费"问题，除其他原因外，专业设置不当也是一个重要原因。有的中高职的专业层次不清，如珠宝鉴定专业高职设，中职也设，都去考同等级的"钻石分级"证书和国际 GIC "宝石鉴定师"，造成不同层次专业的毕业生同岗位竞争。同时，有的职业不需要三年中等职业学校培养，办这样的专业是另一种的人才消费。

专业对于个人起着职业定向的功能。个人选择学习什么专业，就意味着他将从事什么职业，或者是他准备具备从事哪种职业的资格。在某种意义上专业是个人职业能力的标志。如要了解一个人的业务能力，往往并不注重他当前从事的是什么职业，而是要询问他学的是什么专业。

专业是人个性发展的基础。现代社会分工越来越细，知识越来越分化，虽然知识和能力向综合化发展，但这是一种知识和能力在现代科学技术之下的重组，百科全书式的人物在当代已不可能产生。在普道教育（还可加上通识教育）的基础上，专业的知识能力构成个性发展的基础，在某个行业中从事某种职业的人的个性，一般都会具有本行业或职业的特征。

（5）专业的分类

以专业的涵盖面划分可分为：大口径专业，如文、理、农、工、医等。中口径专业如工业与民用建筑、钢铁冶炼等，和小口径专业如电气化铁道供电、焊接、助产等。

以专业类别划分有：按学科体系分类设置的学术型专业（如物理学、生物学）、按工程体系分类的工程型专业（如材料成形与控制工程专业）、以专门技术和职业能力分类的技术型和应用型专业（如建筑装饰设计技术、建筑施工技术、建筑施工操作）等，职业教育的专业设置多为技术型和应用型的。

以专业层次划分的有：高等职业学校专业目录、中等职业学校专业目录、初等职业教育专业目录。

以职业学科分类：如日本采用学科分类，职业高中设农业科、工业科、水产科、家政科、护理科六大教育学科，各学科下设标准科目（专业）共 39 个。专修学校开设工业科、农业科、医疗科、健康科、教育与社会科、商务科、家政科、文艺科 8 大教育科目，49 个标准科目。我国在中华人民共和国成立前也是这样设科，最初设工业、农业、商业、水产四科，后来加上医药、家事等科。

2. 职业能级问题

职业人才能级层次的划分，是确定职业资格的水平依据，因此，也是专业设置的层次划分的依据。我国现在尚无统一的国家标准。劳动和社会保障部 1999 年在《关于在职业培训工作中贯彻落实〈中共中央国务院关于深化教育改革全面推进素质教育的决定〉的若干意见》中曾做过一个职业资格证书的能级划分，具体内容如下：

国家职业资格一级（高级技师）：能够熟练运用专门技能和特殊技能在本职的各个领域完成复杂的、非常规性的工作；熟练掌握本职的关键技能技术，能够独立处理和解决高难度的技术问题或工艺难题；在技术攻关和工艺革新方面有创新；能组织开展技术改造、技术革新活动；能组织开展系统的专业技术培训；具有技术管理能力。

国家职业资格二级（技师）：能够熟练运用专门技能和特殊技能完成复杂的、非常规性的工作；掌握本职业的关键技术技能，能够独立处理和解决技术或工艺难题；在技能技术方面有创新；能指导和培训初、中、高级人员，具有一定的技术管理能力。

国家职业资格三级（高级工）：能熟练运用基本技能和专门技能完成较为复杂的工作，包括完成部分非常规性工作；能够独立处理工作中出现的问题；能指导和培训初、中级人员。

国家职业资格四级（中级工）：能够熟练运用基本技能独立完成本职

业的常规工作；在特定情况下，能运用专门技能完成技术较为复杂的工作；能够与他人合作。

国家职业资格五级（初级工）：能够运用基本技能独立完成本职的常规工作。

这个能级的划分，是以技能等级考核为基础制定的，因此，是以初中高级工、技师、高级技师作为划分的基础，还不能涵盖全部职业。同时，也没有与之相对应的教育水平的规定。

下面再以英国的职业资格证书标准和欧共体推出的模块式职业教育体系为例作为参考。

英国国家职业资格证书共分五级，见下表：

等级	标准	相应职务	相当于的学历
5级	具有在广泛的、通常是不可预见的条件下独立运用基本原理和复杂技术的能力。负有极大的个人自立权，经常对他人的工作和重要资源分配负有重大责任，并具有个人独立分析、决断、设计、规划、实施和评估工作结果的能力	高级工程师和工程师，中、高级管理人员	与职业相关的研究生毕业资格，硕士文凭
4级	具有在广泛领域从事技术复杂、专业性强、条件多变工作活动的能力。负有很大的个人责任和自主权，通常需要对他人的工作和资源的分配负责	工程师，高级技术员，高级技工，中级管理人员	与职业相关的大学专、本科毕业资格，学士文凭
3级	具有在广泛领域从事各种复杂多变的、非常规的工作活动的能力。负有相当的责任和自主权，经常需要对他人的工作进行监督和指导	技术员，技工，初级管理人员	普通教育A级，即获大学入学资格水平
2级	具有在较大范围和变化条件下从事一些复杂的、非常规的工作活动的能力。负有一定的责任和自主权，并能与工作群体中其他成员进行合作	熟练工	普通教育O级，即获中学毕业资格水平
1级	具有在一定范围内从事常规的、可预测的工作活动的能力	半熟练工	中学在学水平

欧共体模块式职业教育体系也为分五级：

等级	培训内容	资格
义务教育和职业入门教育	在学校、校外生产场所或某个企业进行职业入门教育。只对学生传授最基本的专业知识和实践技能	只能从事较简单的工作
义务教育和职业教育	传授某一工种所需的较完整的知识和技能，掌握使用相应的工具并熟知工作过程	在所学专业方向内独立从事某一工作
义务教育和职业教育加部分专业教育（第二阶段教育）		
	在第二级基础上，传授更深的专业知识	可独立完成一项实践性较强的工作，其中包括一些计划、协调工作
第二阶段的普通或职业教育之后的专业教育	在学校或其他机构进行高等教育水平的专业教育，掌握不同领域的一些基础理论和方法	在技术、计划、管理部门从事一些创造性工作
第四阶段普通或职业教育之后的完整的高级职业培训	掌握某一个职业的科学理论基础	可独立从事创造性工作

（二）专业设置

1. 国家专业设置

（1）国家管理专业设置的必要性

一般专业设置的管理权在国家，按我国教育行政部门规定，由国家教育行政部门制定和公布专业目录，学校依此设置专业；学校也可根据地区或行业的特殊需要设置新专业，但必须经过论证，提出申请，经有关主管部门批准，报教育部备案。由国家设置专业和管理专业是因为：

首先，保证专业设置的全局性。从整体而言，专业要全面覆盖三大产业，行业配套，在一个地区要有计划地进行专业布局，这不可能是个别学校的个别行为。

其次，保证专业设置的严肃性、科学性。专业设置是培养人才的基础，不能具有随意性。专业的形成要有科学的依据，经过论证，经过实践证明是可行的。一个专业之内可以设若干专业化方向，但其间必须具有共同的专业基础知识和相通的职业技能，由相近的职业组成。专业必须具有教学上的可操作性，即有独立的、完整的、明确的培养目标、业务范围和专业教学的主要内容，要有相对的稳定性。同一专业各校之间应基本一致，才能保证培养规格。

最后，保证对专业设置的合理调控。专业必须根据国家的产业政策、科技发展、职业变动及时进行调整，教育行政部门要采取行政、经济等手段对学校专业进行宏观调控。如对某些艰苦专业给予政策上的倾斜、经济上的补贴，限制某些热门专业的过度膨胀，停办过时专业等。

（2）专业设置的机制

政府、行业、企业和受教育者个人在专业设置上的相互关系是：宏观专业设置是政府行为，在政府主导下，在专业的确定和对专业的分析上行业起着关键的作用，专业设置要满足企业和受教育主体——个人的需求和利益。它们之间的相互关系形成了不同的驱动机制。

在过去计划经济时期，我国职业学校的专业设置由政府的相关部门确定，根据政府制定的经济发展规划，由政府下达招生计划，交由职业学校培养；然后由政府计划分配，实现人才供给。这是一种典型的政府主宰下的"供给驱动"型的专业设置的运行机制。在市场经济条件下，这种情况已经发生变化。

在联合国教科文组织第二届国际职业技术教育与培训大会文件——《职业教育与培训：展望21世纪的建议》关于改变政府和其他部门在职业技术教育中的作用主题中，对政府的作用做了如下论述："政府对职业教育虽然要负主要责任，但在现代市场经济的条件下，职业教育的任务制定与实施都必须通过新的合作伙伴关系来实现，这种合作伙伴关系是政府、雇主、行业、工业界、工会和社会之间的合作伙伴关系。这种合作伙伴关系必须建立一种立法框架，以便国家为改革职业技术教育而制定国家战略。在此战略下，除实际提供职业教育之外，政府能充分发挥领导作用，制定远景规划，为开展职业技术教育提供便利与协调保障，建立质量保障机制。同时通过确定社区所需要的服务和提供这类服务来实施全民职业技术教育。合作伙伴关系只有通过职业培训计划和传授适合时宜的技术才能得到加强。"

在上述大会上国际劳工组织就业与培训部提出的参考文件《政府及权益者在职业教育与培训中作用的变化》认为，政府、行业企业和权益者（所有参与职业教育与培训的和与其有权益关系的人与单位的总称）在职业教育中作用的变化可分为三个阶段：第一阶段为非规范化的职业教育与培训，以家庭、行业、非正规的学徒制培训为主，政府不是主要角色；第二阶段为供给驱动，国家处于职业教育与培训的支配地位；第三阶段是市场驱动的职业教育与培训，其发展趋势是从供给驱动转向需求驱动。该文件说："今日政府的责任，正从直接办培训转为创造条件以使市场有效运转，并运用经济鼓励和其他适当的方法弥合其中的脱节之处。"随着行业企业等在职业教育与培训中参与程度的提高，政府的作用逐渐转为充当中介者、促进者、支持者、发动者、投资者和规范者，转向更多关注职业教育与培训整体上的管理。

在联合国教科文组织副总干事科林·N.鲍维尔所做的《联合国教科文组织 21 世纪第一个十年的技术和职业教育计划》报告中，进一步提出职业教育计划不仅是靠需求驱动的，而且还应当进一步发展为"发展需求驱动"。"在这里发展包括了社会的、经济的、个人的以及环境的诸多方面。"亦即要从科学技术、社会、经济、环境、公民个人的发展需要和发展前景出发，根据可持续发展的需要，综合平衡、协调、调节各"合作伙伴"的需求和利益，设置专业。

（3）专业设置的原则

教育部职成教司 2000 年发布的《关于中等职业学校专业设置管理的原则意见》提出了专业设置的原则，共四条：

一是中等职业学校的专业设置及其调整，要适应国家经济建设、科技进步和产业结构调整的需要，满足各地、各行业对德智体美等全面发展，具有全面素质和综合职业能力，在生产、服务、技术和管理第一线工作的高素质劳动者和中初级专门人才的需要。

二是中等专业学校的专业设置及其调整，要有利于形成合理的专业结构布局，避免不必要的重复设置，提高专业教育资源的利用率和整体效益，增强职业教育的活力和吸引力。

三是中等职业学校应根据实际需要，通过及时更新教学内容、拓宽专业业务范围和设置专门化，满足社会需求和职业变化的需要。确需增设新专业的，应按照本意见的有关规定执行。

四是中等职业学校设置专业应遵照教育部及有关行业制定的相关专业设置标准，遵循教育规律，有明确的培养目标、业务范围和专业教学的主要内容，有完备的教学计划和其他必需的教学文件；具备完成该专业教学计划所必需的理论和实践（训）教师队伍；具备该专业必需的开办经费和教室、实验室实习（训）场所，以及仪器设备、图书资料等办学基本条件。

这个原则是规范中等职业学校专业设置的，对其他职业学校基本上也是适用的。

（4）构建专业的方法

如何形成专业，一般采用三种方式。

①职业分析方法。即将社会职业按基础知识相同，基本技能相通，工作内容、社会作用及从业者所应具备的素质相近的职业群进行归类，以职业群（岗位群）设置专业，其核心是职业分析。典型的有美国俄亥俄州的"成组技术"方法。即按现代机械工业的"成组技术"原理，将众多的职业或岗位当作零件，找出其共性或相似的基础知识和技能，再按一定的相

似程度分类编组，建立能覆盖若干职业的专业或专业方向。俄亥俄州教育局将职业技术专业分为 8 组，即会计、农商业和谷类工人、农业/工业机械技师、建筑和地产维修、医生助理、服务和卫生、商业艺术、工艺，共覆盖 49 个职业领域。现在成组技术已成为许多国家划分专业的方法。

②课程分析方法。即将现有相近专业所设课程进行分析，找出其中的知识点、技能点和相关要求，并进行归纳、整合，确定哪些专业可以分化，哪些可以归并，然后设计出新的专业。这种方法适用于对已有专业的调整与更新。

③培训分析方法。各类适应现实需要的培训项目或课程，能比较迅速地反映新技术、新职业的需求，对培训项目或课程进行归类分析，可能孕育着新的专业。成组培训课程可能成为新专业的生长点，是职业分析与课程分析结合的一种形式。

2. 学校的专业设置

专业设置是学校建设的中心，一所职业学校能否办好首先是专业设置是否适宜，专业建设是否到位，专业所培养的学生能否为社会所认可。所以，学校的专业建设是学校工作的基础。

（1）设置专业的指导思想

①准确定位。准确定位就是要确定政府、学校、服务对象（企事业、个人）三者之间在专业设置上的最佳结合点。即必须从三者的需求出发，明确所要设置专业的属性、层次、服务对象、培养规格和学校具备的条件，以此来确定所设专业是否适当。由于我国尚没有一个以职业分析为基础的、全面的职业培养目标的定位系统，所以，学校设置专业时，这个问题就显得更为重要。

一是服务对象定位。从总体而言，职业学校的专业设置必须考虑两个方面的需要。一方面，要为地方经济服务。要与区域经济发展的状况相一致，要以本地区的支柱产业为核心，同时兼顾其他产业；以区域经济主体的生产力的水平为基础，兼顾其他层次。另一方面，要满足受教育者的需要。使学生有多种选择的可能性，在就业、升学方面有更大的发展空间和发展的能力。因此，一般而言，所设专业的职业覆盖面要宽，如农村职业学校设置专业，不仅要考虑为农业服务，还要为农村城镇化和乡镇企业服务，同时也要为农业人口向非农或城市转移服务。学校专业设置最终要取决于地区的社会与经济的需求。受教育者的价值取向对专业设置也是起决定作用的因素，设置专业一定要明确所面对的服务群体（生源），在服务对象上准确定位。

二是专业属性定位。属性定位指设置专业首先要考虑设置具有明确（明显）行业属性的专业还是没有明显行业归属的通用专业，或跨行业设置专业。确定设置哪类专业，要由学校的办学目的、主管单位、服务对象、学校所在地区等多种因素来决定。过去，行业或企业所属的中专和技工学校，行业属性明确。近年来许多大企业如铁路、石化、煤矿等，减员增效，毕业生要向其他行业寻求就业，为适应就业形势，学校开设一些通用专业、跨行业的专业，或就业形势较好的热门专业；也有由于主管部委撤销或转变职能，学校为了生存，开设其他专业；农科类学校，由于农村（或小城镇）建设需要、农民进城务工需要以及生源问题等，设置非农专业。在这个问题上的原则是，单科型的和综合型的两类学校应并存，不能认为综合才是方向。专业性强、技术、设备要求高、社会持续需求的专业宜以行业性为主设置专业为原则，如医护、钢铁冶炼、建材、电力等，多科设校要考虑专业之间的相容和互补。

三是专业层次定位。层次定位的要求是：在职业分析中要对从业资格所要求的知识、能力做出详细分析，确定所设专业层次是否与当地经济发展水平相适应，是否为当地所需要，是否与学校的水平层级相符合。这方面有几种情况。首先是地区经济状况。如经济发达地区，对高等职业教育的需求大，在专业设置上高层次的专业应比例高一些；在经济欠发达地区比例就要低一些；在少数贫困地区还需设置一定数量的初级职业教育的专业。其次是学校培养目标的整体定位问题。过去中等专业学校培养目标定位是培养技术员，近年来技术员岗位多由大学或专科毕业生代替，据调查已毕业的中专生在大中企业技术员岗位上的已很少。因此，中专都在改变自己所设专业在层次上的定位。如模具专业过去中专毕业生大都在模具设计岗位，20世纪90年代以来，模具制造向精密化和自动化发展，企业对模具设计人才的要求随之提高，只有少数中专毕业生能够从事模具设计工作，大部分走向模具制造等操作型岗位。操作各类数控加工设备进行模具零件制作，成为中专模具专业毕业生重要的从业岗位群。有的学校为适应这种变化，改变了培养技术员的目标定位，转向培养模具制造工，对培养模具设计技术员则提高层次，设置"精密模具制造技术"高职专业以培养这方面的紧缺人才。需要注意的是，准确定位也要从实际出发，小企业或经济欠发达地区仍需要一定数量的中等职业学校培养的技术员。因此，根据不同地区、不同需要确定专业目标是决定专业设置的一项重要问题。最后是专业面向的岗位群的准确定位。有些专业同一个专业名称中包含着对教育水平不同的要求，如市场营销、国际商务等。原中专所设的国际商务专业，培养目标定为外销业务员，实际上中等职业学校培养的学生既难以胜任这一工作又与大学或专科的毕业生进行同岗位竞争，这样的定位显然是不适合的。新的专业目录中国际商务专业列出的专业化举例为物流管理，有的学校提出可培养海关的单证员和报关员，在国际商务专业中，中等职业教育究竟应该和可能培养从事哪些职务的人员仍需准确定位。

四是学校条件定位。设置专业一定要认真评估学校自身的条件，是否符合设置此类专业的要求，找准自己的位置。学生的价值取向对学校定位有着重要意义，这涉及美国心理学家佛隆所提出的著名的"期望理论"。即"目标效价"（个人对所从事的工作或达到的目标的效用的评价）与"期望概率"（一个人对某个目标能够实现的可能性大小——概率的估计）之间的消长关系等于"激励力量"。行为人对目标的评价越高，产生的激励力量就越大；同时，行为人的积极性与达到目标的可能性成正比例关系。由此得出，人们要考虑他们所希望和所要求的东西能否在他们所选择的那所学校中获得。如果一所学校所定的专业目标过高，达到目标的可能性就下降，学生就不会选择上这所学校；同时，毕业生质量达不到要求，用人单位不欢迎，学校的声誉就下降。如果所设专业虽然不是大家所追求的热门，但学校具备实现所设专业培养目标的条件，就业前景好，学生就会选择这所学校。所以，不可盲目攀高攀比，热衷热门专业，不顾条件追求专业高移，当然也不可故步自封，浪费教育资源。

②合理配置。合理配置是确定学校专业设置在结构上的最佳组合。从整体而言，学校设置专业要选择设立社会覆盖面较广的专业，能以相近职业（岗位）组成专业群的专业，能够涵盖某些职业技术的专业。在设置上要合理配置，要达到专业的合理配置，必须明确以下问题。

一是长线专业与短线专业问题。"无长不稳，无短不活"这已经是职业学校设置专业的一条定律。长线专业指学校长期设置的专业，一般为社会长期需求或学校的骨干专业。如工科中的机电专业，几乎所有的企业都需要，就可以设为长线专业。一所学校必须有相对稳定的长线专业，因为，要建设一个高质量的专业需要时间，如师资队伍、教育设施、教材、专业管理以及教育教学经验的积累都不是短期可以解决的，建设好一个专业一般认为需要 5~10 年的时间。短线专业一般为适应人才市场急需或速成而设立的。短线专业可以发挥"短平快"的作用，但专业变动快不利于专业的建设和学校的稳定，也会造成教育资源的浪费。因此，设置短线专业的原则是应与学校的长线专业相近或相关，以专业化的方向来调整长短专业。例如，纺纱技术专业的专业方向可以有纺纱工艺、机织工艺、棉纺织、毛纺织、纺织品设计、纺织机械与器材等，如果当前棉纺织人员过剩，而急需纺织品检验人员，就可以缩小或停办棉纺专业而设置纺织品检验短线专业。在种植专业中如地区要引进某种作物，急需技术支持，就可开设这方面的短线专业。

二是宽专业与窄专业问题。一般而言，专业的职业覆盖面宽学生的就业面和职业适应能力相对较强。目前，专业设置的趋势也是逐渐拓宽专业范围，设置综合性专业，以较少的专业数量覆盖尽可能多的职业岗位。如机电一体化的专业、汽车驾驶与维修、机械制造与控制、民政服务与管理等类专业。但这只是相对而言，并不意味着职业岗位针对性强、专业面窄的专业社会需求量就一定少，就业面就一定窄。如助产专业职业覆盖面虽较窄，但社会需求量很大，中药、保安、电工等类专业也是如此。有的专业本身就具有很强的职业针对性，如火车机车司机、现代殡仪技术与管理等类专业。所以，设置专业也并非越宽越好，要以专业的职业针对性和社会对这类人才的需求来确定设置宽专业还是窄专业。

三是常规专业与特色专业问题。列入专业目录的各类专业，学校都可根据自己的条件选择开设，一般都是常规专业，但其中也有个别必须具备一定特殊条件的特色或特殊专业，如古建筑营造与修缮专业、工程潜水、藏医医疗、维医医疗、蒙医医疗与蒙药、文物保护等专业。有的学校，为适应所在地的某种特殊需求而设置特色专业，如北京一轻工业学校设置了钢琴调律专业，以适应钢琴进入百姓家的需要，培养钢琴厂的调音师和个体入户的调音师。设置特色专业，可以办出特色学校，也可以增强学校的市场适应能力，但一定要具备条件，并考虑地区和时机。女性形象设计专业在上海的职业学校办得很成功，北京某职业学校也想照此办理，结果只招到几名学生，只能作罢。

四是热门专业与冷门专业问题。在一定时期或某些地区，对某种专业需求量大，供不应求，或工作条件较好，群众愿意报考，学校投资较少的专业，就可能形成一时的热门专业。如前一时期的会计、宾馆服务类专业，目前的金融、计算机、网络技术类专业等。有一些对国计民生十分重要的专业，如种植、地质、冶炼、采矿、化工等专业则成了受冷落的专业。对此，学校一定要对市场的需求做认真的分析，对自己准确定位。不能一哄而上，造成无序竞争和几年后的供需失调；或不管有无条件都去争办，使学校教学不能保证质量，丧失声誉。对涉及重要国计民生的艰苦专业，国家应对学校和学生给予政策上的扶持。冷门和热门专业在一定条件下也会相互转化。

五是专业层次的高低问题。职业学校大都为多层次办学，在设定专业层次上决定的因素是学校的层次，其次才是根据条件和需要设置其他高一级或低一级的专业。在设置专业的层次问题上要注意前瞻性和可行性，对任职条件将要和已经开始高移的专业，在设置上要就高不就低，但必须具备培养条件方可设置。

总之，学校在专业设置上要做好调查研究、了解需求、权衡利弊、总体规划、统筹安排、合理配置，做到准确定位、结构合理、专业互补、适度超前。

（2）学校专业设置的原则

①需求导向与全局观念相结合原则。设置专业要以需求为导向，但也要有全局观念。一个地区各职业学校之间的专业设置须有一定的分工。"人无我有，人有我优，人优我专"是我国职业学校总结出来的设置专业的经验。在这方面政府的宏观调控是十分重要的。

②条件必备与设备兼容相结合原则。设置专业要具备相应的条件，在增设专业时首先要考虑与原有专业的关系，发挥原有专业在师资、设备等方面的优势，可以达到以较少的投入实现滚动发展。

③稳定性与创新相结合原则。专业的稳定与创新是矛盾的统一。专业必须有相对的稳定性，才能保证教学质量，但专业老化，必然降低培养质量。因此，学校要定期对所设专业进行评估，更新老化专业，淘汰过时专业，增设新专业。

④经济效益与社会效益相结合（效益最大化）原则。学校设置专业要考虑投入与产出，受市场供需关系所制约。但教育作为公共产品，有其特殊的发展规律，公益性就是其中之一。学校的经济效益是伴随着社会效益而来，缺乏社会效益的专业，也就不可能具有真正稳定的经济效益。经济效益与社会效益相结合，才能获得效益的最大化。

⑤前瞻性与适用性相结合原则。由于职业学校教育对生产的滞后性，专业设置应有前瞻性，前瞻性表现在两个方面：一是对新技术、新职业需求的敏感性，超前培养人才；二是对夕阳产业、夕阳职业有明确的信息，及时进行调整。

（3）专业设置过程

专业设置的一般过程为：

①社会调查。社会调查的范围应包括：政府有关部门的相关信息，如

地区经济发展规划、主导产业的确定、劳动就业状况与前景、人力资源规划、教育发展规划等；具有代表性的企事业的信息，如企业发展及用人计划、职工待遇、个人职业发展环境、所要求的培养规格等；受教育者的需求信息，如就业倾向、发展要求、支付能力等；毕业生反馈信息，如就业状况、收入状况、职业适应与创新能力、创业能力、继续教育状况等。其他职业学校专业设置信息，如专业门类、生源状况、毕业生出路、专业建设经验教训等。

②职业分析。根据不同情况可选择采用以下方法。

职业结构分析法：社会职业——职业群——专业。

美国"成组技术"分析法：职业和职业岗位——职业领域——专业。

德国的职业分析法：职业分析（工作分析、作业分析、资格综合）——职业归并（确定职业群或岗位群）——专业划分，确定培训职业（专业）名称。

课程分析法：专业课程——专业课程群——专业。

培训分析法：培训项目（课程）——能力组合——专业。

③可行性研究与论证。应包括校内论证和校外论证。

④教学开发。教学开发包括设置课程、制定教学计划、编写教学大纲、进行师资培训、教学的硬件配置和软件配置。

⑤上报审批备案。

⑥专业实施，质量评估，社会反馈。

（4）专业设置的类型

①单一型：相同技能专业，如农业学校设种植、园艺、花卉等专业。

②复合型：技能复合专业，如机电一体化的专业。

③综合型：多种专业方向，如民政服务管理专业下分乡镇建设与管理、城市社区建设管理、民间组织管理、行政区划与地名管理、社会救助等多种专业方向。

（5）专业设置模式

①伞式结构：主干放射。以社会需求量大、有稳定生源、有发展潜

力、学校具有开办实力的长线专业为主干，支撑和覆盖相近的专业群。如工商管理专业，可派生出市场营销、会计、财务管理、统计等专业。这种专业模式能够发挥骨干专业的潜力，节约投资，提高效益；各专业之间可以优势互补、相辅相成，提高教学质量。学生可以选修其他专业课程，或学习第二专业，有利于就业。

②模块组合式结构：由模块化课程组成的专业。如计算机课程的教学模块加商业课程的教学模块可以构成电子商务专业，与电子加工的教学模块组合可以组成数控加工专业等。模块课程组合结构类型的专业具有更大的灵活性。如可以根据社会、企业的特殊需要，进行模块组合，设置某种特需专业；学生可以根据自己的需要选择课程模块，使学习更具有选择性；专业模块的横向扩展和纵向叠加，可以实现专业的复合和层次间的衔接。

③阶梯式结构：同一专业，由高中低等教育层次组成的专业结构。

④分流式结构：宽基础、活模块。主要有两种形式，一种是以大专业招生，前两年为学习基础知识阶段，后 1 ~ 2 年为专门化阶段。如宝钢工业技术学校，前两年为宽基础，分机械、电气、管理三个大类专业，后两年专门化：机械类分冶金机械专门化、机电技术应用专门化、炼铁专门化、炼钢专门化和轧钢专门化；电气类分电气自动化、仪表自动化、计算机及应用三个专门化；管理类之下有两个专门化。另一种是以大专业招生，先学习两年专业基础，最后一年依就业形势、学生个人意愿，选择专业方向。

⑤多元化结构：学历与非学历、长线专业和短线专业、长年限与短年限并行的专业结构。加拿大 DACUM 课程设置就是一种多元化的专业结构，在一个专业之下，包括专科、中职、短训等不同的教学目标。多元化结构还包括学校教学、远程教学、网络教学等不同教学方式的专业并行的专业结构。

上述各类模式并非都孤立存在，相互之间也是相通的，如 DACUM 多元化的专业结构是以模块组合来实现的。一所学校根据需要和可能，可以有多种类型和模式的专业并存，社会上形形色色的职业，通过多种专业模式的整合，以及据此进行的专业教育和形成的职业资格，对社会职业起到规范和沟通的作用，从而优化人才结构，以有利于人才的流动和个人对职业的选择。

（三）专业建设

1. 专业建设的内容

在专业确定之后，重要的工作是进行专业建设。专业的构成是学生、教师、教学设施与课程。所以，专业建设的内容包括课程开发，制定教学计划、教学大纲，师资队伍建设，教材建设，设备配置，实习基地建设，专业管理等。

（1）课程开发

关于课程开发另有专章，这里仅提出特别需要注意的两个问题。一是课程的基础性。当代学校教学，只能给学生以职业的基础训练，达到职业的入门水平，不可能一次学习终身够用。因此，课程设置要从终身教育的观念出发，立足于学生今后的继续发展与提高，立足于今后职业的转换，给学生以扎实的文化基础、专业基础知识与能力。二是课程的先进性。21世纪科学和技术的发展将会更快，所设课程必须能够反映新知识、新技术、新工艺。如机械专业，以往以机械加工为主的专业课程已不能满足需要，要加强或增设模具加工和特种加工方法的相关课程。畜牧业也已走出传统的养殖模式，朝内部结构多元化、生产布局区域化、生产方式科学化、经营模式产业化、疾病防治规范化、品种改良网络化、饲料供应配套化、产品加工精细化方向发展，在课程上就要加强和增加反映新技术、新工艺的养殖技术、品种改良、繁育科学、饲料科学、疾病防治、产品加工、经营管理、市场营销、信息咨询等相关课程。

（2）教师队伍建设

教师队伍建设是专业建设的关键。合理优化的教师队伍结构应是专兼结合：基础课与专业课教师、学生与教师、管理人员与教师比例适当；教师学历达标，专业课教师为双师型；有本专业的学科带头人，并有合理的梯队。

（3）教材与设备建设

教材与设备要尽可能保持先进性，可以采用开发地方教材、校本教材，编写补充教材，开设专题讲座等方式，以弥补教材的不足，与企业合作以弥补实训设备的不足。

（4）学生学习资料的建设

如"学习包"的开发编写、自学资料、参考资料的准备等，这部分目前往往被忽视，而这是专业建设中重要的一环。

2. 专业建设的模式

一是传统的专业教研室。学校分别设置公共课教研室、专业课教研室、教务处等机构进行专业的教学活动与管理。

二是产、学、研相结合的专业建设模式。为使设备能接近现实生产条件，和学生学习理论与实际相结合，目前有些学校采取的与企业联办专业和企业参与专业管理、师生专业承包、专业与校办产业相结合以及农村中教学、科研、生产、服务、科技推广一条龙的专业建设，都是行之有效的一些专业建设的模式。

3. 重点专业建设

专业是学校的灵魂，是职业学校的品牌。教育行政部门要从国家社会与经济发展需要和当地经济与社会发展需要出发，重点建设好一批设置合理、办学条件好、教学质量高的重点专业建设示范点，以推动职业学校的专业建设工作。学校也要建设重点专业以树立自己学校的形象与品牌。

1999 年，教育部启动《面向 21 世纪教育振兴行动计划》确定了国家中等职业教育重点建设的重点专业遴选的五项原则：

（1）符合国家产业结构调整方向

即重点职业要符合国家产业结构调整方向，应是未来 10 年的支柱产业，或产值、利润、就业比例增长都较快的产业相关的专业。

（2）依据国家职业分类大典的职业分类

即重点专业应遵循《中华人民共和国职业分类大典》的职业分类，应是职业涵盖范围较广，毕业生就业面宽、就业前景好的专业。

（3）行业发展的重点需求

即重点专业应满足行业需求，具有行业特色，对行业已有的主干专业和发展需要的"朝阳"专业应首先选取，并统筹安排。

（4）有利办学主体的效益

即重点专业要有利于学校的生存发展，应是效益高的专业，其中应考虑跨行业专业优先、宽口径专业优先、三年制专业优先。

（5）符合人民群众的教育需求

即重点专业应满足人民群众日益增长的教育需求，应是有利于学生个人潜能发挥、有利于个人继续学习和深造的专业。

按此原则，教育部颁布了83个重点专业。

学校重点建设专业的选择除遵循这五项原则外，还需要考虑地区特点和学校本身的条件。

4. 专业调整

专业必须有相对的稳定性才有利于专业建设和教学质量的提高，但专业也是一个动态的系统，需要不断及时调整与更新，才能主动适应社会与经济的发展需求，增强劳动者的适应能力，降低失业的风险。

（1）专业调整的必要性

①产业结构调整导致专业结构调整，专业结构应与产业结构相一致。据预测，我国产业结构的趋势是，第一产业从业人数在总就业人数中的比例迅速下降，第二、第三产业就业人数比重上升，第三产业就业人数将以每年三个百分点的速度上升。

②职业的消长导致专业门类的调整。如英国《职业名称词典》1965年第三版列出21741个工作岗位，1977年第四版增加了2100个岗位，但第三版中的3500种职业岗位在第四版中消失了。美国近五年中有7000多个岗位消失了，又新增了8000多个岗位。在加拿大《职业岗位分类词典》中出现了许多像机器人技术员、CAD/CAM维修技术员、核电站技术员、电传编辑、计算机信息处理员等从未有过的职业。专业必须与职业相对应，职业发生变化，专业也就必须随之进行调整。

③技术结构的变化和人才市场对就业者学历要求的高移，导致专业层次的调整。我国卫生部提出逐年减少以至停止中等专业学校医士类专业的招生，以提高医生队伍的学历层次，今后中专的主要任务是培养辅助卫生技术人员，原有中等医学教育就必须进行调整。教师队伍学历的提升使中等师范学校停止招生，中师专业就必须调整。

④管理结构的变化导致专业的调整。企业的生产组织形式正在发生变化，从以职业和职能为导向朝着以流程（过程）为导向进行分工的方向转化，管理专业就要发生变化；随着新的管理方式，出现了过去所没有的一些专业，如技术秘书、工程心理学家等；随着我国的改革开放和社会结构变化，出现了过去所没有的专业，如国际商务中的物流管理、社区服务与管理等专业。

⑤就业结构的变化要求专业的适应。随着我国所有制的改革，职业教育不仅要为大中型国有企业培养人才，而且要为私营企业、合资企业、外资企业、乡镇企业、中小型企业培养人才，要开辟能够独立创业的专业、个体经营的专业以适应不同人的需要和扩大就业面。

⑥社会发展，科学技术进步和个人对自我发展要求的提高，要求专业内容、专业教学的不断更新。学习与工作之间的传统对立关系正逐渐淡化。

（2）专业调整的方式

①内容更新。在原有专业的教学中增加新知识、新技术、新工艺、新材料、新方法的内容，删除、合并、改革、压缩旧内容，或增设新课程，使原有专业适应新的要求。

②功能拓展。对专业内涵的拓展，可以扩大专业的覆盖面。如将纺织专业与机织专业合并拓展为纺织工艺专业，宾馆服务加园艺插花或音响设备维修，汽车修理加驾驶加导游；外延扩展可以开发出新专业，如商贸加纺织品检验构成纺织品贸易与检验专业。

③专业创新。根据新的形势和需要，创造新专业。如湖南农业大学曾根据农村农户经营的特点，综合种植、养殖、营销、管理等课程开发出家

庭经营专业就是一种在专业上的创新。

（3）专业设置的发展趋势

①专业目标日益多样化。教育思想的发展，职教功能的变化，学校多层次、多形式办学，致使专业目标越来越多样化。一所学校可以存在多重目标的专业，如针对就业的专业、升学与就业并重的专业、学历教育专业、非学历教育专业、短训课程等。

②专业更新速度加快。现在几十年一贯制的专业已不可能存在了，德国科罗拉多大学终身学习设计中心主任格哈德·菲合尔认为，技术工艺及相关能力在 5～10 年的时间之内就会过时，专业也必然要随之以同等的速度更新。

③专业数量减少，文理沟通、学科融合、能力综合。随着技术的发展和管理模式的更新，对跨职业的基本知识与技能的要求越来越高。如 21 世纪的新材料产业业已打破原冶金、化工、轻工、建材等行业界限，而需要以生产工艺的共性来开发课程设置专业。

④专业设置的国际化。这是因为在我国加入世贸组织之后，职业教育要积极参与国际贸易服务，需要面向国际教育市场，开发我国优势专业和特色专业，如中医、中药、针灸、武术、民间艺术、特种手工艺、戏曲等专业；专业设置需要尽可能与国际通用证书接轨，达到证书互认，建设国际承认的品牌专业；要设置与国际劳务输出相关的专业，如护理专业等，扩大劳务输出；职业学校要与各国开展更广泛的专业间的交流与合作。

专业是一个动态的系统，联合国教科文组织在汉城职业教育会议文件中建议应有一个"早期全球预警系统"以使职业教育对劳动市场和社会的变化早做准备。这在目前还只是建议，并非现实。但国外有些做法值得借鉴。如德国劳动部门设有专门研究劳动市场变化的科研机构——劳动市场与职业研究所。教育部门的研究机构——联邦职业教育研究所建立了"职业资格早期监测系统"，成员包括国内最有影响的代表德国经济发展方向的企业和有关机构，以对未来 5 至 10 年职业资格的变化实施监测，为未来专业调整提供可靠的数据。欧盟各国也参照德国的做法，建立了类似的系统。

学校应有自己的专业设置信息系统。我国有的学校将专业设置和调整与招生就业安置相结合，建立常设机构，及时收集市场信息，进行毕业生调查，为专业设置决策提供咨询，也是一种可行的方式。

三、课程设置

（一）课程的基本概念

1. 课程的定义

课程即教学的科目，可以指学校的或一个专业的全部教学科目，也可以指一个教学科目，或一组教学科目。教学科目是学校教学的基本单位，如语文、数学等。"课"即规定需要考核的学习内容与分量。"业"的含义是事，是古代用以记事的方法，用一个木棒将需要做的事刻为齿，就是业，每做完一件事即削去一齿，称"修业"。所以学校称学习年限为修业年限，学完全部课程考核合格称毕业。"程"为程度、程序、进程。

课程指为实现各级各类学校的培养目标而规定的教学内容及目的、范围和进程的总和。所以，课程开发与设计包括确定学习内容、达到的程度、教学的程序和进度、考核的方式与标准。不同时代、不同类型和层次的学校、不同的教学对象，其课程的设计是不同的。如果是以自学为主的教学方式，课程设计也可以是学习计划。

2. 课程类型

对课程的分类，依据不同标准可以分为很多类型。

①以管理权限划分，可分为国家课程、地方课程、校本课程。基础教育主要是国家课程，职业教育则有相当部分是地方课程、校本课程，高等学校校本课程的比重很大。课程的开发能力是衡量学校教学实力的重要标志之一。

②以功能划分，可分为工具性课程、知识性课程、实践性课程、学术性课程、操作性课程等。外语、制图等属于工具性课程；地理、历史属于知识性课程；实验课为实践性课程；实习是操作性课程。

③以程度划分，可分为小学课程、中学课程、大学课程。

④以时限划分，可分为长学制课程、短训课程等。

⑤以课程的组织核心划分，可分为：学科中心课程——以各门科学的知识体系为主干组织的课程，注重学科内容的完整性和系统性，目的是获得某门科学知识的主要架构，以构建自己的知识结构。儿童中心课程——以儿童生活为中心组织的课程，不注重学科的界线和系统，是一种综合性课程，目的是贴近生活，引发学习的兴趣，学习寻求解决问题的方法和经验；以能力为中心的课程——围绕获得某种能力而设计的课程；以问题为中心的课程——以完成某个项目或解决某个问题为中心设计的课程。

⑥以课程内容的组织形式划分为：单科型课程，如语文、数学等；综合课程，又称广域课程，将两门或两门以上的密切联系和相关的学科知识，综合组成的课程；③核心课程，以生产、生活、社会问题为中心，将多门学科知识、技能围绕对问题的解决，交织综合，螺旋式上升，随着问题的复杂化，不断提高各学科所提供的知识和技能的深度和广度。

在职业学校，除部分文化基础课采取学科中心课程外，主要的是以能力为中心的课程。一所学校、一个专业，不可能仅设置一种类型的课程，而是根据不同的教学目标，设置各种不同类型的课程，形成一个综合的课程系列进行教学。

3. 课程的组合

（1）课程组合的原则

课程组合亦称课程结构，是从课程的宏观编排组织出发，确定课程的范围、地位和顺序而形成的课程结构框架。不同的设计思想、不同的教学目标构成不同的课程组合，形成不同的课程结构。

总体而言，职业教育的课程结构一般以学生的教育出口水平，即能够获得的职业资格为目标进行设置，以宽基础、综合型、多平台、广出口为原则，采用阶梯递进式或阶段分流式的板块结构进行设计。

课程结构是以培养目标为宗旨，按一定标准选择，并组织起来的各种涉程关系的点和包括各类涉程的内容、比重、配合、排序等，是实现培养目标的具体途径。

（2）课程结构的模式

在职业教育中按课程的排列有以下几种结构：

①纵向板块：是一种三段式或多段式的板块叠加结构，每一个板块不构成完整的职业资格，要学完全部板块才能获得职业资格。这种板块多由文化基础课程或职业基础课程、专业基础课程或广阔职业课程、职业或岗位定向课程三大板块组成。多用于固定学制，年限较长的、单一职业或具有共同基础的专业。德国的双元培训是一种纵向板块的课程组合。

②横向板块：每一个板块各自独立，形成完整的职业资格，但板块之间可以沟通。纵向叠加意味着职业能力的提高，可以获得高一层次的职业资格。适用于具有多种层次的职业和为满足学习者的不同需求。美国的生计群集课程和加拿大的 DACUM 课程都属于这一类。

③纵横板块：是一种综合型的结构，兼有纵向板块课程和横向板块课程，采用分班或分组，自愿分流，以满足学习者不同的需要。

④岗位技能板块：单一的横向板块。是一种旨在以最短时间和最有效的方法，使学生掌握一门职业技能的课程模式。由于每个板块只针对一种职业技能，所以，这种模式更适用于短期培训、MES 课程属于这类。

（二）课程开发

1. 课程开发的一般过程

①根据专业进行调查研究。调查的内容包括：同一或相关专业课程设置现状，当前本专业的前沿技术，与专业相关的职业岗位设置，在教学内容上的企业需求、个人需求，毕业生对本专业课程设置的反馈信息等。

②进行职业分析，制作职业能力项目表。不同的国家和地区，在职业分析和项目表的制定上大同小异。如加拿大 DACUM 的职业能力项目表包括综合能力、专项能为两项，英国国家能力标准由能力单元、能力要素和操作标准三部分组成，澳大利亚国家能力标准由能力单元、能力要素、操作标准、适用范围和检验情况五部分组成。

能力单元说明各职业工作的主要职责、任务和专项能力群（综合能力）；能力要素说明能力单元的基本构成模块，细化能力单元中的主要职责和任务，完善和补充说明能力单元项目中所需的知识和技能（专项技能）；操作标准说明完成工作职责和任务所要求的各项操作技能的等级，包括实现专项技能所需的主要技能的内容、决定性环节和相关的工作态度等（最终绩效目标）；适用范围说明能力单元适用的职业范围（培养的等级）；检验情况说明对学生进行能力评估与检验的实施环境（评估评分）。

③制定教学计划、教学大纲，安排分配教学时间。

④准备教学资料，如教材、教学辅导材料、多媒体资料、学生学习资料。

⑤准备教学设施，如专业教室、多媒体教室、实验设备、实习场地。

2. DACUM 的课程开发

这种源于加拿大的课程开发模式，目前在我国和国际上应用比较普遍。DACUM（Developing a Curriculum）是开发一个课程的英文缩写。其程序分为两个步骤：

（1）制定 DACUM 表

首先，由校方邀请 8～12 名企业代表作为职业分析人员，一名课程设计专家任组织协调员，再委派一名秘书组成 DACUM 委员会。职业分析人员要求来自该职业的代表性的产业。如所定职业目标为培养机械技术员，职业分析人员应主要来自机床、汽车、机械化工等行业，而不是电子、食品、服装行业。职业分析员的总体业务范围要宽到足以覆盖某一职业的主要范畴，如培养目标为模具技术员，职业分析人员在设计、制造、维修、安装、管理及销售各个主要环节都要有代表；并且还需要照顾当地的大、中、小型企业的代表，使职业分析的成果能尽量反映多方面的要求。组织协调员是课程设计专家，负责组织讨论，协调意见分歧，协助最后对能力范围的确定。组织协调员最好不是所要设计的职业的专家，以免越俎代庖。

其次，由这个委员会通过分析、分解和归纳确定从事这一职业的应具备的综合能力。确定综合能力的原则是：应为从事这一职业（岗位）涉及的一些明确的主要的活动，每一种活动需要为其主要责任之一；在岗位工作的全部时间中占相当部分；在岗位人员的工作周期中定期出现。通常可以得到6~10项综合能力，将其写在卡片上。对能力的说明要以一个行业动词开始，如编制、提出、设计、确定、控制、组装等，且必须达到一个可以观察到的标准。然后在每一项综合能力后面，列出其所包括的专项能力。例如，专业为电子管理，综合能力被确定为以下10项：A 认识和挑选使用零件；B 挑选、使用工具和检测仪器；C 分析电路和系统；D 检验、维修和校准仪器；E 检修、找出和修理有缺陷的元件；F 安装接口并设计系统；G 组装并检验电子仪器；H 设计并制定电路和仪器；I 显示个人能力；J 应用计算机数学和科学概念。以其中 G 项综合能力为例，其专项能力确定为：A 根据装配图安装和检查仪器；B 应用电线包装技术；C 准备和组装电缆通路；D 制造并组装印刷电路板；E 制造检测样板及夹具；F 制造机架并组装部件；G 进行环境试验；H 卷绕线圈和变压器；I 进行质量把关测试。再将各项专项能力按从简单到复杂，从知识、理解到应用进行排序，列出 DACUM 表。

再次，对每一项专项能力，写出最终绩效目标和分步能力目标。这一项工作可以由原班人马进行，也可以另组第二个 CUDAM 委员会。这个委员会按综合能力分组，为每一项专项能力写出最终绩效目标。最终绩效目标即用一段文字表述这项专项能力需要通过什么，使用什么，达到什么，使其成为可实现的要求。如培养目标为电气技术员，综合能力之一是电气设备安全，这项综合能力中包括的专项能力之一是检查落实安全措施。对这项专项能力的最终绩效目标的表述如下：能使用欧姆表和其他有关测试仪器，在车间现场某一设备上，用规定时间检查接地电阻值。然后，根据所定目标，按步骤、工具、知识、态度、标准等项目写出分步能力目标。如下：

步骤	工具	知识	态度、安全	标准
1. 准备工作 2. 检查工具 3. 实地测量接地电阻	兆欧表、万用表、电桥、螺丝刀、防护工具	电路基本定律、测量原理、安全技术、接线工艺	认真、细致、严守工艺规程、注意工作环境整齐卫生	受训者能在 10 分钟内，根据要求选定工具，并做好仪器校正，达到精确标准。受训者能在 10 分钟内达到正确使用工具、仪器测量绝缘电阻并判断是否符合安全标准

这些分步能力的每一项还可再分解，一个主要的综合能力之下可以分解到 50～100 个分步能力。

最后，委员会对专项能力确定四级评分标准。一级：能满意地使用该技能的某些部分，但需要帮助和（或）指导才能使用全部技巧。二级：能满意地使用该技能，但需要定期地帮助和（或）指导。三级：能不需要任何帮助和（或）指导满意地使用该技能。四级：又分为三等，一等，能以较快速度和较高质量满意地使用该技能，二等，能够满意地使用该技能，并在具体情况下采取主动，具体情况具体分析，三等，能满意使用该技能，并能带领他人使用该技能。同时，根据培养目标（一种职业可以包括 2～3 个职业层次），确定每个层次需要掌握的专项能力的数目和四级分级中 1～3 级的入口分值（第四级一般不要求学生达到）。如烹调专业有 343 个专项能力，一般厨师只须掌握其中的 280 个就可以了，要做"大厨"（厨师长）就必须掌握 343 个，其入口分值也要比一般厨师高一级。入口水平的控制主要取决于当地技术发展的要求。至于各项能力的入口分值的不同要求，与其使用频率和难度有关。使用频率低的一般不做过高的要求，否则太不经济；难度较高的也不做过高要求，以后可以在工作中继续提高。

至此，DACUM 表的制定就完成了，这一阶段工作的关键是学校的教学人员不参加，完全由企业代表组成的委员会确定培训目标和能力分析，而且达到很具体的可以操作、可以考核的程度，然后交学校教学人员编制课程大纲，进行教学开发。

（2）编制教学大纲，制定教学计划

编制教学大纲的程序为：

①将所列知识、技能进行归类，将其中相同或相近的集中在一起，构成可以在一定时期（一周或几周）内完成的教学单元或称教学模块。每个教学单元有明确的起点和终点，可以获得一项或一组专项能力。若干教学单元加起来构成一门课程。在归类中可能许多知识、技能、态度是重复的，重复出现的次数越多，说明这种知识或技能对于这个职业越重要，即可成为教学的重点。

②将课程排序，按预备的、基础的、专门的，和先行、后续、难易，及实际工作需要（出现的频率和复杂程度）顺序排列，列出课程大纲。课程大纲中还需要加入所需要的非专业课程，如文学、外语、心理学、社会学、公共关系学等。非专业课大约占总课程的25%～30%。据此再制定出具体的教学计划。

③DACUM 表的功能。DACUM 表除开发课程之外还有多种用途。一是可以作为考核学生入学水平的标准。如哪一项技能学生已经掌握，经过考核认定可以免修。二是可以作为学生制定学习计划的依据。学生入学后即发给此表，可以明确必须学习什么知识技能，需要达到什么水平，据此制定自己的学习计划，由于目标明确，此表对学生的学习起着激励的作用。三是可以作为继续学习的起点标准。如果学生要从低层次学历向高一级发展，只要补上未学的专业模块就可以了。四是可以作为学生求职的工具。在学生的毕业证书上，印有 DACUM 表及学生在每项能力上达到的水平，使用人单位对毕业生所具备的知识、技能、态度等一目了然，有助于毕业生求职。五是可以作为评定教师能力的标准。由于确定了某一职业的具体要求，教这一专业的教师能否胜任，也可以根据此表来衡量。

DACUM 表每年学校修订一次，每五年重新修订或制定一次。

（三）课程模式与课程教学单元

1. 课程模式

课程设计是开发课程的方法体系。不同的教学目标、方法或理念所开发的课程体系构成不同的课程模式。在职业教育中有代表性的课程模式有：

（1）模块技能组合课程（MES）

这是国际劳工组织开发的培训课程，1987年被引进我国。其设计的方法是：将职业岗位的一个具体任务，按实际的工作程序和工作规范分解为序列化的工作步骤，即有清楚开头和结尾的若干部分，每一个部分即一个模块。模块要保证有一项输出（一种产品、一项服务、一个决定）。一个模块中包括若干学习单元。如建筑业其中的一个任务是浇灌混凝土（工种——提出工种说明书），然后按浇灌混凝土的工作程序将其分解为四个模块——混凝土的搅拌、混凝土浇灌、建筑物的修整与抹光、建筑物的硬化与保养。每一个模块又分成若干学习单元。为每个学习单元编写学习包，学习包中包括学习目标、学习内容、考核标准和考核题目。这种课程更适合于短训或为解决某一任务的在职培训。

（2）英国国家职业资格证书课程（NVQ）

其设计方法是：对职业进行分析，确定11个职业领域——商业和服务业、医疗卫生、社会服务和治安、银行金融和法律、通信、教育、农业和畜牧业、能源和矿业、建筑业、工程和制造业、交通和运输业。再将每个职业领域划分成若干职业单元（岗位），确定每个职业单元所需的技能组成（技能元素），每一个技能元素表述一项可以考核的操作技能，然后组成教学模块。职业资格证书共分五级，如第三级（相当于中等职业教育）的课程由12个职业模块课程和3个核心技能课程组成。12个职业模块中8个为必修，4个为选修，3个核心技能课程为交际、数字应用、信息技术，此外还可以学习其他课程如外语、数学等。各门课累计满16个学分即可获得职业资格证书。模块叠加（学分积累）可以向上一级发展。这种模块课程有利于上下衔接和横向联合。

（3）核心阶梯课程

核心阶梯课程的代表为德国的双元制课程。设计方法为，设 13 个职业领域——电工电子技术、建筑技术、纺织技术和服装、营养和家政、印刷技术、化学物理与生物、金属技术、经济和管理、色彩技术与室内装潢、医疗卫生、木材技术、保健、农业。然后根据职业领域设置覆盖面广的群集式专业，专业内课程由三个阶段（阶梯式板块）组成，即职业基础教育、职业分业教育、职业专长教育。每一个阶段的课程又分为理论课程和实践课程两部分。理论课为综合性课程，如制造业的理论课分为专业理论、专业计算、专业制图，实践课程在企业内学习。

（4）以能力为核心的课程（CBE）

这种课程设计的方法是：首先对所设专业进行职业分析，得出所需的综合能力，再对综合能力进行分析得出专项能力，对每项专项能力，按知识、技能、态度、反馈四项写出最终绩效目标，再确定所要达到的培养等级标准，列出 DACUM（课程开发表）表，然后按 DACUM 表设计教学单元进行教学。

（5）集群式模块课程

按职业群或岗位群设置专业，将课程分为两个相互联系又有区别的阶段。第一阶段称"宽基础"阶段，学习集合一群相关职业或工种所必备的知识和技能；第二阶段称"活模块"阶段，根据基础知识技能，设计各种针对特定工种、岗位的教学模块，学生可以根据自己的意愿，选择特定的教学模块进行学习。

（6）并行式课程

日本的职业高中采用这种课程结构。即基础课与专业课平行设置，实践课与理论课平行设置，都持续开设三年。实践教学自成体系，从一年级开始训练，直至毕业。目前，我国个别高校，有试行独立实验室制度的，即将实验室从课程教学中独立出来，自成系统，成为一个独立的教学实体。学生可以根据自己的需要选择实验时间和地点。

（7）职业群集课程

美国 20 世纪 70 年代开发的一种课程类型。将工作性质相近（即工作内容、工作环境和技能水平相同或相近）的职业，归并为一群或一组，确定这一职业群组所需的基础知识与共通性的知识和技能，以及各职业的入门资格。将学生的学习分为职业试探和职业准备两个阶段或职业试探、职业发展和职业准备三个阶段。在职业试探阶段，学生根据自己的意愿和能力，广泛学习这一职业群所需的知识和技能，了解职业的情况，试探自己的能力，做出适合自己的选择。在职业发展和职业准备阶段，学生可以学习一种职业准备就业；也可以学习一群职业的入门技术，给自己以更大的选择性。这种课程设置，学生选择的余地大，但专业学习不够专精。

（8）生计群集课程

也是美国 20 世 70 年代开发的。这种课程是以终身教育为出发点，从小学开始划分为职业陶冶、职业试探、职业导向和职业准备四个阶段。学生入学后 1~6 年级为职业陶冶阶段，使学生熟悉各种职业的可能性；7~8 年级为职业试探阶段，进一步接触到某一种职业；9~10 年级为职业导向阶段，深入学习某一种职业；11~12 年级为职业准备阶段，可以有三种选择——掌握职业技能就业、学习升学课程与职业课程、学习学术课程升学或与职业课程结合升学。职业课程则按入门性、技术性、专门性、行政性和研究性制定阶梯课程。在职业准备阶段，根据学生需要，又分为长期职业准备课程、扩大职业试探课程和短期职业训练课程，采取循序渐进的纵向连贯的课程编排方式，学生可以根据自己的需要在结束某一职业层次课程之后就业，也可以进入下一层次的学习，取得高一层次的职业。这是一种以终身教育为指导的课程模式。

（9）综合课程

类似综合中学课程，学制 3~4 年，是近两年我国一些职业学校或普通高中开发的课程。一种是以学习普通高中课程为主，同时开设若干选修通用技术或农业实用技术课程，可以获得高中毕业证书和某项技能考核证书。一种是高二分流，在高中三年级后一部分学生继续学习学术课程，一部分学习某种职业课程，如为四年制可以获得普通高中毕业证书和职业中学毕业证书。

（10）多元统合课程

由学科课程、综合课程、活动课程和核心课程组成的课程模式。

（11）多元板块课程

以基础课板块、职业岗位多元化板块和选修课板块组成的课程。在职业岗位板块中以2~3个行业岗位为对应目标，以岗位中适用的3~4门课程组成相对独立的知识技能课程模块，形成一种多元化的板块。学生可以选择学习其中2~3个岗位模块。如种植业模块加养殖业模块，养殖业模块加工业（农副产品加工、畜产品加工、水产品加工、林副产品加工）模块，美容美发模块加服装制作模块等，以增加学生的技能，拓宽学生的创业和就业门路。

（12）学历与证书结合课程

学生在取得职业学校学历的同时，根据自己的能力和需要，可以选修专业以外的课程，取得某种或某几种职业资格证书或技能等级证书。如文秘专业选学会计、驾驶、导游，并取得相应证书。

（13）工读交替课程

在弹性学制下，学生可采取三明治方式、半工半读方式、累计学分方式进行学习的课程。

2. 课程的教学单元

（1）教学单元

教学单元指学习的段落，即性质相同或有内在联系的教材，组成一个整体，分编节目、安排作业，从传授知识到巩固应用，连续在一段时期内进行。或指有明确起点和终点，有明确的教学目的，完整的学习内容和确定的考核标准的教学模块。一门课程可以是长周期的，也可能是短周期的，无论是长周期或是短周期的，一般都要划分为若干单元进行教学。教学单元分为相对独立的和独立的两类，相对独立的是课程的有机组成部分，不构成独立的知识和技能；独立教学单元是由独立的短周期教学单元组成的课程为模块课程。在职业教育中模块课程为主要的教学单元。

（2）模块式教学

"模块"是由工业品的部件、计算机或计算机程序的组件引进的概念。因此，模块是由一个系统中可以分解的若干独立的部分组成；每一个模块本身是独立的、标准化的有严格的指标要求；可以将其与其他部件（模块）进行不同的组合。

模块课程即以模块组成的教学单元，模块课程具有以下特点：①是由一个完整的课程系统中可以分解的部分组成；②每一个模块是独立的，可以独立进行教学，有自己明确的教学目标和教学内容，有自己的起点和终点及评价标准；③模块之间可以具有水平序列或横向领域方面的关系，可以在水平序列上叠加，向上一级发展，也可以横向扩展，扩大知识和技能面。不同模块可以单独教学，也可以相互组成多种模块组合的模块课程；④模块大多具有综合性，可由不同的学科内容组成，如计算机模块课程中的组成模块可以有信息系统基础、微机操作控制、文字处理、计算机制图、计算机辅助生产、机器人的使用控制、模拟仿真、计算机维护修理，等。其中的文字处理模块也可以成为电子商务、文秘等课程的组成部分。电气安装技术和电工技能课程中可分为触电急救、灯具安装、室内电热和照明电路的敷设、户外架空线路的安装与维修、常用电工仪表的使用、机床控制电路的安装等模块，环境保护、社区服务等课程则多为不同学科的模块组成。

（四）课程开发的趋势

1. 课程开发的总体趋势

课程开发的总体趋势是课程的综合性、灵活性、可选择性和更新的快速性。专业的综合要求课程的综合；教学内容的简约性要求学科的综合；技能的复合性要求技术的综合；教育与生产过程的结合要求理论教学与实训教学的综合。就业需求的多样化、职业流动的加速、生产的柔性化要求技能的多样化，灵活性终身教育的发展和职业创新的需要。

可选择性主要是为了适应个性发展和个人就业的特殊需求，需要课程设置具有越来越大的可选择性。随着社会经济和科学技术的快速发展，课程更新的速度也越来越快。

2. 课程开发中的几个转变

近年来在课程开发中显现出了一些新的发展趋向，具体表现在以下几方面：

一是课程设置从单一职业的分析向职业群的分析和一组相关专业的分析转化。如"九五"期间建设部与教育部职业教育中心研究所合作对建筑安装类技工学校专业设置进行了改革。对土建、安装施工、机械施工和建筑装饰类的原有 43 个专业、60 个职业岗位进行分析，得出所有专业的通用能力占 25%～30%，同类专业共有能力占 40%～50%，各专业专门能力占 35%～20%，据此将专业从原有的 43 个减少至 31 个。通过对职业群和专业群的分析，拓宽了专业面向，在课程上形成宽基础加专门化培养方向的专业课程结构。

二是从片面追求完整的学科体系转变为与生产密切结合。如北京一轻工业学校，原食品工程专业开设食品工艺、食品机械、食品检测、专业英语等课程，其中为保证学科体系的完整，各课程内容有较多的交叉与重复，并与现实生产距离较远。为解决这个问题，学校按生产实际，以产品为主导，根据北京四大主要产品系列（焙烤食品、乳制品、糖果制品和罐头制品）分别按生产过程分为四个模块，将上述四门课综合在四个模块中，内容包括从原材料选择、采购，研制生产工艺和流程，加工机械设备的选型，直至产品的成品检验和销售。实施的结果反映良好。

三是从理论课与实习实训课分离到理论与实训融合的综合课。如有的学校在模具设计与制造专业中将塑料成型工艺、塑料材料、塑料成型模具、模具制造技术、模具 CAD/CAM 课程等综合成塑料成型制造技术一门课，其中分四个模块，即理论教学模块、模具拆装测试实习模块、模具设计实训模块和模具制作实训模块，成为理论与实践结合的综合课程。又如在机电专业中开设电气安全技术和电工技能课，将理论与实际、电气安全技术和电工技能整合在一起，成为综合性课程。

四是从多年一贯式的课程向及时更新的动态管理转变。由于当前职业的内涵和外延变动迅速，知识技术老化快，及时更新课程成为学校教学管理的一项经常任务。计算机管理系统可以及时对课程进行动态管理。

四、教学方法与教学手段

（一）教学方法

1. 教学方法的定义

关于教学方法《教育大辞典》将其定义为：师生为完成一定教学任务在共同活动中所采取的教学方式、途径和手段。在我国出版的不同的教学论著中对教学方法有不同的定义。其中王策三《教学论稿》认为"可以把教学方法定义为：为达到教学目的，实现教学内容，运用教学手段而进行的，由教学原则指导的，整套方式组成的，师生相互作用的活动"。吴杰主编的《教学论》认为："教学方法是教师与学生为实现教学目的，完成教学任务所采用的途径和程序。"唐文中主编的《教学论》认为："教学方法是师生为达到一定的教学目标而采取的相互关联的动作体系（包括内隐的和外显的动作）。"李秉德主编的《教学论》认为："教学方法是在教学过程中，教师和学生为实现教学目的、完成教学任务而采取的教与学相互作用的活动方式的总称。"刘继武编著的《现代教学方法概论》认为："教学方法是师生为了完成教学任务所采用的教学的方法和在教师指导下学生所采用的相应的学习的方法。"上述定义尽管在论述上有所差异，但其共同点都是认为教学方法中包含的因素有：教师和学生；教学任务、教学目的；通过和借助一定的途径、方式、方法、手段来完成的活动。

所以，教学方法是在教学过程中，教师与学生为共同完成教学任务所采取的工作方式，包括教法和学法。

2. 教学方法的功能

教学方法包括教法和学法，二者在教学活动中统一起来，方能实现教学活动。教学方法具有以下功能：

（1）教学方法的中介功能

教学方法是达到教学目的不可缺少的中间环节。教学如同过河，只有教学目标彼岸的目的，而没有过河的办法，是不能到达彼岸的，教学方法就是过河的桥。

（2）教学方法的教育功能

教学方法是根据哲学、思维科学、心理学、逻辑学等科学规律，根据学生的年龄特征，利用和借鉴各种认识方式（科学的、技术的、艺术的、价值的）为完成教育教学任务而创建的方法体系。所以，教学方法的本身就具有教育功能。教师既可凭借教学方法使学生掌握知识、技能和技巧，也可通过教学方法培养学生的思想品德、行为习惯，发展学生的智能、独立性、自觉性，培养学习能力、创造能力、解决问题能力和合作能力，等等。

（3）教学方法的联结功能

教学方法是联结教师与学生的重要纽带。师生之间的关系是多方面的，但教学是师生主要的共同活动，教师是通过教学方法在教学活动中与学生交往的，因此，教学方法直接影响师生关系和教师威信。教师的教学方法应用适当，师生关系融洽，教学效果好，否则会产生负面影响，甚至出现紧张局面。

（4）教学方法的保障功能

教学方法是提高教学质量和效率的重要保证。如果想到对岸，则过河的办法可以很多，筑桥、行船、涉水、游泳都可能达到目的。但教学方法在教学中的选择则不具有随意性，教学方法是为解决如何高质量、高效率达到教学目的科学。所以，教学方法是提高教学质量和效率的保证。

3. 教学方法的特点

基于教学中认识过程的特殊性，教学方法具有以下特点。

①实践性：教学方法是来自教学实践，应用于教学实践的，离开教学实践就谈不上教学方法。教学方法是一种运动中的方法体系。

②双边性：任何教学方法都是师生的双边活动。教学方法是一种互动

的方法体系。

③多样性：教学方法在使用中具有多样性和多变性的特点，所谓"教学有法，教无常法"。从历史上积累下来的多种多样的教学方法已经形成了丰富多彩的教学方法库，供教师选择使用。由于在教学过程中师生活动的方式和性质是多方面的，因而企图制定某些数目有限的、经常不变的、能广泛适用的几种教学方法去应用是错误的。

④整体性：在教学过程中使用单一的教学方法，特别是技术性教学方法是很少见的。教学中通常使用的是方法群。离开教学方法整体的相互作用，就不能评论某种方法使用的好坏。教学方法上的创新，往往是方法组合运用上的创新，一种有效的方法组合可以成为一种新的教学方式。

⑤继承性：由于人的认识具有客观的规律性，师生活动是教学的永恒主题，所以教学方法具有继承性，历史上积累下来的教学方法都是有效的，就是最古老的教学方法口耳相传的讲述法，今天也仍然有效。

⑥发展性：教学方法随着教学目的的变化、教育理论的发展、教学理念的更新和教学手段的进步，也在不断发展，旧的教学方法要在新的条件下创造性地使用，才能焕发出光彩，同时，新的教学方法也在不断地产生。

4. 教学方法的分类

对教学方法进行分类，有助于科学的教学法体系的建立，也有助于教师对教学方法的选择。但教学方法是一个很复杂的问题，从不同的角度有不同的分类，难以形成一个统一的、标准的分类。以下介绍几种分类方法。

从大类划分，可以分为一般教学法和特殊教学法。一般教学方法是指对于各类学校、各种学科都可以通用的教学方法，如讲授法、谈话法、演示法、练习法、实验法、小组讨论法等。特殊教学法是指应用于不同类型、不同层次、不同学科或不同对象的教学方法，如高等学校教学法、中小学教学法、学科教学法、残疾人的特殊教学法等。

从层次上划分，可分为原理性教学法、技术性教学法、操作性教学法。原理性教学法是指根据一定的教育教学原理提出的原则性的教学方法。如①启发式教学法——依照教学过程的客观规律，引导学生主动、积极、自觉地学习知识技能的教学方法；②注入式教学法——教师只管主观传授，学生呆读死记的教学方法；③发现教学法——由学生自己定题，向学生提供一系列有关活动和实践，使学生通过活动和实践，掌握相应的知识和技能的教学方法；④设计教学法——打破学科界限，按主题设计教学单元，由学生自己完成的教学方法；⑤目标教学法——分解确定教学目标，采取达标教学的方法等；⑥构建主义教学法。

技术性教学法是指适宜用于各种教学技术的教学方法，如讲述法、讲解法、讲演法、讨论法、谈话法、分析法、图例模型演示法、读书指导法、实习指导法、参观指导法、作业指导法、自学辅导法、微型研究法、计算机辅助教学法等。

操作性教学方法是指更为具体的教学方法，如讲授法中的逻辑的方法（归纳法、演绎法、分析法、综合法），讨论法中的提问、激励、设疑、总结、评价等方法，美术课的写生教学法，外语课的听说教学法等。

（3）从学习刺激分类，可分为呈现方法、实践方法、发现方法、强化方法。呈现方法是指由教师将学习内容以一定的方式呈现给学生，使学生感知这些刺激，并积极进行认知活动的方法。实践方法是指通过设定的实践方式，使学生在实际模仿、操作、训练作业中学习，达到预期教学目标的方法。发现方法是指为学生提供一定的学习情景，由学生自己去探讨、发现，制订学习计划，通过确定目标、寻找参考材料、分析综合、解决问题、讨论总结等进行学习的方法。强化方法是指由教师提供系统的强化刺激，通过行为矫正、程序教学等，对学习结果给予奖励或强化。

从教学活动方式分类，可分为以教师为主的教学方法和以学生为主的方法。

从教学功能上分类，可以分为智育教学法、德育教学法、体育教学法、美育教学法、劳动技能教学法、核心能力教学法等。

（二）教学方法的应用

1. 选择教学方法的价值判断

选择教学方法的价值判断，是指对使用某种教学方法预期效果的判断。确定哪些教学方法是适合的、有效的，要从以下四个方面进行分析。

（1）教学目标

选择教学方法首先要考虑其在实现教学目标上的价值，即这种教学方法能否最有效地达到教学目的。选择包括总体上的决策和策略上的决策。总体上教学方法的选择如确定采用自主学习与自学辅导法，还是采用以常规教学为主的教学方法；策略上的选择则是确定某一部分教学或某一节课采用什么教学方法。

（2）教学内容

选择教学方法要考虑在帮助学生掌握教学内容上的价值，要根据不同的教学内容，选择不同的教学方法。如教授定理、定义，多采用讲解法；了解机械结构可用实物或虚拟演示；学习绘图则用练习法。但这也不是绝对的，教学方法通常是综合或交互使用的。

（3）学生

教学方法的选择，也取决于教育对象。对成人的培训和对青少年的教学所采取的方法要有所区别。对青少年还需要考虑年龄特征，初中生与高中生不同。要考虑学生已有的学习和能力水平：学生独立能力强，可采用自学辅导、计算机程序教学等方法；学生独立自主学习能力弱，则需要多讲解、指导、示范。

（4）教学环境

教学方法与教学环境密切相关，教室、车间、现场所需要的教学方法不同。如现场教学就不宜采用演讲法，参观教学一般不能实际操作，可在教室里做系统讲授等。

2. 教学方法与教学组织、教学手段、教学方式

（1）教学组织形式

教学组织形式指在教学过程中，教师和学生之间的相互关系和合作形式。教学是师生双方在一定的时空条件下进行的，因此，必须具有一定的组织形式。如课堂教学、现场教学、实验室教学、实习教学、集体教学、

分组教学、个别教学，等等。教学活动的组织形式，取决于教学内容和教学任务，并为完成特定的教学任务和内容服务。不同的教学组织形式与采用何种教学方法有直接关系，不同的教学组织形式，可以构成相对独立的教学方法群，如课堂教学法、现场教学法、实验教学方法等。

（2）教学手段

教学手段是在教学活动中，师生相互传递信息的媒体、工具和设备，属教学的物质条件、实体要素。从总体而言，教学手段决定和制约着教学方法。在造纸和印刷术没有发明之前，教学方法主要是口耳相传；造纸术和印刷术的发展，使文字符号和专门为教学编著的书面教材成为教学的主要媒体，许多教学方法都是围绕着如何读书；现代科技所形成的视听媒体、多媒体，特别是计算机的应用，引起了教学方法的全面革新。但教学手段只是一种物质条件，要靠师生能动的运用才能发挥作用，再先进的手段没有一定的教学方法配合使用，也不能发挥作用。因此，在一定意义上说教学组织形式和教学手段是教学方法的载体，教学方法是发挥教学组织和教学手段作用的方式，二者互为作用，相得益彰。

传统的教学手段一般指黑板、粉笔、标本、挂图、模型、表格等；现代化教学手段是利用现代科技进行教学的工具和媒体。有光学媒体——幻灯机、投影仪等；声像媒体——收音机、录像机、录音机、电影放映机、电视机等；多媒体——计算机辅助教学系统、多媒体教室、网络教学等。

教学手段的现代化将带动教学的全面改革。①从知识的传授上可实现全球化零时差传递，大大扩大信息源和加速教学内容的更新速度；②从网络上可以及时了解企事业现状，缩短教学与实际的差距；③电脑辅助教学可以实现个别化的教学与指导，做到因材施教；④多媒体的应用，可以大大提高教学质量和效率；⑤远程教学、网络教学可以扩大教育面，利用先进的教学资源，提高落后地区的教学质量；⑥可以在网络上实现全球教育资源共享，建立教育的国际合作；⑦在技能的训练上，可以实现模拟教学、虚拟教学等。现代化教学手段有着传统教学手段不可比拟的优势，其对教学的深远影响已初见端倪。

但是，应该注意的是，这并不意味着传统教学手段已完全过时，可以全部由现代化教学手段所替代。如标本，实物标本仍然是最好的直观教学手段；可以动手制造、装配、操作的模型，在技能训练上也是不可替代的；黑（白）板在张贴板教学法中仍需应用。所以，只有根据教学需要，灵活使用各种教学方法和教学手段，才能达到最佳教学效果。

（3）教学方式

教学方式也决定教学方法的选择。如以教师为中心的教学方式，多采用讲解、演示、模仿、提问、启发、谈话等方法，以学生为中心的方式则采用自学、练习、讨论、计算机辅助教学等方法进行教学。

3. 选择教学方法的相关因素

（1）社会背景

一个社会的文化传统与文化背景，教育制度、教育思想，对学校教学方法的选择具有相当大的影响。如我国"学而优则仕"的文化传统，影响到追求升学率的应试教育，直接影响到采取死记硬背的教学方法。注重学历或注重能力的不同社会倾向，也会影响对教学方法价值的判断。目前在教学选择上应注意的是，不为社会上某些不良倾向所左右，要坚持先进的和科学的教育思想，坚持全面素质教育和以能力为基础的教育，选择符合要求的教学方法。

（2）学校教学氛围

学校形成的学风和校风对学校教师教学方法的选择也有相当的影响。在一个宽松、开放、求新的教学环境中，教师就会有效地选择教学方法，学习使用新教学方法，不断地创新教学方法，获得高质量的教学效果。反之，因循守旧、故步自封的教学环境会压抑教师的积极性和创造性，教学方法必然趋于陈旧落后。

（3）教师的业务专长和个性特征

教师的业务专长往往使教师倾向于采用何种教学方法。专业理论课教师与实习指导教师在选择教学方法的倾向上可能有差异性，理论课的教师长于讲授，愿意用讲解法，实习指导教师长于指导，可能更愿意使用谈话法。文科理科的教师在选用教学方法上也可能有所差异，理工科教师重实证，文史科教师重说理。教师的个性特征也是影响教学方法选择的一个因素。性格内向的教师，对应用讨论、谈话等教学方法可能比性格外向的教师更困难一些。性格开朗的教师其选择的教学方法可能更开放、多样；个性拘谨的教师，选择教学方法会更严谨。在这个问题上，没有好坏之分。只要符合教学要求，都可以扬长避短、各显神通。

（三）职业教育若干教学方法介绍

职业教育由于其教育类型和教学目标不同于普通中学，除课程设置有自己的特点外，在教学方法上也具有自己的特点，形成一些具有模式性的教学方法。

1. 自主学习与自学辅导法

自主学习亦称自控式学习。其要点是：学生在开始学习时，个人了解自己的原有基础；了解自己的需要，明确所要求达到的学习目标；学生自己选择学习方式或能自己选择所需信息与学习资源——听课、自学、利用媒体学习、在校内实习、在校外实习等；学生自己安排学习进度，制订学习计划，并完成学习；能自我反馈评估学习效果。学生也可以在学校注册，由学校提供学习条件，通过电脑程序完全自主学习。自主学习中的自学辅导法是指上述各项都是在教师以各种方式的指导下完成的。如在教师指导下制订个人的学习计划，学校提供学习进展指南，教师编制学习指导手册（学习包）、建立学习资源室，在学生自我评估学习成绩后由教师评定打分，学校建立学习预警制度等。

2. 项目教学法

项目教学法是以生产或服务的一项任务作为教学单元，在完成任务的过程中组织教学。在项目教学中，由学生自己确定项目、自己制订计划，由个人或学习小组共同完成学习任务的，亦称研究性学习。所有具有整体特性并有可见成果的产品或工作都可以作为项目，如电工中的电梯数字显示板制作、营销专业的广告设计、计算机应用小软件开发等。在实训教学中，也可能是社会上实际工作、生产、服务中的某项任务。

3. 引导课文教学法

引导课文是一种专门的教学文件，用以引导学生独立完成学习任务和工作任务。引导课文一般由以下几部分组成：①任务描述；②引导问题；③学习目的的描述；④工作计划；⑤工具需求表；⑥材料需求表；⑦时间计划；⑧专业信息和辅导说明等。其实施过程为：学生获取信息，了解做什么；制订计划；确定工作方法及设备；实施计划；控制，是否完满地完成任务，达到用户要求；评定，今后应在哪些方面做得更好。教师工作主要在准备阶段和完成阶段，全部学习过程由学生自己进行。

4. 案例教学法

案例教学法是选用专业实践中常见的、具有一定难度的典型案例进行分析的教学方法。案例一般是真实的，也可以根据教学目的的编制具有典型性的案例。教学可以是课堂教学，也可以通过案例现场，如法院的庭审、生产或事故现场组织教学。为发展学生解决问题的能力，学生不仅要对各种真实（假设）的情况进行分析，而且还要考虑许多不同的情况和条件，以便做出决策。在真实的案例中，学生的结论可以与实际发生的事进行因果比较，以拓展思路。

5. 模拟教学法

模拟教学法是利用现代化教学手段，利用专门的模拟设备，模拟实际工作中的真实情景或过程，使学生在有针对性的操作过程中学习，训练专业知识和技能，如模拟驾驶、发电厂的模拟运行、机械事故的模拟与诊断、虚拟公司等。

6. 情景教学法

情景教学法是制造一定的情景，利用角色扮演进行模拟教学，如扮演顾客与售货员、公司会计、幼儿园教师等。

7. 张贴板教学法

张贴板教学方法是指就某个问题、事件等，在黑板或白板上，通过添加、移动、更换、撤销由学生填写卡片进行研讨的教学方法。

8. 头脑风暴教学法

头脑风暴教学法是指组织学生就某一问题自由发表意见，相互启发，而不立即进行分析评论的教学方法。这种方法有利于发散思维的培养。

9. 四阶段教学法

四阶段教学法主要应用于实训教学。教学过程分为四个阶段。①准备：了解实训的对象与要求。②教师示范：全部示范、分步示范。使学生了解做什么、怎样做、为什么要这样做。③学生模仿：教师巡回、纠正。④练习与总结，成果评价。

10. 实物分析法

为培养学生的创造性思维，采取对某种产品进行多方面分析的教学方法。如特性分析法，对物品性能按名词特性、形容词特性、动词特性一一列出，如椅子有靠背、座板、扶手，高低、形状、轻重，转动、组合、折叠等，逐一检验每一特性可以改进的地方。其他如缺点列举法、希望点列举法和替换表列举法等都属于实物分析法。

（四）学习指导

教学法包括教师的教法，也包括学生的学法，但在学校教学中，教师居于主导地位，学生怎么学很大程度上取决于教师怎么教。所以，解决教法问题是解决学法问题的关键。但学生的学习不只是为了掌握一定的知识和技能，而是要通过知识技能的学习过程，掌握一套如何进行学习的技术和方法。因此，学法指导包括两个方面：一是在教学过程中渗透对学习技术和方法的指导，一是对学生学会学习的认识上和方略上的指导。前者涉及教学中的心理学问题，主要属于教育心理学的研究范畴，这里主要阐述的是有关对学习的认识、动力、趋势等方略性的教育与指导。

1. 终身学习观念的教育

据统计，人类近100年掌握的知识等于有史以来人类所积累起来的知识的90%，每年有80多万种书籍出版，每天有8000篇论文问世，有4000项专利申请。面对知识技术的迅速发展和迅速变化，终身学习成为必然的选择。要使学生了解唯有全面的终身教育才能培养完善的人，终身学习是

21世纪人类的生存概念，终身学习是21世纪从业的必备条件从而树立起积极的学习动机和学习动力。

2. 能力结构概念的教育

（1）要使学生了解21世纪的人，应具备什么样的知识和能力结构

要教育学生，使学生知道知识包括哪些内涵，知识不仅是书本知识，知识包括事实陈述知识、科学理论知识、技术方法知识、社会人文知识等，了解综合性知识对人的职业发展的重要性。使学生了解要在21世纪生存并得到发展应该具备哪些能力。如20世纪80年代国外专家柯林提出一个人应具备三本护照：第一本是学术性（基础文化知识）的，第二本是职业性的，第三本是证明个人事业心与开拓技能的。1998年，在"面向21世纪的国际研讨会"报告中再次提出：要将事业心与开拓技能教育提到目前学术性和职业性教育护照享有的同等地位。联合国教科文组织在《教育——财富蕴藏在其中》一书中提出：学会认知，即获取理解的手段；学会做事，以便能够对自己所处的环境产生影响；学会共同生活，以便与他人一道参加人的所有活动并在这些活动中进行合作；学会生存，我们再也不能刻苦地、一劳永逸地获取知识了，而需要终身学习如何去建立一个不断演进的知识体系。这四种学习将是每一个人一生中的知识支柱。

（2）要使学生了解现代社会需要什么样素质的人才

美国研究素质教育的专家詹姆斯·多姆生认为："一个热爱生活、热爱人类、热爱真理，诚实正直的学生，同仅仅是学业突出的百分学生相比，前者更有利于社会。因而，我们的教育当下更要注意帮助学生确定自身的价值，学会互补技能，正视竞争，尊重原则，以及学生体魄健康等方面。我们需要更多快乐而健康，能从事各种工作的普通人，而不是病态的天才。"中国科学院院长路甬祥1999年在答记者问时说："21世纪的人才至少做好回答四个问题的准备，第一个是'会不会去做'，一个技术任务甚至是科技难题放在面前，你拿不拿得起。第二个是'值不值得做'，看你能否在人、财、物和时间要求的现实条件约束下，经济合理地完成这项任务。第三个是'可不可以做'，看你能否在政策法规、社会公德、文化

习俗允许的前提下，既遵照法律又合乎情理地把事办成。第四个是'应不应该做'，个人能否自觉地考虑生态的可行性，以本职的技术工作为可持续发展做出贡献。"人类发展的目的在于使人日臻完善；使他的人格丰富多彩，表达方式复杂多样；使他作为一个人，作为一个家庭和社会的成品，作为一个公民和生产者、技术发明者和有创造性的理想者，来承担各种不同的任务。

3. 多方成才观念的教育

要使学生了解什么是人才，什么是成就。每个人的境遇不同，所受到的教育可能不同，从事的职业可能不同，但这些只意味着每个人的才能发展方向不同，没有高下之分；更不能说明其职业成就的高低，三百六十行，行行出状元。一个缺乏作为的大学校长可能毫无成就，一个成功的小学教师则可能是教育家。成才之路是多方面的，升学可能是成才之路，职业实践也可能是成才之路。要知道积极、稳定的兴趣来自认识，天才来自勤奋，灵感来自积累，成功来自奋斗。

（五）教学艺术

《现代汉语词典》对"艺"的解释为才能、技艺、标准、准则；"术"是技术、手段、策略。"艺术"是以形象来反映现实，但比现实更具有典型性的社会意识形态；或富有创造性的方式、方法；形式独特而美观的。因此，也可以说，艺术是对某种客观对象，依照社会的、个人的审美的尺度，进行的自由创造或塑造，一般具有表象的、形象的特征，以美感作用于人。

1. 教学艺术的特点

教学艺术有两个方面的含义：一是从培养人和塑造人这个本质属性而言，即大家所熟悉的"教师是人类灵魂的工程师"的含义，培养人和塑造人是一种高超的艺术；一是从教学所表现出来的技能、技巧、技艺而言，是一种行为和操作之美。教学艺术是具有专业性的艺术，因而具有自己的特点和规律。

从培养人和塑造人这方面而言，教学艺术创造的自由度要受两个方面的约束。一是教学目的。教师不能脱离既定的教学目的和教学目标，去像小说家、戏剧家那样"自由"地创造笔下的人，必须按照既定规格，遵循教育规律进行培养。二是教学对象。教师所面对的是具有独立意志和不同个性的人，不是雕塑家手中的泥，必须在尊重学生人格的前提下，依据学生的意愿和个性特点，帮助学生顺势成才。

教学艺术的另一特点是，这是一种成功的艺术。不是说教师的某次教学活动不会或不能出现败笔，但从整体而言，教学是只许成功不许失败的。艺术家的创作失败了可以重来，学生则不能因达不到培养目标去"回炉"，或者因教学上的失误使学生的身心受到伤害。

教师的艺术形象不同于表演艺术。演员表演的是角色，教师的形象艺术是展现自己，所以，"以身作则"是教学艺术最基本的原则。身教胜于言教，教师要做到"学为人师，行为世范"。

教学艺术同样是创造，有广阔的创造空间。从教师教学中所表现出来的技能、技巧和技艺而言，每一位教师都可以形成自己独特的教学艺术和教学风格。

2. 教师的教学艺术

（1）教师的形象艺术

教师教学中的形象艺术指教师在教学过程中的教容、教态。教容包括精神状态、心理状态、形象着装等；教态要平和、从容、开朗、自信。着装要整洁、美观、大方、简约。我国现代著名的教育家南开大学（南开学校）的校长张伯苓在南开学校门口的大镜子上写的"镜箴"，堪称对师生形象要求的典范。"镜箴"如下："面必净，发必理，衣必整，纽必结；头容正，肩容平，胸容宽，背容直；气象，勿傲、勿暴、勿怠；颜色，宜和、宜静、宜庄。"

（2）教学的策略艺术

教师教学策略的艺术，表现在教学过程中综合运用教学方法体系和技能技巧之中。如教学内容组织的适度、有序，教学方法和教学手段应用的娴熟、流畅，教学过程中时、空、度控制的得法，对偶发事件处理的巧妙等，都反映着教师的教学策略上的艺术。

（3）教学的语言艺术

教师的教学用语是一种特殊的专业语言，不是一般的口语，也不是书面语言，而是融科学性、专业性、教育性、通俗性、亲和性为一体的教学语言，要求密度适中，清晰生动，节奏明快，丰富形象，富有感染力、说服力。

（4）教师的技能与技艺

教师的交往、合作、组织的技能，形体语言技能，实训、实验的操作技能，板书、绘图、示范等动作的规范、熟练、标准、优美，都表现为一种技艺之美。

（5）教学风格

教学风格是具有教师个性特征的教学特点的外部表现。教师的个性气质不同，在教学中可能表现出严谨细致、热情豪放、幽默风趣、刚健稳重等不同的教学风格，教师的教学风格对学生有很大的感染力，是教师教学魅力的重要方面。

（6）教师风范

教师风范是教师的品格、学识、待人、待物等整体人格的表现形式。风范表现在方方面面，其中有三点需要特别注意。一是教师情感的收放。教师是喜怒哀乐既要形于色，又不可形于色者。应该说师生情感的交流是最好的教学手段，所以，教师在教学中要善于控制情感的收与放，同时，作为教师，要有较强的自制能力和自我调控能力，在任何情况下不能失态。二是教师与学生的沟通。做学生喜爱的教师要有多方面的兴趣，有对新鲜事物的敏感和好奇，要有一些童心，才能使教学引人入胜，减少"代沟"。三是教师的气度和节操。教师要能理解、宽容，"兼容并包"但不失规矩；心怀高远，脚踏实地；潇洒不拘，操守自重。风范是一种成熟的、高尚的人格魅力。有魅力的教师在教学上才能是具有威信的教师。

五、职业教育的实训教学

（一）实训教学的目的与任务

1. 实训教学的目的

职业教育的实训教学，是指对学生职业技能的实际训练。即在教师的组织下，学生从事一定的实际工作，综合运用知识于实践的教学活动。由于职业教育培养的是应用型人才，要求具有对自己从事的岗位工作任务的实际操作技能，因而职业教育的实训教学不同于一般的实践教学。实训教学与实践教学的区别是，实践教学范围较宽，普通教育和职业教育中的参观、考查、社会实践、教学实验都是一种实践教学，不一定具有职业技能的针对性；而实训教学则是针对岗位职能的实际训练。实训教学的范围比一般学校目前所称的生产实习教学要宽，生产实习教学适用于生产或某些服务性岗位，有些岗位的实习则不具有生产实习的性质，如法律事务专业的模拟法庭实习、卫生教育中的各种临床实习等不属于生产实习，但都属于实训教学。

实训教学的目的是，使学生获得从事本专业所必需的操作技能和应该达到的熟练程度。操作技能包括动手能力，但不等于仅为动手能力，操作技能还包括对一件工作任务的运作能力、管理能力、合作能力、协调能力，一定的创新能力等。实训教学反映了职业教育的特点，是实现培养目标的重要手段。

2. 实训教学的任务

一是实现全面教学。理论教学是达到认知的一个途径，但所得到的知识不完整，还必须通过实践达到理论与实际相结合的全面认识，实现全面教学任务。完整的学习过程至少包括学习、思考、记忆、表达、传递及行动。心理学的研究认为，学习的效率听觉占20%，视觉占30%，二者相加为50%，如果加上自己动手可达90%，所以，在学习中手脑并用是最好的途径。实训教学可以深化和补充理论教学，使之成为可以应用的能力，同时促进理论课的学习。因为，行然后知不足。二是培养和训练熟练的技能技巧。职业岗位所需的技能、技巧是需要通过严格的、系统的训练获得的，即通常所说的"科班出身"。通过实训中教师的示范、学生模仿、反复练习，才能达到教学目标所要求的能级。三是培养学生的思想道德品质，包括职业道德、职业纪律、法律意识、质量意识、安全意识、环境意识等。只有在实际的作业环境中，才能深刻了解它们的意义和重要性，养成良好的职业习惯。例如，会计多一个 0 或少一个 0 可能相差千万元。四是全面发展学生的智力和体力。五是通过实训，熟悉职业环境，培养职业的适应能力和创业能力、合作共事的能力、公共交往能力，使学生能顺利地从学校走向社会，就业或创业。

3. 实训教学的基本要求

实训教学要符合下列要求：

①全面性。实训教学要达到面对全体学生，使每一个学生都能学习到教学大纲所要求达到的全部教学任务。不能支离破碎，或只学习其中的某些部分或环节。

②实用性。实训教学要达到对职业能力进行实际训练的目的，不可放任自流，走过场或华而不实。

③生产性。实训教学要尽可能做到与现实的实际生产或工作任务相结合，做到生产性实习，以增加实训教学的效度，降低实习成本，使学生在生产或工作过程中学习，受到实际的锻炼。

④创造性。实训教学要充分发挥学生在理论结合实际上的积极性和创造性，要有一定的创造性的成果。

⑤安全性。在实训中要保证学生的安全，不能在有毒有害的环境下作业，每天学习与劳动的时间总计不得超过 8 小时，未满 16 岁的学生，不参加夜班劳动。对女学生要按 1990 年劳动部下发的关于《女职工禁忌劳动范围的规定》执行。要对学生进行安全生产教育、劳动卫生教育、环保教育，由于无知而造成职业性的伤害是不允许的，情节严重的要追究法律责任。要培养学生具备安全生产、文明生产的意识和行为习惯。

（二）实训教学的实施

1. 技能的形成

（1）技能的构成

技能是指一种后天学得的、能够熟练进行某一作业项目或工作的能力，是人们通过练习而形成的动作方式、动作系统或智力活动方式。现代认知心理学认为：技能是个人习得的一套程序性知识，是按这套程序完成任务的能力。从动作的"内""外"之别，可以把技能分为心智（智力）技能和动作技能。心智技能指借助言语在头脑内部，以一定程序组织起来，并能顺利完成某种认知活动任务的复杂的智力动作系统，即在头脑中进行的动作方式或智力活动方式，如法律工作者的法律解释技能、法律推理技能、讯问技能、文书制作技能等。动作技能指借助骨骼、肌肉和相应的神经过程来实现的，通过练习巩固下来的自动化的、完善的动作活动方式，如驾驶、射击等。在实训中两种技能都要得到训练和发展，但心智技能往往具有隐蔽的性质和个性的性质，如何将其分解、程序化为一种显性的、可以学习的过程，是这方面实训的重点和难点。需要注意的是技能中的心智技能，特别是复杂的心智技能，与能力之间的界线并非那么泾渭分明。

（2）操作技能的形成

技能训练是为有效地从事某职业活动而必需进行的、特殊能力的学习及其培养过程，通过技能训练形成学生的职业技能。其中与操作技能的相关概念有以下几个。

①动作：机体的全身或身体的一部分运动。

②动作模仿：仿效特定的动作方式和行为方式。

③操作：协调或熟练地运用设备与材料。

④操作活动：由一系列外部动作构成的一种随意行动，如写字，作画，体操，生产中的锯、刨等活动。

⑤操作技能：通过练习形成和巩固起来的一种合乎法则的随意行动（活动、运动）方式，也称动作技能。

150

（3）操作技能形成的步骤

①技能定向。了解动作活动的结构，所要掌握的动作由哪些要素构成，各动作之间的关系，动作的顺序，动作的方式，学生通过观察、记忆、想象等获得相关的表象。

②学习模仿。按照教师对动作的示范进行模仿，获得对动作的实际体验，和进行被分解了的和综合了的各种动作。

③动作整合。对动作进行修正、整合，逐步排除干扰因素、错误的和不必要的动作，形成连贯性的、完整的动作。

④动作定式。通过反复练习，获得熟练技巧，形成一种动作的定式和动作的自动化，进而向完美发展。

一定的技能是以相关的知识为基础的，如没有相应的法律知识，法律技能的形成便无从谈起。一定的能力是掌握知识、技能的必要条件，而掌握技能的过程又是形成能力和使能力得到发展的过程。能力比一定范围的具体的技能具有更大的和更广泛的迁移作用。驾驶技能可以解决开汽车的问题，而由开汽车所获得的各种能力，如注意力分配能力、记忆力、标志识别能力、合作的能力等，则可以帮助人们解决新的问题。三者是不可分割的统一体，但在教学中要更为注意能力的培养。

2. 职业学校实训教学模式

（1）实训类型

根据实训目标、要求，实训可以分为一些不同的类型。

①并行课程。并行课程是指实训课程与理论课程并行，同时开设。如日本职业高中的实训课程，自成系统，连续三年开设；或实训与理论课程交互进行，如德国的双元培训，在学校学习理论后即在工厂进行实际操作；也有在课堂上同节课中实训教学与理论教学交互进行，如讲授使幼儿认识某种人，动物或物的原则、方法，同时进行示范，学生模仿进行实际操作，再进行讲评，复习所讲理论。

②单项技能训练。单项技能训练是指为获得和巩固某项单项技能、形成熟练技巧而进行的训练。如珠算、点钞、电脑录入、注射、钳工刮平面

等。单项技能训练要做到循序渐进，针对性强，技能互补。

③综合实习。综合实习是指为获得综合能力而进行的实训项目，如岗位实习、毕业实习等。综合实习要强调系统性、综合性，实习内容要尽可能涉及本专业（职业群）的全部业务和主干课程的知识和技能，还应包括相关的一些知识和技能。

在职业学校实训教学中这三类实训一般是分阶段，呈螺旋式上升进行的。以财务会计专业为例，实训教学的安排是：第一阶段，为一般课堂实践教学，通过各专业课分散进行，使学生首次接触、了解和认识某项技能；第二阶段，为阶段实训，由实训课程组成，相对集中，达到使学生熟练掌握专业技能的目的，促使知识和技能向能力转化。内容如基础会计、工业会计（财务会计）、商业会计（成本会计）、统计、点钞、珠算、计算机基础及应用、会计电算化等。实训方式有专题实训（如珠算）、过程实训（如某项会计业务工作的过程）和分步实训（对一门课程中的主要技能分步进行训练，如组织批发和零售业务等）等，不强调实训课程的综合性。第三阶段，为综合实习，包括学年社会调查、毕业实习等，以毕业实习为主，强调实习的全面性和综合性。

（2）实训教学模式

不同的实训组织形式、实训方式和场地条件等构成不同的实训模式。

①校内模拟践实习和校外实习结合的实训教学。有些专业由于工作岗位的特殊性，学生很难真正上岗实习，如财会专业，校内模拟是这个专业实践性教学的主要形式。大都采取通过编制仿真实习资料，制作仿真用具，模拟企业的经营运作过程等方式进行实训，在毕业实习时尽量创造条件进行社会实践的方式。

②专业教学和校内实习基地结合的实训教学。这种实训方式是，按照专业教学的需要，建设校内实习基地，如农场、果园、养殖场、实习工厂、模拟病房、餐厅、客房等，学生通过学校的实习基地进行实训。这种形式要求专业须有相对的稳定性，与之配套的校内实习基地应具有设施的先进性、效益的示范性、管理的规范性和与教学结合的紧密性。校内实习

基地的优点是可以密切配合教学，为教学服务，不受社会生产的限制，学生可以反复进行实习操作，达到熟练的程度。但有些专业所需的大型的、复杂的、昂贵的设备，一般学校没有条件设置，在实训条件上有一定的局限。

③骨干专业与校办企业相结合的实训教学。这种形式即所谓"围绕产业办专业，围绕专业办企业，办好企业促专业，办好专业促产业"。即根据地区产业结构和经济发展需要设置专业，根据专业举办专业承包式或独立建制式的校办产业，以此作为学生实训的场所。这种模式的优点是具有真实的生产环境和生产全过程，学生可以得到比较全面的锻炼。

④校企结合的实训教学。校企结合进行实训有两种形式：一种是由行业企业举办的学校，如宝钢技校、石油技校等，学生在校学习，到主办企业进行实习。另一种形式是校企联合办学，或学校有定点实习单位，学生在学校学习，在联办或定点企事业进行实习。这两种实训方式，学生都可以上岗实习，参与实际生产过程，可以接触到最新技术，获得在学校学不到的知识、技能，有利于毕业生的就业。但我国没有如德国双元制培训那样的立法保障，特别是不是企业直接举办的学校，往往缺乏专为实习而设置的设备和指导师傅，有时受到社会生产的限制，不能达到全部的教学目标。

⑤"一条龙式"和"三边式"实训教学。这是我国农村职业学校创造的教学方式。"一条龙"指教学、科研、生产、示范、推广一条龙的教学模式。学生参与学校一定的科研项目或示范项目，参与实际生产，参与农业科技推广，在这个过程中进行实训教学。"三边式"是学生在校学习，回家利用家庭生产条件进行实验，所谓"边学习、边致富、毕业就成万元户"。也可以认为是一种半工半读的学习方式。实践证明，这两种实训方式在培养学生的职业能力上具有独特的优势。

3. 现代化实训手段

现代化实训手段是指将计算机和网络技术应用于实训。目前主要有三种形式。

（1）模拟实训教学

模拟是指利用计算机网络技术，仿照真实环境或情况，学生可以利用仿真的情景，获得处理业务或问题的经验。如"模拟公司"，20世纪50年代起源于德国，根据设置的不同的产品和服务项目，学生可以在此进行营销、财务、金融、贸易、储运、税务、海关、保险、证券等业务过程的模拟活动，按现实经济活动中通行的运作方式，学习全部业务操作过程。由于其资金、货物是虚拟的，因此，不存在承担经济活动风险的问题。

模拟公司在20世纪80年代在世界范围得到迅速发展，据不完全统计，至1998年，已有30多个国家，建立了2775个模拟公司。有的国家还成立了模拟公司协调中心，负责本国模拟公司之间的业务往来和人员培训，及与他国的模拟公司的国际商务和协调交流活动，并建立了国际性模拟公司组织"EUROPEN"协会，该协会负责组织一年一度的"模拟公司国际博览会"。

从1994年起，我国上海、北京、浙江、山东等地学校也开始引进模拟公司。温州职业技术学院建立了商务模拟公司网。模拟教学是目前使用比较广泛的一种现代化教学手段，其他还有各类的模拟装置，如轮机驾驶模拟装置、汽车驾驶模拟装置等。

（2）仿真实训教学

仿真是应用计算机技术，可以不使用实物在计算机上进行仿真设计和实验等教学活动，如风洞实验、正在研发的水泥熟料煅烧工艺仿真过程等。

（3）虚拟实训教学

虚拟是应用三维计算机图形学技术、多种功能传感器的交互接口技术、高清晰度显示技术，利用头盔显示器、手套，通过构造的虚拟环境，设计景物和模型，使操作者在交互设备的作用下，通过视、听、触觉等感受，达到如身临其境的虚拟效果，进行操作培训。

20世纪40年代，美国开始设计飞行模拟器，1968年，研制了世界上第一个头盔显示器，1986年，研制成世界上第一套较为完整的多用途、多感知的手套。1990 年，第 17 届国际图形会议上第一次展示了虚拟现实的产品。虚拟技术是一项新兴的高科技，我国目前有个别院校开始研究虚拟数控加工中心培训系统，作为一种可以推广应用的培训手段尚待时日。

4. 实训与技术等级证书

学校的实训教学，应尽可能与国家技术考核标准相衔接，使实训更具有规范性。同时，取得技术等级证书，特别是多种证书，有利于学生就业和转换职业。如无锡商业职业技术学院的电检测与维修高职专业的综合实践能力训练是这样设计的：

（1）基本能力

基本能力是指电工电子产品组装维修能力，包括稳压电源设计制作、维修电工实训、万用表组装与调试三项。取得"维修电工初级证书"。

（2）专业能力

专项能力分四个方向，学生可任选 2~3 个方向。

①电子产品维修能力。包括音响设备维修实训；电视机装配与维修；影碟机维修实训三项，获得"音响设备或视频产品维修等级证书"。

②制冷设备维修能力。包括焊接实训和电冰箱空调器维修实训两项，获得"制冷设备维修等级证书"。

③办公通信设备维修能力。包括办公通信设备使用与维修实训，获得"计算机维修上岗证书"。

④家电市场经营与管理能力。包括家电市场与经营和推销员考证实训两项，获得"推销员等级证书"。

六、教学评价

（一）教学评价的功能

教学评价是依据一定的客观标准，通过各种测量的和相关资料的收集分析，对教学活动及其效果进行衡量和判断的系统和过程，属于价值判断范畴。

1. 测量、测验、评价、评估

测量是指对测量对象如学生的知识、技能、品德、体质，教师教学活动等方面进行的区分、量化，而不涉及其价值问题。测量是一种纯客观过程，要求测量者尽量排除价值等主观因素，以保证测量结果的客观性。因此，测量的特性是：不同测量者对同一被测对象的测量结果、在允许的误差范围内必须一致；数量化的方法和反映结果的形式是其突出的特点。

测量为教学评价提供依据，是信息的主要来源，没有充分的信息量，教学评价就会成为无源之水，谈不上评价的科学性、准确性。测量的结果只有通过评价才能获得实际意义，成为有参考价值的信息。

测验是引起某种行为的工具，是测量的工具或测量量表。

评价是根据测量结果对所测事物做出的价值判断。如对学生的行为和他在个人能力、职业能力、技术能力的发展过程中的进步，所取得的成绩做出的估价。评价具有如下特性。①教学评价是一种价值判断，一般具有一个参照的预定目标。其中评价标准是对评价对象的功效和质量进行价值判断的尺度和标准；评价指标是在教学评价中，对教育目标某一方面的规定，是具体的、可测量的、行为化和操作化的教育目标。②教学评价是一种主体活动，与主体的需要及在此基础上形成的价值观联系在一起，评价的过程和结论受制于评价者的价值观，对于同一现象，不同的评价者可能会得出不同的结论。因此，评价者必须具有实事求是的态度，如实反映被评对象的真实价值，主体性不等于主观性。主体性还是强调在评价中，重视自我评价的含义。③教学评价的过程也是一个认识的过程，通过评价这个中介，达到对客观教学活动及其结果的综合性认识，从感性认识提高到理性认识，从而产生新的教学目标、意向、计划、方案，做出新的决策，成为新的教学活动的起点。

测验、测量、评价三者的关系是：考试是一种测验，考试的实施过程是测量，对考试结果的分析是评价。教学评价从整体上调节、控制教学活动的进行，保证教学目标的实现，也是学生自我反馈的一种手段。

评估相对而言，比评价要粗略、模糊一些，评估多用于对群体或单位的状态以及对行为结果的估价。

2. 教学评价的范围与功能

（1）教学评价的范围

广义而言，凡属教学活动的范围，都是教学评价的范围。具体而言，有四个方面：①评价学生入学水平，以便制订教学计划和学习计划。评价入学水平的作用还在于，承认学生已有的知识、技能（包括经验），可以免修某些课程；②评价教学结果；③评价教师行为；④评价学生行为。

（2）教学评价的功能

教学评价的作用是：了解学生的入学水平或实际水平；检验教学效果；诊断教学问题；为师生提供反馈信息；引导教学和学习方向；调控教学过程。具体而言有以下功能：

①分析和导向功能。通过评价可以分析和判明教师教学，学生学习中的优点和缺点以及存在的问题，由于分析的依据是评价标准的指向性，因而，这种评价具有导向的作用。

②反馈和控制功能。通过评价得到对教学活动的反馈信息，以便能够及时进行调整，更有效地安排工作计划，制定措施，或修改现有计划，明确下一步的方案，对教学过程起着控制的作用。

③激励和优化功能。通过评价肯定进步和成绩，也可以选拔评优，对教师和学生都起着激励的作用；同时，根据评价结果，做出新的决策，可以改善现行的和将来的工作，对教学工具有优化的功能。

④鉴定和宣传功能。通过评价可以做出各种鉴定，如认可（及格）鉴定、资格（证书、学历）鉴定等。如果通过评价，学校教学或学生成绩都是优秀的，对提高学校的知名度可以起到很大的作用，对学校和学生都是一种有效的宣传。

所以，教学评价是全面贯彻教育方针的重要保证；是强化科学管理、实现整体优化和和决策科学化的重要环节；是深化教学改革，提高教学质量的有效手段。

（二）教学评价的分类与评价方法

1. 教学评价的分类

根据评价的不同的分类标准，可以把教学评价分为不同的类型。

根据评价的范围，教学评价可分：有宏观评价、微观评价、全面评价和单项评价。

根据学习内容，教学评价可分为课业评价、实习操作评价和课外活动（社会活动）评价。

根据评价的目的，教学评价可分为：①水平评价：全面的或对某一科目知识或技能的评价，以确定学生的现有水平。水平评价构成学生学习或教师教学的起点。②形成性评价：指在教学过程中，为反馈信息、改善教学活动而进行的对教学结果的测定。当教学计划尚处在变化状态时就用评价去改善它，比教学成果已经作用到社会时才去评定它更有意义。也就是说，向教师提供有关掌握特定技能或教学计划内容的成功或失败的反馈，是教学过程的一个基本组成部分。这样做能发现计划中的薄弱环节，确定需要对哪些学生进行矫正教学。这类形成性的信息比课程的最后测验结果更能有效地促进学习。③诊断性评价：可分为诊断性评价和诊断性评定。诊断性评价是针对学校的教学过程，如课程设置、教育大纲、教学管理等进行的测定；诊断性评定是为查明学生的学习准备状况或影响学习的因素而进行的测定。这两种工作的任务都是确定学生或教学过程的优缺点，诊断性评价所考虑的是：预期成绩与实际成绩之间的差异，造成差异的原因和相应的补救措施。④总结性（终结性）评价：在一门课程或一个学习单元结束时对教学结果进行的总体测定。⑤个体差异评价：将被评对象的各要素进行自身间的比较，从而得出评价结论的评价方法。因为，要测定一个学生是否有了进步，需要自身的对比，可能从本人而言是进步了，但与全班相比还有差距。也许两次得分相同，但对比而言则是落后了。这种评价经常与相对评价和绝对评价结合进行。形成性评价、诊断性评价和总结性评价的关系是：形成性评定是提供学生进步的描述，诊断性评定描述的是学生成绩的轮廓，总结性评定所关注的是最后的成果。

根据评价所依据的标准和操作方式，教学评价可分为：①相对评价：以被评对象群体或标准样组的水平为参照标准的评价方法，可以测定被评价对象在群体中的位置。②绝对评价：达到度评价。对评价对象完成既定目标的程度所进行的一种评价。一般在被评对象群体之外，根据一定的目标和准则确立评价标准，以此解释测评结果做出评价。如技术等级评价就是一种绝对评价。③常模参照评价与标准参照评价，属于相对评价的范围。④标准化测验评价与教师自编测验评价。⑤系统测验评价与日常观察评价。

根据对评价的比较方式，教学评价可分为纵向评价和横向评价。

根据状态和时间，教学评价可分为断层评价、过程评价和即时评价、延伸（反向—上溯，正向—追踪）评价。

对评价进行分类的意义在于知情和民主，可以根据不同的评价目的，采取不同类型的评价。教学评价可以由学校进行，也可以由任课教师进行。如采取考试的方式，一般应建立题库，实行教考分离。学生总结性的自我评定要得到教师的认可，学生对教师或学校给予的评价如有异议，通过一定程序，对评价结果有申诉权。这体现了评价的知情与民主。

2. 教学评价的标准、过程与方法

（1）评价标准

评价标准通常指进行评价所应遵循的原则。这些原则有：①要有正确的导向；②要科学合理、实事求是，定量分析与定性分析有机结合；③要简易可行。

1975 年，美国 12 个与教育有关的专业组织，美国行政人员协会、美国教师联合会、美国教育研究协会、美国心理学学会、美国视导与课程研究会、全国教育测量委员会、全国教育协会等组成的教育评价联合委员会，经过五年的研究，在 1981 年公布了一个有关教育计划、方案、资料的评价标准。将评价标准分为四类，即实效性（utility）、可行性（feasibility）、适宜度（propriety）和技术完善性（technical soundness），这个评价标准可以作为我们建立评价标准的借鉴。

（2）评价过程

评价的要素为：评价目标、评价指标、评价者、评价对象、评价方法。其过程为：

①制定评价方案。包括明确评价目的、确定评价对象、确定评价标准、确定评价的方式方法和工具。目的要明确具体，标准要合理并具有可操作性。

②组织实施，包括对评价者的心理调控。

③评价获得的信息的描述、统计、分析。

④评价结果的综合处理。

（3）教学评价的方式与方法

评价方法是进行评价工作所采取的活动方式、程序和手段的总称。

对教师教学评价方式有：检查教案、检查教学（听课、公开教学、观摩教学）、对比学生成绩、收集学生反馈意见等。

对学生成绩的评价：

①评价方式。通常有考试、考核、考查、测验、作业或作业设计、毕业设计、毕业论文等。

②评价的方法。教学评价的方法具有多样性，如考试就有笔试、口试、开卷考试、闭卷考试等，开卷考试中又有一纸开卷、全部开卷等方法。考核有书面考核、现场操作、作业、作品考核等。应根据教学评价所要达到的目的、评价的对象，灵活使用评价的方式方法。

③书面模拟测验介绍。模拟在教学和测验中都有很重要的地位，这里介绍一种适用于职业教育教学的，采用廉价的书面形式来模拟复杂的问题的考核测验方法，可以用于复杂的决策和一般问题解决技巧的教学和评定。其做法是，使用一种经过特殊处理的试卷，试卷开始有"问题的陈述"，告知学生出现了什么情况（问题）。在"测试单"上提出几个（如1~7个）可选择的方案，但被试者只能选择一种。在与"测试单"相对的"答卷"（1~7）的位置上有一层不透明的或化学的覆盖物，学生选好了测试单上的第几个方案（如选择了第3），在答卷上抹去第3条上的覆盖

物后，决策就被记录下来。同时，给出下一步的测试单，模拟一个真实的情景，受试者再进行下一步的决策，这样一步一步地进行，直至问题得到解决。如果在某一阶段，被试者采取了不合适的措施，就会被告知，事情已经结束，理由是出错，出现了其他的情况或问题。然后，根据其决策对每个学生评分，分数是按达到最优处理的百分比来确定的。这种方式也可以用于教学，不同的是教学时常伴随着如何优化处理的讨论或争论，而测试则没有。

总之，教学的目的是使学生学习化，教学要使学生产生学习的愿望和兴趣，掌握学习的方法，提高学习的能力。

七、成人职业教育教学

（一）成人教育的概念与任务

1. 成人教育的概念及范畴

成人教育是一个十分广泛的概念。联合国国际教育发展委员会的报告《学会生存——教育世界的今天和明天》指出："成人教育可能有许多定义。对于今天世界上大多数成年人来说，它是他们过去未曾受到的基础教育的替代物。对于许多只受过很不完全教育的个人来说。它是初等和职业教育的补充。对于帮助他们应付环境对他们提出新的需要的人们来说，它是教育的延长。对于那些已经受过高级训练的人们来说，它是教育的完善。并且它是发展每个人个性的手段。"所以，成人教育是终身教育的重要组成部分，是人在成年之后按不同时期、不同需要，以不同形式所接受的教育的总称。

如果按教育的功能划分，成人教育可以分为两大系统：一是成人职业教育系统，包括学历的职业教育、非学历的职业教育、技术培训、岗位培训、继续教育等；一是非职业教育系统，包括普通学历教育、文化补习教育、社会政治教育、社会经济教育、社会法律教育、社会生活教育、老年人教育等。成人教育是年龄跨度最大，内容最复杂，形式最多样，受教育人次最多的一种教育。

可见成人教育是一种范围非常广泛的教育，其划分的依据是年龄，而不是因培养目标不同而划分的教育类型。其中既包括学历教育也包括非学历教育，既包括文化教育也包括职业教育，以及其他多方面的社会群众文化生活教育。但从成年人而言，无论接受何种教育一般均会与职业相关，可以说职业教育和培训是成人教育主要的内容。因此，教育管理部门已将两部分管理职能合并为一个职能部门，在教育部归职业教育与成人教育司管理。这是问题的一个方面。另一方面，学校职业教育过去主要重点在就业前的学历教育，所以，主要面对的是青少年而不是成年人。现在职业学校已开始转向学历教育与培训并重，就业前与就业后的教育并重，不少学校在校生中成人培训人数大大超过就业前的教育人数。因此，在职业教育教学论中，不能只研究青少年的教学问题，对成人教学问题的研究同样应成为职教教学论的重要组成部分。

2. 成人教育的任务

成人教育是我国教育的重要组成部分。1987年6月国务院批转国家教育委员会《关于改革和发展成人教育的决定》，其中对成人教育的任务规定为：对已经走上各种岗位，以及需要转换工作岗位和重新就业的工人、农民、干部、专业技术人员的其他从业人员，进行相应的岗位培训，使他们的政治思想、职业道德、文化知识、专业技术和实际能力等方面达到本岗位的规范要求；对已经走上岗位而没有受完初等、中等教育的劳动者，进行基础教育；对已经在职而又达不到岗位要求的中等或高等文化程度和专业水平的人员进行相应的文化和专业教育；适应社会的迅速发展和科学技术日新月异的进步，对受过高等教育的人进行继续教育；为建设文明健康科学的生活方式，满足人们对日益增长的精神文化生活的需求，对成人开展丰富多彩的社会文化和生活的教育。

2001年，教育部在成人教育工作会上提出职业培训的任务是：在职业教育培训中心或学校中，为了使成年人在其就业的各个阶段，能够提高和增加从事某些职业或承担某些工作所必需的技能知识，或为他们掌握新的知识技能和知识，从而获得某些新的职业资格而举办的培训活动。

（二）成人学习的特点、教学形式与教学方法

1. "成人"的概念

要研究成人学习的特点，首先需要了解什么样的人是"成人"。一般认为成人就是"成年人"，即从人的生理年龄来划分，我国 18 岁就算成年。但仅以年龄为标志，不能说明成人的全部特征。作为社会成员的个人，成年人意味着要承担社会给予成年人的和要求成年人必须履行的社会职责，如公民的职责、劳动者的职责、夫妻的职责、父母的职责等。

作为成年的标志是：成年人是一个具有独立性的人，他不像儿童或少年需要依赖他人才能生活；他本人承担了安排生活的责任，承担了独立做出决定的责任；成人具有丰富的生活经验和不同的工作经验，形成他们各自不同的个性和生活方式，成人之间的个性差异比儿童之间要大得多。

有的研究成人的专家认为，成年时期其认知方面有某些突出的特点：当个人成熟起来时，他的自我概念从依赖型变为自我指导型，具有自我指导性的人格特征、趋于成熟的社会道德意识和主观能动的自我调控能力成人可以逐步积累更多的经验，具有更丰富的学习资源，对于成人来说，具有多样的个性化经验，个人的经验形成自己的个性，因而他十分珍惜这些经验；一个成人的学习意愿与他的社会职业的发展有着密切的联系，因而成年人可以具有良好的学习心理品格；当个人成熟时，他运用知识的时间观念会发生变化，从年少时的将来运用知识的观念变成即刻运用的观念，因而，成人的学习是以问题为中心，而不是以教材为中心。

因此，在对成人进行教学的时候，要从成人的认知特点出发，不能照搬青少年的学习方式。

2. 成人学习的特点

根据成人的特点和成人认知的一般规律，成人学习具有以下特点：

（1）社会责任感是成人学习的持久动力

有关学习动机是成人学习的最重要的问题。因为，成人不像儿童对学习有无明确的认识和动机，都可以被家长送去上学。成年人有决定自己是

否要去学习和学习什么的权利，如果他认为某种学习对自己无益，很难勉强他去学习，即或受到外界的压力参加学习，也很难持久坚持下去，取得好的效果。

　　成人学习的动机相当复杂，可能是各式各样的。如可以抱着建设社会主义的雄心壮志而学习，也可能就是为了做好本职工作而学习。为了得到职务上的提升或得到较好的职业，为了取得一定的社会地位，为了满足实现自我的愿望，为了发展个人的某种才能，甚至为了混个文凭，为了找个好对象，都能够激励成人去参加学习，成为学习的直接动机。在对成人的教学中，要了解学员各种各样不同的学习动机，充分理解成人的需求和心态，积极引导学员的思想向更高层次的学习目标发展。否则一旦达到一定目的，或遇到困难，学习的积极性就会减退或消失。所以，人们的生活目标、对社会的责任感、对待自己职业职责的态度，对成人如何对待学习有极大关系。只有不断培养和增强学员的社会责任感，才能形成持久的学习动力。

　　（2）讲求实效是成人学习的目的

　　成年人不是为准备生活、准备将来从事劳动而学习。成年人总是为了解决自己当前的实际问题而学习。在要解决的问题中最重要的仍是本职工作的需要。如果所学非所用，或虽然有用，但尚未能被学员理解或认可，教学就不会受到欢迎。所以，对成人的教学活动要围绕学习者的实际需要加以组织，教学要理论密切联系实际，讲求实效。同时，要尽可能使学员了解所学内容与其工作与发展的关系。在成人教育中形成的学用结合、按需施教、干什么学什么、缺什么补什么的原则，是一个重要的教学原则。

　　（3）参与教学是成人学习的愿望

　　成年人都有一定的知识和经验的积累，许多成年人实际上是本专业、本职务的行家里手。他们在学习中既愿意汲取新的知识与技能，也愿意与他人交流。作为成人教育的教师，在某些知识、技能领域高于学生，在某些方面又不如学员。成人学生与教师的关系，不同于未成年的学生与教师的关系，他们之间是教学工作中的伙伴和合作者。在这一共同的工作中，学员处于既接受又给予的地位。一方面接受学习的内容，另一方面又在交流中将自己在社会的各种角色中所获得的独特经验财富给予别人。所以，在组织成年人教学时，教师必须与学员采取一种平等的、合作的交流态度。在确定教学内容时，要考虑学生已有的知识和经验，在教学方式上要使学员不是被动地接受，而是能够积极参与。如更多地组织交流与讨论，请学员能者为师，组织学生探究式地学习等。积极地而不是消极地参加学习活动，对调动学员学习的积极性，提高学习效果是绝对必要的。

（4）正面强化是成人学习的最好方法

成年人在智能上是成熟了的人，观察力、理解力、记忆力、判断力、想象力、推理能力、创造能力和操作能力等，都相当发达，学习总体能力超过未成年人。心理学的研究表明，人从18岁到50岁是智能的最佳阶段，50岁以后也并非一定下降，还可以保持和增进。所以，要根据成年人智能的优势来组织教学。如许多人认为年纪大了记忆力不好。但心理学的研究认为，成年人的机械记忆减少，意义记忆增强。所以出现遗忘率高的现象，是因为成年人的工作、生活、家务等负担重、干扰多，而不是记忆力差。因此，对成年人的教学，就要充分利用他们实践经验丰富、理解力强的优势，强化有意义的记忆。如用适当的方法，将学习材料与学习者的已有经验联系起来，将学习的内容与现实的需要结合起来，这样的材料就是有意义的材料。

成年人的学习往往困难比较多，如工作的压力、工学的矛盾、家庭负担、各种干扰等。因此，要采取正面鼓励的态度，不断肯定其学习上的进步，帮助他们学会学习。如怎样收集信息资料，如何选择学习内容，学会分配时间、排除干扰、集中注意力，了解强化记忆的方法，养成勤于动脑、勤于动手的学习习惯。要鼓励成年人创新，把学习不要仅视为充电，而是要作为一种激励创新的动力和手段。

3. 成人职业教育教学的原则与方法

（1）成人职业教育教学的特点

根据成人教育的任务和成人学习的特点，在成人职业教育中"需要"

是第一位的。在确定教学计划、课程、教学组织形式、教学方式方法时都要弄清什么是学员的需要、企事业的需要和社会的需要。所谓"需要"其定义是表示一种差距。需要是实际状况比目标状况差的领域。教育上使用这个术语是用以说明现存状态与某种期待状态的差距。教育需要是一种能够消除或缩小的差距，只要对表现出差距的学生进行一系列有计划的教学就可以做到这一点。所以需要评估是制定成人教学计划的基础。

成人职业教育教学还要考虑"可能"，也就是教学实施的可行性。成人一般不可能长期脱产学习，成人职业教育的教学应以业余为主，课程计划以短期为主。无论是学历教育或短期培训，在教学制度、组织、场所、时间等方面都需具有多样性和灵活性。

（2）成人职业教育教学的原则

新、实、精、快是成人职业教育教学的原则。"新"就是要能够及时反映本行业的新成果、新技术、新方法，教材和教学内容要及时更新。"实"是要理论紧密联系实际，实用性强，教学做合一。"精"是教学内容要精选，重点突出，少而精，用什么学什么，缺什么补什么。"快"就是要及时。要在他们需要的时候，如求职、转业、提高、晋升等，能及时得到所需的教育。

（3）成人职业教育教学形式和教学方法介绍

①模块式教学。由于模块教学具有灵活性，因此其更适合于成人教学。前面已讲过的 MES、CBE 等模式都可应用于成人教学。

②徒工式培训。即采用师傅带徒弟的个别指导方法。据我国"国家小企业发展战略研究中心"2001 年 4 月对北京、福建、江西、陕西四省中小企业的调查表明，对职工的这种培训方式企业的满意率为 41.7%，徒工式培训是成人教育的重要方式之一。

③即时培训。即把需要的知识技能，在需要的时间和需要的地点高效率地提供给需要的人，而不是在别处事先学习。这种培训方式可使工作与学习相融合，降低培训费用。方法可以是个别指导、具有互补知识的小组学习或轮岗实训等。

④诊断进修型培训。这种培训是通过管理诊断或技术诊断，找出（企业、学校、单位）存在问题的关键和主要差距，分析解决的途径，制定培训的措施和目标，经过群体配套培训，达到整体能级跃进的目的。

⑤继续教育。指高等教育后教育的教学和学习方法。由于学员的起点较高，具有较强的学习能力，可采用专题模块式教学、自学指导式教学、科研指导式教学、函授、自学考试、研修、考查等方法。

⑥实用技术培训。指某种单项技能的培训。在农村有各种农业实用技术培训、绿色证书培训、发放明白纸等。

⑦现代化教学。如使用现代化技术的远程教学、网络教学、农村的电波入户计划等。

需要注意的是，在成人教育中同样需要全面教育，而不能仅仅限于目前所需要的具体技能。国际劳工组织在第二届世界技术与职业教育大会上，对增强就业能力的核心的知识、技能和态度归纳为："智力能力，赖以获得判断和分析的能力，能革新、会学习的能力；处世的和处理人际关系的能力，体现于交往、政策、群组合作和适应的能力；积极的态度和行为、承担和履行职责的能力，经营与创业的能力，包括在工作中发挥创业的精神、开创和革新的能力，发现和创造机遇的能力，会估算风险、懂得基本的经营理念，如：生产力提高与成本，以及自主就业能力；基础教育领域中的多功能技术能力，它们是一组职业的共同基础，赖以增强职业转化能力。"此外，人文教育、环保教育、公民教育、法制教育、职业道德教育、健康教育等，也都是成人教育的重要教学内容，在成人教育与培训中也需贯彻这些方面教育的要求。

第五章

职业道德

导言

道德是调节人与人之间和人与社会之间的行为规范的总和，自有人类就有相关的道德意识，所以道德是一个十分古老的话题，在人类社会中也是一个永恒的主题。过去传统的道德理论主要是研究元伦理学和规范伦理学，研究道德的本体论及其范畴、规范；20世纪后半叶，应用伦理学逐渐显现。陈瑛、丸本征雄在其主编的《应用伦理学的发轫》（燕山出版社。1977）的前言中说："应用伦理学是一种伦理学与其他科学的交叉科学，是研究伦理道德在人类各个实践领域里应用的学科。它不是现成的伦理学的简单延伸和推演，而是对存在于人类广泛的各种实践活动领域里、在各门科学中的伦理道德问题的理论思考，是具有新的对象、新的视角、新的方法，从最新的科学研究的实践出发所形成的一系列科学理论，诸如经济伦理、生命伦理、环境伦理、科技伦理，等等。由于它将事实与价值、理论与实践、物质文明建设与精神文明建设密切地结合起来，富有强大的生命力，因此它一出现就受到学者们的强烈关注，目前已经成为世界上人文科学中的热门之一，成了世人心中无可置疑的显学。"因此，在当代道德领域中就有两种研究路径——伦理学和应用伦理学。

职业伦理由于其突出的实用性，被认为是应用伦理的重要组成部分；甚至有的学者认为，在一定意义上说，应用伦理就是一种职业伦理学。因为，职业伦理是在伦理学的理论、规范和应用三方面的交叉点上发展起来的伦理学科。职业道德是在履行本职工作中，所应遵循的、具有自身职业特征的道德原则和行为规范。应该说大部分应用伦理所涉及的问题都与职业活动相关，但还不能将职业伦理视为应用伦理学的全部，如应用伦理学中所涉及的婚姻家庭伦理、宗教伦理就不属于职业道德；就职业道德的内容而言，应用伦理中如经济伦理、科技伦理、生态伦理等之中相关的道德规范是职业道德的重要内容。

一、道德的基本原理与伦理范畴的理性教育

（一）"人性"与"德性"

1. 道德的定义

《辞海》解释道德的含义是：社会意识形态之一。它通过一定阶级的社会舆论、传统力量和思想信念对人们起约束作用。《礼记》称：道者通物之名，德者得理之称。"道"是路的意思，指万物自身存在的规律。朱熹说"人所共由谓之道"，引申为规范、规矩。德是理的意思，对规律的认识与遵守即为德。《老子》称："是以万物莫不尊道而贵德。"德是行道，在遵守规范、规矩中"有得于心，谓之德"。

罗国杰等编著的《伦理学教程》认为："所谓道德，就是人类现实生活中，由经济关系所决定，用善恶标准去评价，依靠社会舆论、内心信念和传统习惯来维持的一类社会现象。"黄应杭编著的《伦理学新论》对道德应定义为："通过主体内心感悟而自觉奉行的行为规范总和。"所以，道德所强调的是，人对自身和客观世界的认识，从而达到对自身行为的自觉的自我规范、自我监控，以符合人类生存和发展的需要。

因此，道德是由一定的社会关系决定的，依靠社会舆论、传统习俗和人的内心信念来维持的，表现为善恶对立的社会意识和行为规范的总和。道德既是调整人们之间以及个人与社会之间的行为规范的总和，又是评价人们行为的标准，存在于人类活动的各个领域。

2. 道德是人的本质属性的表现

道德是人类社会特有的现象，是人的本质属性的表现。

首先，劳动创造了人，人的思想、观念、意识的产生最初是直接与人们的物质活动，与人的相互交往，与现实的语言交织在一起的。因而，人与其他动物的本质区别就在于人是具有意识和意志的。马克思在《1884年经济学哲学手稿》中指出："动物和它的生命活动是直接同一的。动物不把自己同自己的生命活动区别开来。它就是这种生命活动。人则使自己生命活动本身变成自己的意志和意识的对象。他的生命活动是有意识的"。"有意识的生命活动把人同动物的生命活动直接区别开来。正是由于这一点，人才是类存在物。"如果人不具有思维、语言、意识和意志，也就不可能产生道德的观念和自我的内心信念与自我规范，也就不可能成为人"类"。

其次，劳动创造了人类社会和社会关系，生产力和生产关系决定了所有社会关系的发展，并通过社会关系导致了人类社会最初的道德意识的萌芽。没有人类社会性的生产和生产关系、社会关系的存在，道德也就无从谈起。

最后，自由创造是人类最可宝贵的天性，人是有意志的，人的行为是由个体的自由意志所支配的；同时人是动物，也存在动物的本能和基于本能的各种欲望。人的生物本能无数，其中最重要的是个体保存和种族保存，所谓"食色性也"。本能没有什么好坏之分，但在天生具有的、保存自己和满足自身需要的利己心这种本能所引起的欲望、冲动、追求的驱动下，人类便会产生从个人的意志出发，违背他人或群体利益的、危害社会生存与秩序的"越轨"行为，产生"恶"行。因此，人必须（也能够）超越动物本能的利己冲动，用理性来约束自己的行为，使自己具有"人性"，使个人的行为合乎社会所要求的行为规范，具有"德性"。所以说人是有道德的动物，正是在这一点上人与动物才分道扬镳了。

由此，我们就可以理解为什么要把道德教育包括职业道德教育置于教育工作的首位，因为德性是人格的核心，一个人的能力的高低，贡献有大小，但不妨碍他成为一个高尚的人，而一个道德缺失的人，则为社会所不容，甚至不齿于人类。

3. 道德的特质

（1）道德是社会干预下的内心信念

道德萌生于人类的生存方式，人类与其他动物的区别就在于人不是依靠本能生活，而是依靠使用工具通过改造自然的劳动，进行社会性生产而生存的。这样，人与人之间必然形成一定的经济关系，从而形成社会关系，为了能够协同进行社会生产，维护社会群体内生活应有的各种秩序，产生了道德行为的需要。所以，道德观念和道德行为是后天形成的，其实质是一种社会对个人行为的约束。但道德不同于法律、政令等靠政权的强制来规范人们的行为，而是人们在认识的基础上所形成的观念，依靠社会舆论、内心信念和传统习俗来维系的行为规范。因此，道德的范围广泛，具有弹性，在个体之间存在着差异，既有必须做到的最基本的公民道德，同时在道德修养上又具有没有止境的特点。

（2）道德的历史性与阶级性

在阶级产生之前，人类最初的道德观念没有完全从其他的社会意识中分离出来，而是渗透于原始的宗教、信仰、风俗、习惯、禁忌之中，共同认可、维护与遵守，没有阶级性，具有全民性。

随着社会经济的发展，道德观念也在发展、变化，在阶级社会中道德具有阶级性。恩格斯指出："人们自觉或不自觉地、归根到底总是从他们的阶级地位所依据的实际关系中——从他们进行生产的经济关系中，吸取自己的道德观念。"

在我国古代封建社会，为适应社会财富占有和分配的等级关系，统治者以划分和维护等级身份的纲常伦理，君臣父子、上下尊卑之"礼"，作为最高的道德准则。《荀子》说："故学至乎礼而止矣，夫是之谓道德之极。"道德不仅具有阶级性而且具有等级性。

在资本主义生产的条件下，自由贸易、自由竞争代替了等级制度和人身依附。马克思和恩格斯在《共产党宣言》中指出："资产阶级在它已取得了统治的地方把一切封建的、宗法的和田园诗般的关系都破坏了。"它无情地斩断了把人们束缚于天然尊长的形形色色的封建羁绊，它使人和人之间除了赤裸裸的利害关系，除了冷酷无情的"现金交易"，就再没有任何别的联系了。它把宗教的虔诚、骑士的热忱、小市民的伤感这些情感的神圣激发，淹没在利己主义打算的冰水之中。它把人的尊严变成了交换价值，用一种没有良心的自由贸易代替了无数特许的和自力挣得的自由。总而言之，它用公开的、无耻的、直接的、露骨的剥削代替了由宗教幻想和政治幻想掩盖着的剥削。由于资本主义社会这种生产的特性，以及所形成的生产关系，在资本主义社会就形成了以个人的利己主义为基础的道德。由于对个人权力与利益的承认和对个性的张扬，追求个人利益是合理的，个人权利是神圣不可侵犯的，因此，从理论上讲每个人都要遵守一定的行为规范，不能侵犯别人的利益，所谓"合理的利己主义（你的自由不要碰到我的鼻子）"，是其道德的准则。这种道德观念比封建主义的道德观有很大的进步，不要以为资本主义社会的道德没有合理的内核。但是，归根到底这种以利己主义为核心的道德，在利益驱动的扩张性，逐利行为的无限性之下，就会产生自由竞争中的没良心，导致道德失范，造成诸如美国安然公司、安达信公司这样的欺诈行为的产生，及许多严重的犯罪和社会问题。

这样一种观点信念即"人们追求狭隘的私利是实现共同利益的最好手段"初称为"自由放任主义"，现在给予了一个更现代色彩的名字——"市场唯上论"。在20世纪80年代占据优势，他们同等看待个人利益和公共利益，给追求私利赋予了道德性。①

我国是社会主义社会，发展生产的目的是为了摆脱落后、摆脱贫困、实现共同富裕；是为了最大限度地满足广大人民在物质上和精神上的需要。我们的改革开放，实行社会主义的市场经济，绝不是让剥削制度卷土重来，造成一个弱肉强食、损人利己的，伴随着各种极端严重的犯罪、堕落、绝望的社会。邓小平指出："社会主义的目的就是要全国人民共同富裕，不是两极分化。如果我们的政策导致两极分化，我们就失败了；如果

---

① 参考2002年12月7日日本《钻石同刊》乔治·绍罗什元。

产生了什么新的资产阶级，那我们就真是走了邪路。"所以，中共中央《公民道德建设实施纲要》提出：为人民服务是我国公民道德建设的核心；集体主义是公民道德建议的原则；爱祖国、爱人民、爱劳动、爱科学、爱社会主义是公民道德建设的基本要求，这是我国社会主义道德与资本主义社会道德的根本区别之所在。社会主义的道德观念是建立在马克思主义关于个人利益与社会利益辩证统一的哲学基础之上的，建立在对个人与社会、个人与集体利益关系的正确认识上的。我们尊重个人的合法权益，但不赞同以个人利己主义作为道德的核心，而是提倡毫无自私自利的白求恩精神、雷锋精神。毛泽东在《纪念白求恩》一文中说："我们大家要学习他毫无自私自利之心的精神。从这点出发，就可以变为大有利于人民的人。一个人能力有大小，但只要有这点精神，就是一个高尚的人，一个纯粹的人，一个有道德的人，一个脱离了低级趣味的人，一个有益于人民的人。"

（3）道德的全人类性

从道德的形成和发展来看，作为上层建筑意识形态的道德不是一成不变的，是在一定的社会历史条件下形成和发展的。但作为人类的行为规范，道德不仅具有历史性和阶级性，同时也具有全人类性。这是因为：道德形成的基础或者说前提是人类社会生存和发展的需要，道德行为是一种在对有利于全人类和社会发展进步的认识下，出自对个人利益与社会利益的全面认识的自我规范，因此，也具有许多共性。

①作为人类，不同历史时期、不同阶级都具有一些共同的要求和愿望，如生存、安全、爱情、交往、友谊、发展、幸福等。为了调节人与人之间的这些关系，必然存在着一定的共同遵守的道德要求，如敬老、慈幼、忠贞、诚信等。

②在同一社会条件下，不同阶级也存在着共同的社会关系基础，如只要有个人私有的物品或财产存在，"勿偷盗"就必然是道德规范之一。有商品交易，"诚信"就必然是其道德规范，《周礼》中就有"贾民禁伪而除诈""布帛精粗不中数，幅广狭不中量，不鬻市"的规定。同时，基于

促进社会发展的共同利益，为了使生产和生活能够继续下去，并得到发展，能够调节不同阶级的利益，必须具有相通和相一致的道德因素，否则就不可能为对方接受，也就失去了调节的作用。还有在危及国家、民族生存利益的情况下，有识之士也会超越本阶级道德的局限而明"大义"。如"忠君"是封建道德的核心，但在民族存亡的面前，也会产生抗旨销烟的林则徐。

③在人类社会发展的长河中，积累了大量有益的道德观念和道德行为规范，成为历代相传继承下来的人类的共同遗产。如孔子提出的"己所不欲，勿施于人"。孟子提出的大丈夫应"富贵不能淫，贫贱不能移，威武不能屈"，在生与义二者不可兼得之时，能舍生而取义，已成为中华民族道德气节的典范思想。

④在当代科学技术发展，特别是信息技术的发展、经济的全球化使道德的范围已超越了国家、民族的界线，而形成一些全球性的、多数或许多国家共同赞同和制定的道德规范。如世界贸易组织的公平、公正的商业道德原则；生物伦理的人的尊严、自由、公正、平等和团结的基本原则；科技伦理规范、医学伦理规范，等等。

（二）道德的功能与类型

从道德的起源我们可以看出，道德在其产生之后，就成为上层建筑中独立的一个部分，具有自己独特的社会功能。

1. 道德的功能

（1）认识功能

道德是从个人和社会整体、个人对他人的关系上来反映和认识社会现实的，并以道德的观念、准则、理想等，来表达这种认识。把社会中的现象、关系、行为等，反映区别为有利的和有害的、善的和恶的、正义的和非正义的、应当的和不应当的，构成一种对客观世界特殊的认识方式。这种认识是来自客观存在，是客观现实的反映，因而是人类认识世界的一个重要的方式。借此可以形成正确的世界观、人生观，了解自己行为的意义，人生的意义，个人对社会对他人的责任，等等。通过这种认识对个体行为起着指南的作用，引导人们自觉地抑恶扬善，按照趋利避害的原则，来实现社会和个人的发展，创造更为美好的社会。

（2）调节功能

道德的行为规范，对于社会生活起着重要的调节作用，使人了解什么是可以做的，什么是不可以做的。如社会公德具有维护公众利益、公共秩序，保持社会稳定的作用。道德与法律、规章制度等在一定范围内适用的、强制性的手段不同，道德的调节作用具有普遍性，广泛性和高度的自觉、自愿性。可以说，在人的任何活动中，道德观念都在起作用，许多在法律、规章之外的关系、行为，道德都在起作用，如有人说我大事不犯，小事不断，气死领导，难死法院，这种情况就要靠道德教育来调节，靠社会舆论来制裁，道德具有无处不在的普遍性和灵活性。道德在调整个人与社会、人与人之间的关系上有独特的优势，"人言可畏"的正面含义就是社会舆论是一种强大的维系道德行为的手段，因而具有人人参与的极大的广泛性。个人的道德信念、道德修养对个人行为可以说起着决定性的约束作用，所以，人们干什么事都要问问良心，看良心上过不过得去，道德是讲究"慎独"的，是自觉、自愿的自我规范。

（3）教育功能

道德所涉及的范畴，道德的内容、规范，是学校教育和社会教育的主要教育内容之一。道德修养在形成一个人的个性品质上占主要地位。道德特别是社会公德教育是形成良好社会风尚的重要保障。高尚道德品质的典范和道德行为的楷模对人有极大的影响、感染和号召力，是不可替代的教育资源。

（4）激励功能

道德的信念所产生的对社会、对他人、对国家、对民族，以致对人类、对世界的义务感、责任感、荣誉感、幸福感，对人的行为具有巨大的激励功能。人所最终追求的"大义"并不是物质上的享受，而是在一种强大的责任感和义务感的驱动下，能为社会做出贡献，达到自我完善、满足实现社会价值的精神需要。我国著名的思想家教育家蔡元培说：物质上的追求享有，死去就不复存在，"人而仅仅以临死消灭之幸福为鹄的，则所谓人生者有何等价值乎？"如果这样，那么杀身成仁，舍生取义，舍己为人，为科学、为事业献身，不自由、毋宁死，为国家、为民族的独立、自由而洒尽最后一滴血的行为还有什么意义？如果这样，人类社会也就无从发展和前进了。苏联作家奥斯托洛夫斯基有一段著名的话："人最宝贵的是生命，生命属于人只有一次，一个人的生命是应当这样度过的：当他回首往事的时候，不因虚度年华而悔恨，也不因碌碌无为而羞耻。这样在他临终的时候，他就能够说我整个的生命和全部的精力都有贡献给世界上最壮丽的事业，为人类的解放而作的斗争。"这就是凌云壮志，是幸福。一个物质富有而灵魂空虚的人往往会道德失范。

2. 道德的类型

道德是人内心的信念，但作为行为主体的人的道德，必须通过与其他存在物的相互作用的关系，与自身以外的社会关系的相互作用才能表现出来，从其表现的形式和作用的范围，可以将道德划分为四种类型。

（1）宗教道德

宗教道德是一部分人借助宗教信仰而为自己确立的行为规范，其规范的范围是宗教的信奉者。这方面不属于本书研讨的范围，对此不做进一步的论述。

（2）自然道德

自然道德是处理人与自然界关系的行为规范，从人成为人的时候就存在着这方面的道德观念，因为人的各种活动和与之共存的自然界是分不开的。从朴素地对自然的感恩、敬畏、保护，到"民吾同胞，物吾与也"的宋代理学重要奠基人张载（公元1020—1077）的哲理的阐述，再到当代生态伦理学的建立，反映了人对隐藏在人与自然关系背后的人与人之间的道德关系及其行为规范的重视和认识历程。当代生态伦理学提出人类所面临的三大问题是：发达国家与发展中国家在自然资源的分配和消费方面的不平等问题；当代人与后代人在自然资源的分配和消费的不平等问题和人应该以科学的理性为指导，控制和节制自己的无穷的欲望和需要，提升自己的人性，实现人类能够在自然界中达到持续生存和发展的目标。由此可见，隐藏在人与自然的关系后面的实际上仍是人与人之间的关系。

（3）个体道德

个体道德也称为私德，是个人的处世原则。一般来说，个体道德受社会道德所规范和制约，但个体道德是个人道德修养的表现，所以，每个人都有自己的道德信念，按自己的道德信念行事。一个人可以力排众议，坚持自己认定的许多人难以做到的善行；也可能不顾众议，而一意孤行地作恶。因此，由于道德修养的差别，私德是有高有低的，不可能人人都处于同一水平。社会尊敬的道德楷模，其个体道德的境界就高于一般的道德水准。

（4）社会道德

社会道德是在社会生活中最需要、最普遍存在的处理个人与他人、个人与集体、个人与社会关系的行为准则的总和，其中主要有社会公德、职业道德、爱情婚姻道德等。

在 20 世纪后期又有应用伦理学的产生，进行对具体的、特定的社会实践领域中的道德及其道德原则、道德规范的研究，其研究内容包括经济伦理、科技伦理、生态伦理、职业伦理、政治伦理、婚姻家庭伦理等。职业道德属于社会伦理，也是应用伦理的研究对象。

（三）道德教育

道德不是与生俱来的，而是后天形成的。形成道德观念与行为的途径很多，可以说一个人从出生就生活在人类的行为规范之中，受到各方面、各种形式的教育与影响。但学校中的有目的、有计划、有组织、有步骤、有方法的道德教育在培养人的道德品质上，具有特殊的不可替代的地位。

1. 伦理范畴的理性教育

道德的核心是如何理解和认识利益的问题，因此在伦理学中着重研究一系列与利益相关的命题，对这些问题的理性认识是构成道德（包括职业道德）观念的基点，对这些问题的正确理解和认识是道德教育（包括职业道德教育）的基础。其中主要涉及以下一些道德范畴。

（1）义与利

义与利是道德观念中一个最基本的范畴。义利之辨是一个人道德观念的基础。"义"的含义为"宜"，就是应该、适合的意思。不同历史时期、不同的阶级对什么是应该、什么是不应该的观点是不同的，但从人类发展的长河来看，善恶观念最终，或者说最本质的客观标准，就是是否有益于人类社会的发展和进步。所以，有利于社会发展和进步的就是义，反之就是不义。"义务"就是为了社会的生存和发展所应该做的各种事。"利"在道德范畴中主要是指个人的功利、名利、权利、物质利益等。我们是唯物主义者，不反对个人的权益，主张尊重个人合法权益与承担社会责任（义务）相统一。能够使个人利益与社会整体利益相一致，通过合法手段、诚实劳动以获得个人的利，就是取之以"义"，就是善。在个人利益与社会整体利益发生矛盾冲突时，能服从整体利益就是善。当需要牺牲个人利益以维护整体利益时，能"舍利取义"就是善。因此，在职业活动中"见利思义"为善，"见利忘义"为恶；"急公好义"为善，"自私自利"为恶；"深明大义"为善，"急功近利"为恶。进一步提倡"淡泊名利""无私奉献"的精神，反对拜金主义、极端个人主义、损人利己、损公肥私、以权谋私等恶行。毛泽东曾说过："我们是无产阶级的革命的功利主义者，我们是以占全人口百分之九十以上最广大人民群众的目前利益和将来利益的统一为出发点的，所以我们是最广和最远的革命的功利主义者，而不是只看到局部和目前的狭隘的功利主义者。"道德教育就是要教育学生分清义利，树立把国家和人民利益放在首位而又充分尊重公民个人合法利益的社会主义的义利观。

（2）公与私

公与私这是道德认识中的另一个重要范畴，也是道德修养的核心，一个人出现道德上的失范，大多与私心、私欲的恶性膨胀有关。要教育学生认识：既然个人只有在社会中才能生存、发展，既然正确理解利益是整个道德的基础，既然自由是对必然的认识，那就必须使个别人的利益符合社会的利益，个人的利益从根本上来说是与社会的利益相一致的。特别是作为社会分工的职业活动，更属于"人人为我，我为人人"的道德范畴。所以，在职业活动中"大公无私"为善，"损公肥私"为恶；"公平待人"为善，"损人利己"为恶；"廉洁奉公""公正廉明"为善，"贪图私利""贪赃枉法"为恶。要教育学生正确认识和处理国家、集体、个人的利益关系，提倡个人利益服从集体利益、局部利益服从整体利益、当前利益服从长远利益；反对极端个人主义、小团体主义、本位主义。只有把个人的职业理想与奋斗融入广大人民的共同理想和奋斗之中，才能获得个人的成功。

（3）得与失

人对社会的奉献与索取是不可分离的。一个人要生存必然要索取，不讲索取只讲奉献是荒谬的，但只索取而不奉献则为社会所不容。因为，如果那样，人人都只坐享其成，整个社会都不可能为继，个人也必然失去生存的基础。因此，在职业活动中要提倡"勤奋工作""无私奉献""艰苦创业"，以"坐享其成""好逸恶劳"为恶。在得失之间，还需要做到是非分明。孔子曾说："富与贵，是人之所欲也；不以其道得之，不处也。贫与贱，是人之所恶也；不以其道得之，不去也。"要有"志士仁人，无求生以害仁，有杀身以成仁"的道德品质才能更坚实地立足于社会。

（4）苦与乐

对苦与乐的认识和感受，与个人的人生观、道德信念有直接的关系。一个心系群众、心怀大志的人可以做到"先天下之忧而忧，后天下之乐而乐"，可以做到"责在人先，利居众后"。所以，一个有道德的人，是以成功为乐、以奋斗为乐、以贡献为乐、以助人为乐；以碌碌无为、虚度年华为苦；以贪图享乐、花天酒地为恶。

（5）爱与憎

世界上没有无缘无故的爱与憎，作为一种特定的、具体的道德情感，爱与憎总是与个人的道德认识与判断相一致。所以，要培养学生道德的判断能力，做到"爱憎分明""疾恶如仇"，不可"同流合污"；要能够"大义灭亲""抑恶扬善"，决不可"包庇纵容""助桀为虐"。我国社会主义的道德规范，是以爱祖国、爱人民、爱劳动、爱科学、爱社会主义作为公民道德建设的基本要求。要教育学生具有人类最基本的爱心，"推己及人"，推己及物，"己所不欲勿施于人"。提倡尊重人、理解人、关心人，发扬社会主义的人道主义精神。

上述道德的范畴和对这些范畴的理性认识是形成我国社会主义的基本道德规范的基础。我国公民道德建设是以爱国守法、明礼诚信、团结友善、勤俭自强、敬业奉献作为基本的道德规范。

2. 道德观念与道德行为的形成

（1）真、善、美的统一

人类的行为总是在不断地追求真、善、美。在道德的范畴中：

"真"是对世界、自然界、人类社会现实存在的真实反映和认识。所以，求真是明是非，所要解决的是什么是对的，什么是错的。

"善"是人们对合乎客观规律的价值选择和行为。所以，求善是辨善恶，所要解决的是什么是必须提倡的、可以做的善行，什么是必须坚决反对的、不可以做的恶行。

"美"是真和善的直观的、升华的具有精神上感染力的感受和形象。所以，求美是辨美丑。所要解决的是什么是使人愉悦、欣赏、赞美的善行，什么是丑恶的、卑鄙的为人所不齿的陋行。

真是善和美的基础，没有对道德的正确认识，就不可能有道德的行为；不真实地反映现实、虚假欺骗也就根本无善美可言。所以，道德教育首先要进行相关科学知识的教育，学习科学知识、科学思想、科学精神、科学方法，使学生具有分辨是非的能力。美是道德的审美意识、对美丑的分辨能力和对道德完善的追求。真是善和美的基础，善行是美的显现，完美是道德所追求的境界。三者是相互作用、相互渗透、互为因果的。在道德教育中应将三者统一起来，缺一不可。

（2）知、情、意的和谐发展

"知"是道德结构中的认知因素，亦即对道德的本质、对道德规范的客观必然性和对道德价值的认识。认识是行为的基础，道德不是与生俱来的，而是后天形成的，因此，在一个人道德品质的形成中，对道德的认知教育是道德教育的核心。

在对道德的认识中，"义务"是一个重要的道德范畴。马克思说："作为确定的人，现实的人，你就有规定，就有使命，就有义务，至于你是否意识到这一点，那都是无所谓的。"也就是说前面所讲到的道"义"（宜）是客观存在的，应该如何或不应该如何的社会行为规范是不依个人的意志或认识水平为转移的。因为，人们处于一定的社会物质生活条件下，生活于一定的社会关系中，作为社会成员，总是要对社会、对他人承担一定的职责和任务，如保卫祖国的义务、从事生产劳动和公益劳动的义务、抚养子女和赡养父母的义务等。一定的社会或阶级用特定的概念形式将这种使命、职责和任务确定下来就是义务。如我国古代将基本的义务归纳为孝、悌、忠、信。我国现在则将其确定为爱国守法、明礼诚信、团结友善、勤俭自强、敬业奉献。

"义务"是人类社会生活中普遍存在的道德关系和道德要求，以调节人们之间的关系，把人们的生活引导到一定的社会秩序中去。任何人在与他人、与社会交往中，不管自己是否意识到，都包含着要尽某些义务。被认识或被意识到了的道德责任就构成了一个人的义务的观念，义务感是社会道德关系及社会道德规范在个人内心中的认识和反映，因此，是推动人们道德行为的重要动力，如认识到子女有抚养父母的义务，那么他就会善待双亲，而绝不会去虐待老人。

"情"是道德结构中的情感因素，是建立在道德认识上的感情的体验和表现。道德情感的具体形式很多，如正义感、义务感、荣誉感、幸福感等。其中良心（感）是在道德评价中人们最普遍提到和熟悉的一个道德范畴。

"良心"是与义务密切联系的道德范畴，是人们在履行义务过程中形成的一种自觉的、内心的道德意识。良心是人们意识中一种强烈的道德责任感；是人们意识中对自己行为进行自我评价的能力；是客观的道德关系和准则转化为个人内心的道德理想、道德信念、道德情感、道德意志的各种因素相互作用、有机结合的结果。良心是由人的知识和全部生活方式决定的。因此，良心在道德情感中是最强烈而持久的，是人们道德行为的内在动力。在职业活动中、在为人处事中凭良心、问心无愧，则心安，可以体验到荣誉、幸福、快乐。如果作恶而良心尚未泯灭，或提高了认识"良心发现"，所感到的羞耻、内疚和悔恨可以是终生的。道德教育最终是要培养学生的良知、良心、良能。

"意"是道德结构中的意志因素。人的一切行为都是受其自主意志支配的，意志是人的意识能动性的集中表现。因此，道德意志是一个人的道德选择、道德行为和在道德上自我调控的保障。由于人具有自由意志，能在道德选择中存在着几种可能性之时，抑制其他的几种考虑，选择最合理、最符合道德规范的行为。道德意志可以使自己的道德认识贯彻始终，即如孔子所说的："三军可以夺帅，匹夫不可夺志也。"道德意志可以使人"惩忿窒欲，迁善改过"，而不会自暴自弃。孟子说："言非礼义，谓之自暴也；吾身不能居仁由义，谓之自弃也。"只有具有坚强的道德意志才能达到富贵不能淫、贫贱不能移、威武不能屈的境地。

知、情、意三者在人的道德意识的结构中，是一个相互依存的统一体，道德教育就是要使这三者得到和谐的发展。

（3）自发、自觉、自律的发展过程

德性的形成都要经过自发、自觉到自律的过程，这是因为：思想的成长有一个发展的过程，道德水平的修养与提高也要有一个过程，两者有重合之处，但不相等。

从思想认识的发展过程来看，一个人出生之后就有许多欲望、需要，在与成年人交往的过程中幼儿开始知道有些行为是可以的、被允许的，受到赞扬和鼓励的，有些是不可以的、不被允许的，会受到责罚。但由于幼儿思维发展不成熟，缺乏社会经验，还不可能形成明确的善恶观念，也还不能理解可以或不可以的行为后面的道理，这时他的自我约束处于一种基于经验和直观的自发的阶段。随着年龄的增长，到少年时期，就已经能够在道德的认识的基础上，初步建立起自己的道德观念，但尚不够深刻和稳定，这是进行道德教育、形成一生品德基础的黄金时期。成年之后道德观念趋于成熟，就从自觉走向自律。

从道德水平的发展来看，也有一个从自发到自觉再到自律的过程。除儿童之外，个人的道德认识并非处于同一水平，有的人由于对道德规范的无知，在道德选择上会犯幼稚的错误，或缺乏独立判断的能力，人云亦云，处于不自由的自发状态。在道德修养上也会有高有低，如有的人不自觉进行道德培养，勉力而行，以致不能克服自己不合乎道德的欲望，甚至想摆脱道德的约束，道德意志薄弱，做不到自律，而陷入泥潭。所以，在道德意识的形成上也有一个从不认识到认识，从将道德规范作为一种外部的约束、异己的力量，一种理论、道理，到内心认同、自觉遵守、严以自律的过程。

学校道德教育的目的就是要启发学生在道德上的自觉，认识道德行为的必要性和必然性，使之具有分辨是非、善恶、美丑的能力，帮助学生进行道德实践，了解进行道德修养的途径和方法。

二、职业道德

道德作为调整人们之间以及个人和社会之间的行为规范的总和，又是评价人们行为的标准，存在于人类活动的各个领域。从社会而言，由于社会分工所产生的相互交往是社会关系中的主导方面，作为个人而言，其一生大部分时间是职业生涯，所以，无论从事何种职业，也无论劳动的直接对象是人还是自然物，最终都是为人们的生活服务的，都要处理职业活动中所产生的人与社会、人与人和人与自然之间的关系，由此而产生了职业道德。职业道德是社会道德的一个重要组成部分。

（一）职业道德的定义与特点

1. 职业道德的产生

职业道德产生于分工发展和社会职业的出现。

分工和职业的交往构成了多层次的关系，如职业与社会的关系、从业者与服务对象的关系、不同职业之间的关系、从业人员之间的关系、从业人员与职业团体如行会等之间的关系等。为了使社会的职业活动正常有序地进行，调节职业活动中各式各样的人与人之间的关系，产生了对职业道德的需要。

人们在长期的职业实践活动中，不断加深对自己职业的社会意义的认识，逐渐认识到为了履行本职业（行业）的职责，维护本职业（行业）的信誉和尊严，什么行为是对的、善的可以做的，什么行为是错的、恶的不应该做的，总结出本职业（行业）所应具有的行为准则，进而形成了职业道德观念、职业道德理想，并概括形成一系列的在职业范围内所应遵守的行为规范。

每一种职业都有各自不同的责、权、利，即职业的社会责任（职责、义务）和社会权利（职权和与职业相关的各种不同的社会利益关系），职业道德是以现实职业的责、权、利为基础而产生的。同时，不同的职业（行业）有自己特定的工作和活动方式，特定的职业训练，特定的职业环境，乃至特定的生活方式，这就造成了各自不同的道德观念、行为规范，形成具有独特职业印记的道德，即职业道德。所以，恩格斯说："实际上，每一个阶级，甚至每一个行业，都各有各的道德。"

2. 职业道德的定义

（1）职业道德的定义

从职业道德产生的依据中可以得出：职业道德是在履行本职工作中，所应遵循的、具有自身职业特征的道德原则和行为规范，以及与之相适应的道德观念、道德理想、品质和情操；也是人们在职业活动中调整同一职业内部的关系和从业人员与服务对象之间、个人与国家、社会之间等关系的道德准则和规范的总和。我国在《公民道德实施纲要》中将其定义为：职业道德是所有从业人员在职业活动中应该遵循的行为准则，涵盖了从业人员与服务对象、职业与职工、职业与职业之间的关系。

虽然不同职业有着不同的道德规范，但基于道德的功能，无论哪一个行业的道德，都要与本行业的社会地位、职能、权利和义务相一致，从而保证行业自身的利益与社会的整体利益相一致。没有相应的职业道德规范，职业就不能顺利完成其社会职责，行业也不可能生存发展。因此，职业道德既是本行业内部协调关系、统一群体行为的保证，也是全社会的一种必要的生存与发展的条件。对于个人而言，随着现代社会分工的发展和专业化程度的增强，市场竞争日趋激烈，整个社会对从业人员职业观念、职业态度、职业技能、职业纪律和职业作风的要求越来越高，缺乏职业道德就越来越难以从职从业，职业道德不仅是一个人的良心、品质，更重要的是基本的生存能力。

要大力进行以爱岗敬业、诚实守信、办事公道、服务群众、奉献社会为主要内容的职业道德教育，鼓励人们在工作中做一个好建设者。

（2）职业道德与社会公德的关系

在一个国家内社会公德往往以国民公德的形式体现出来，我国提出社会公德是全体公民在社会交往和公共生活中应该遵循的行为准则，涵盖了人与人、人与社会、人与自然之间的关系。在现代社会，公共生活领域不断扩大，人们相互交往日益频繁，社会公德在维护公众利益、公共秩序，保持社会稳定方面的作用更加突出，成为公民个人道德修养和社会文明程度的重要表现。要大力提倡以文明礼貌、助人为乐、爱护公物、保护环境、遵守纪律为主要内容的社会公德。

社会公德也包括人类社会公认的一些道德规范，如2001年10月联合国教科文组织科技部部长"生物伦理·国际挑战"圆桌会议公报上提出的建议教科文组织与各成员和有关国际组织合作，共同起草一个关于生物伦理的国际性文件，规范全世界生物领域的研究和应用。公报提出：生命伦理是保护人权和人类基本自由的关键，生物伦理问题已经超越国界而成为一个国际性问题。如今，生物伦理的基本原则，即人的尊严、自由、公正、平等和团结，已经为全世界所接受，并成为各个国家制定有关法律法规的依据。

职业道德与国民公德在原则上是一致的，国民公德中已包含着职业道德的一般内容，它们之间的关系是：一方面国民公德是职业道德的基础，另一方面一个人的国民公德如何很大程度上是通过他的职业道德表现出来的。没有良好国民公德的人，不会具有高尚的职业道德；同样，没有良好职业道德的人，也不会具有良好的国民公德。

但是国民公德不能代替职业道德。原因有两点。

首先，国民公德是对所有国民无论成人或儿童，无论从事什么职业的人的共同要求，不包括由职业范围内的特殊要求而提出来的具体的道德要求。仅进行国民公德的教育，学生仍不能获得对本职工作道德要求的认识。国民公德和职业道德之间是共性与个性的关系。其次，职业道德是对负有一定社会职责的公民的要求，对不承担社会职业职责的儿童或青少年不具有约束力。职业道德是要保障职业职责的顺利履行，其约束对象适用于特定职业的从业人员，超出这个范围就不具有约束性，如救死扶伤是医德，师德规范就是诲人不倦了。所以，国民公德和职业道德之间是一般与特殊的关系。

（3）职业道德与职业责任和职业纪律的关系

职业责任是从事某种职业所必须承担的社会责任和职责，通常以法律、规章、条例、合同等形式表现。如"食品卫生法"所规定的职责凡是从事食品行业的人都必须遵守。以法律、规章、条例、合同等所规定的职责和任务，具有法律和政令的性质，是以国家意志强令执行的，并以职业纪律来保证其实现。如果违犯要追究法律责任，或受到纪律的制裁。所以，职业责任和职业纪律是规范人们职业行为的现实基础，职业道德是由此引申出来的非强制性的内心的立法。

分工所确定的行业的社会职能是确定职业职责的依据，食品行业之所以必需和能够存在，是因为人们要依靠食物维持生命，增加营养，生产和出售的商品必须能够食用，符合食品卫生就是其职责，否则这个行业就不能存在。运输行业，安全是其职责，如果安全没有保障，谁还会去光顾他的飞机、车船呢？所以，出售腐败食品、有毒食品是违法的，造成重大伤害事故的要追究法律责任。这些规定是强制执行的、必须达到的要求，是实现职业职务的需要，而不是出自调节人与人之间的关系。职业纪律是维护职业职能的手段。

职业道德则不同，职业道德是一种依靠内心信念、社会舆论、职业传统等维系的精神立法、善恶观念，不具有强制性质。职业道德修养依人不同，有高有低。职业道德调节的范围广泛，可以涉及职业生活中的各个方面。在职业活动中如果照章办事，就是尽职尽责，但一些先进人物，还做出许多可歌可泣的业绩。因此，职业道德的修养是没有止境的。

教学育人是教师的职责，以身作则、为人师表是师德；按规定完成岗位任务是职责，忠于职守是道德；不准贪污受贿是纪律，为政清廉是道德。在职业责任、职业道德、职业纪律三者之间，职业责任是起决定作用的，三者既有区别又有联系，起着相互补充、相互促进的作用。

明确三者之间的关系是为了高质量地履行职业职责，既不能把履行职业责任、严守职业纪律看成是可高可低的道德修养问题，也不能把仅仅满足于照章办事、不违法乱纪看成是最高的职业行为。

3. 职业道德的特点

职业伦理是伦理学的一个分支，职业道德具有一般道德共有的特征，前面所讲的道德的基本原理，对职业道德都是适用的。但职业道德作为一种特殊的道德范畴，也具有自己的特点。

（1）专业性和行业性

职业道德是在职业活动中形成和实现的，建筑在人们对本职工作客观规律认识的基础上而形成的精神立法。所以，职业道德与行业意识分不开，与本行业的专业知识分不开。只有深刻认识行业的社会职责，才能有行业行为的善恶标准；只有精通专业知识，才能正确认识、理解、确定信仰自己的行为规范。所以，职业道德首先的特点就是其专业性。如作为医生，由于他所具有的专业知识，他最清楚伤病对人的危害，正确诊断或误诊，及时得到治疗或治疗不及时的不同后果，某些微小的变化可能是严重预后不良的疾病，那些感觉虽不好但是轻微疾病不需要过度紧张，等等。而这些患者往往是不了解或根本不懂的。因此，"救死扶伤"对医务工作者来说，就不是一般公共道德上的含义，而是专业性的医德。亦即是医生在对人的生理、病理、心理等客观规律认识的基础上，在处理医生与患者两者之间的关系时所应有的态度和行为，这种认识升华成为道义上的责任感，构成了"救死扶伤"的医德。

由于职业道德的专业性，所以职业道德是具有行业性的，不同行业有不同的社会职责，也就具有各自特有的道德规范。如师德就不是"救死扶伤"，而是"诲人不倦"了。

(2) 社会和阶级的制约性

职业道德与职业的专业活动直接相关，但任何一种职业活动都不可能脱离一定的社会条件而存在。在阶级社会中，形成职业基础的分工与阶级的分化同步发展。所以，归根到底，是社会的经济基础和生产关系在总体上决定和制约着职业道德。同时，在不同的社会发展阶段，不同的生产力和生产关系之下，对职业道德的认识和要求也有所不同，职业道德不可能一成不变，而是与时俱进的。在阶级社会中职业道德被打上了阶级的烙印，职业道德被纳入阶级利益的框架之中。如在君主专制制度下，"忠君"是为臣的最高美德；在封建等级制度下，无论从事什么职业都不准以下犯上，"恭顺"被统治者定为一切职业中处理上下级关系的最根本的德行。商业道德中的"货真价实"在人类社会中早已存在，但在商品经济高度发展的资本主义社会却更受重视，恩格斯对此解释说：资本主义商业开始时是"先给人们送上一些好的样品，然后再把蹩脚的货物送去"，是一种"小器"的剥削。"这些狡猾手腕在大市场上已经不合算了，那里时间就是金钱，那里商业道德必然发展到一定水平。其所以如此，并不是出于伦理的狂热，而纯粹是为了不白费时间和劳动。"也就是说，在你费时、费力去生产次品的时候，人家早已占领了市场；当你知道失去诚信之时，你已经被挤出局了。

随着社会和科学技术的发展职业道德的范围也在不断扩展，例如，关于生殖性克隆人、人类基因组成果的研究和应用等，是以往职业道德所未曾涉及的。在"生物伦理。国际挑战"圆桌会议的公报中提出："关于伦理的思考是科学技术发展的一个组成部分，今天科学发现和技术发明的飞速发展迫使我们必须采取及时和准确的行动，以面对科学进步不断提出的新问题和新挑战。"目前，器官移植、试管婴儿、安乐死等都冲击着传统的医德观念，网络安全、太空活动等都在呼唤新的职业道德规范。

（3）稳定性和连续性

职业道德虽然随着社会发展而产生变化，具有历史的和阶级的制约性，但因社会分工中的许多职业的职能自古以来就其实质而言是共同的，由于职业道德的专业性，许多专业知识具有客观的真理性，因而职业道德比其他道德具有更大的稳定性和连续性。

师德是最古老的职业道德之一。两千多年前孔子就提出了为师之道，如要热爱学生，忠于职守："爱之，能勿劳乎？忠焉，能勿诲乎？"要有渊博的知识，不断提高自己："学而不厌、诲人不倦。"要以身作则："其身正，不令而行，其身不正，虽令不行。""不能正其身，如正人何"。对学生要一视同仁：有教无类、无私无隐。要宽以待人，严以律己，教学相长。应具有温、威、恭、安的教容教态，"子温而历，威而不猛，恭而安"和不怨天、不尤人，不迁怒、不贰过的品质。这些不仅是当时为师的一代风范，今天仍不失为师德规范。

医德是另一个最古老的职业道德之一。古希腊名医、被尊为"医学之父"的希波克拉特斯，以誓言的形式提出了医生应遵守的道德规范，其大意如下：对授业之师，敬若父母，倘若需要，我要与他分享钱财，赡养其身；对老师的子嗣视若手足，如愿学医，我要悉心教导，不图报酬；对我的儿子，老师的儿子以及宣誓遵守此约的生徒，我要悉心传授我的知识，此外不传与他人；我要克尽全力。遵守为病家谋利益之信条，采取我认为有利于病家的措施，检束一切堕落及害人行为，不给病人带来痛苦与危害，不把毒药给任何人；不为妇人施堕胎手术；我要清清白白地行医，进入别人的家，只是为了看病，不为所欲为，不受贿赂，不勾引异性；对我看到或听到的不应传的私生活，不管与我的医务是否有关，我决不泄露，严加保密。这是在当时条件下最完整的医德规范，对后世医德产生了巨大影响。1948 年世界医协大会通过的日内瓦宣言，就是以此为蓝本加以现代化起草的。1949 年世界医协大会又通过决议，把日内瓦宣言作为国际医务道德的规则。美国的医学院决定取得博士学位的毕业生必须向古希腊希波克拉特斯的誓言宣誓，以保证克尽医生天职。美国许多医务界人士主张学生进入医学院之始，就应该学习希波克拉特斯誓言和起誓，并将其作为研究医学和伦理学历史的出发点。

我国古代也积累了丰富的医德规范，并很重视对医学生的医德教育。唐朝名医孙思邈在《备急千金要方》中专门写了《大医精诚》篇和《大医习业》篇。提出人命至重，贵于千金，医家要立誓普救含灵（人类）之苦，济世救人。"若有疾厄来求者，不得问其贵贱贫富，长幼妍媸，怨亲善友，华夷愚智，普同一等"。"凡大医治病，必当安神定志，无欲无求，先发大慈恻隐之心，誓愿普救精灵之苦"。对病人要视为至亲，一心赴救，不管病人如何臭秽不可瞻视，不可嫌弃。医生要精勤不倦、博极医源，虚心学习，不可保密。医生"到病家纵绮罗满目，勿左右顾眄；丝竹凑耳，无得似有所娱；珍馐迭荐，食如无味；（美酒）兼陈，看有若无。所以尔者，夫一人向隅，满堂不乐，而况病人苦楚，不离斯须，而医者安然欢娱自得，兹乃人神所共耻，至人之所不为"。"夫为医之法，不得多语调笑，谈谑喧哗，道说是非，议论人物，炫耀声名，訾毁诸医，自矜己德，偶然治差一病，则昂首戴面，而有自许之貌，谓天下无双，此医人之膏肓也。"是为我国后世医德之典范。

商业道德也是如此，我国历史上记载的第一位著名商人是春秋时期越国的范蠡，人称"陶朱公"，其流传后世的经商理财十八法中包含着大量的职业道德规范，主要内容有：生意要勤快，切勿懒惰，懒惰则百事废；价格要定明，切勿含糊，含糊则争执起；用度要节俭，切勿奢华，奢华则钱财竭；赊欠要识人，切勿滥出，滥出则血本亏；货物要验明，切勿滥入，滥入则质价减；出入要谨慎，切勿潦草，潦草则错误多；用人要方正，切勿歪邪，歪邪则托付难；优劣要细分，切勿混淆，混淆则耗用大；货物要修整，切勿散漫，散漫则检点难；限期要约定，切勿马虎，马虎则失信用；买卖要随时，切勿拖延，拖延则失良机；钱财要明慎，切勿糊涂，糊涂则弊窦生；临事要尽责，切勿妄托，妄托则受害大；账目要稽查，切勿懈怠，懈怠则资本滞；接纳要谦和，切勿暴躁，暴躁则交易少；主心要安静，切勿妄动，妄动则误事多；制作要精细，切勿粗糙，粗糙则劣品生；说话要规矩，切勿浮躁，浮躁则失事繁。这十八法对后世江南商人产生了深远的影响，成为"商谚"。过去徽商、浙商与晋商并驾齐驱，以经营规模大、信誉高、行风好闻名于世。

在漫长的职业活动中，各行各业都积累了丰富的职业道德规范，如商业中的"买卖公平、童叟无欺"，制造业的"货真价实""诚实守信"，执法人员的"清正廉明、刚正不阿"，军人的"精忠报国、勇敢坚毅"等等，代代相传。这些都说明职业道德具有稳定性、连续性和继承性。

（4）不平衡性

道德行为的本质是区别善恶，是一种思想品质的修养，因此，具有高下之分。在人与人之间、社会集团之间甚至行业之间都具有不平衡性。影响职业道德的因素很多，社会制度、经济体制、社会风气、职业特点、历史传统、风俗习惯等，都与具体职业道德的形成相关。至于个人，还包括家庭影响、教育水平、成长的不同历程，其差别就更为明显；个人在执行职务中的品德行为，更是多种多样。同时，作为一种思想境界，一种对至善和完美的不断追求，对职业道德的完善也是没有止境的。所以，职业道德具有相当大的不平衡性，高尚者如孔子可尊为"万世师表"，但也有个别的人可以说根本不具备职业道德，这也说明了进行职业道德教育，树立优良行风的重要性。在职业道德品质的养成上，表率的作用是十分重要的。

4. 职业道德的功能

作为总体道德的一部分，职业道德同样具有道德的一般功能。在职业道德中更突出的功能有三个方面：

（1）对职业职责的认识功能

职业道德来自职业职能，一经形成，就成了独立于人们意识之外的认识对象。职业道德是以道德行为表现出来的，因而，职业道德规范往往能形象地反映或表述职业职责，是使人认识职业职责的重要手段。如"救死扶伤"就很形象地表述了医务工作者在维护人们健康、珍重生命的人道主义的社会责任，"刚正不阿""不徇私情"则形象地表现出执法公正的职业职责，上述孔子提出的为师之道也形象地勾画出"学为人师，行为世范"的教师职业特征。了解职业道德能深化对职业职责的认识。

（2）对行业发展的促进功能

良好的职业道德所形成的责任感、义务感，会促使从职从业者积极掌握专业的知识技能，精通和发展本专业。如东汉末年张机（仲景）见到流行性热病对人民健康危害很大，撰写了《伤寒论》，创立了祖国医学辨证论治的基本原则。南宋偏安，金元混战时期，李东垣看到人民饮食失节，劳役过度，饥饿、寒暑、劳累、忧恐、流离失所是造成疾病的主要原因。因此致力于"内伤"的研究，著《内伤外感辨惑论》《脾胃论》，成为祖国医学的重要流派之一。生于明末清初的吴有性见到江南一带瘟疫流行，"一巷百余家，无一家仅免；一门数十口，无一口仅存者"，20 年间共发生大瘟疫 19 次之多，因而研究著述《温疫论》，对传染病学的发展做出了贡献。我国的原子弹、航天事业都是在极其艰苦的情况下，在老一辈科学家的艰苦奋斗、无私奉献中发展起来的。我国的石油工业如大庆油田也是在"铁人"王进喜这样的英雄们艰苦卓绝、奋不顾身的拼搏中建立起来的。所以职业道德对行业的发展起着积极的促进作用。当然，过时陈旧的职业道德观念也会对行业的发展起阻碍作用。

（3）激励和警示功能

道德是区分善行与恶行的，因而，在人们执行职业职务时起着激励和警示的作用。如"救死扶伤"的医德可以激励医务工作者竭尽全力挽救患者的生命，而警示"见死不救"的恶行。"为政清廉"可以激励为官者保持操守，而警示"贪污受贿""贪赃枉法"的恶行。"诲人不倦"可以激励教师全心全意为学生的进步而想方设法，而决不"误人子弟"。"忠于职守"可以激励仓库保管员用生命保护国家财产，而警示"贪污盗窃"的恶行。这种激励和警示功能是职业活动中不可或缺的，其作用是巨大的。

（二）职业道德规范

1. 总体职业道德规范

如上所述，在长期的职业实践中，形成了各行各业的职业道德规范，其中有一般的对从职从业者修养的要求，也有各行业、企业制定的行为规范。中华职业教育社在1918年提出的中华职业学校学生13条修养标准是一种总体的要求：①对职业的性质应有准确之观念；②对所欲进入的职业社会应有相当了解；③对将从事的职业应具有相当兴趣；④养成负责的习惯；⑤养成合作互助的精神；⑥养成勤朴的习惯；⑦养成合理的服从习惯；⑧养成有礼貌的习惯；⑨养成守法的习惯；⑩养成公而忘私的德性；⑪养成创造与奋斗的精神；⑫养成应付一切的能力；⑬养成现代公民所应具有的德性与习惯。同时还对工科和商科学生各加如下修养标准，是为侧重行业的要求。工科：①须养成精密的思想及敏捷正确的动作与习惯；②养成美术的观念；须启发创作的精神与能力。商科：①须养成敏捷正确的习惯与应付决断的能力；②须充分发挥信义的美德；③须养成良好的礼貌及和蔼的态度；④须发扬廉洁公正之美德；⑤须养成忍耐刻苦之习惯。

我国在《公民道德建设实施纲要》中提出的爱岗敬业（乐业、勤业、精业），诚实守信（诚实无欺、讲究质量、信守合同），办事公道（客观公正、照章办事），服务群众（热情周到、满足需要）奉献社会（把公众利益、社会效益摆在第一位）的职业道德，也是对所有从职从业者的共同要求。

2. 行业职业道德规范

行业职业道德是建立在总体职业道德要求之上的，但又具有自己的特点。①在调节范围上。行业职业道德主要是用以约束本行业的从职从业人员，调整同一职业与社会及行业内部人与人之间的关系，和他们与所服务的对象之间的关系，对其他行业不具有约束力。②在内容上。行业职业道德规范是各行业形成或制定的职业道德规范，作为一种规范其内容要鲜明地表达本行业的职业义务、职业职责和职业行为上的道德准则。从其一般构成来看，主要由三个方面组成。一是反映职业观的，即对本职业价值的认识，如全心全意为人民服务，热爱本职工作，具体到教师职业上就是要献身教育事业，甘为人梯，热爱学生等。二是反映职业职责和职业义务的，如教师要教书育人，以身作则，为人师表，公务员要勤政为民，依法行政等。三是处理和调节职业活动中人与人之间的行为准则，如团结协作、不嫉贤妒能、品行端正等。行业道德也是一般道德范畴如义务、良心、公正等在具体行业中的体现。③在表现形式上。行业职业道德的表现形式多种多样，有规范、公约、誓词、守则、准则、律、训、风等表现形式，并以简明扼要、形象生动、富有韵律的语言叙述，使之易被人接受，易懂、易记。

为了解行业职业道德规范，下面简要介绍若干我国或国外制定的行业职业道德规范。

(1) 我国《中小学教师职业道德规范》

1984 年，教育部、全国教育工会联合颁发《中小学教师职业道德要求》试行草案，内容是：

热爱祖国，热爱中国共产党，热爱社会主义，热爱人民教育事业。执行教育方针，遵循教育规律，面向全体学生，教书育人，培养学生德智体全面发展。认真学习马列主义、毛泽东思想，学习科学知识和教育理论，钻研业务，精益求精，勇于创新。热爱学生了解学生，循循善诱，诲人不倦，不歧视、讽刺、体罚学生，建立平等、亲密的师生关系。奉公守法，遵守纪律，热爱学校，关心集体，谦虚谨慎，团结协作，与家长紧密配合，共同教育学生。衣着整洁，举止端庄，言语文明，礼貌待人，以身作则，为人师表。

1991 年，国家教委和全国教育工会颁布了《中小学教师职业道德规范》并于 1997 年重新修订，内容如下：

依法执教。学习和宣传马列主义、毛泽东思想和邓小平同志建设中国特色社会主义理论，拥护党的基本路线，全面贯彻国家教育方针，自觉遵守《教师法》等法律法规，在教育教学中同党和国家的方针政策保持一致，不得有违背党和国家方针政策的言行。

爱岗敬业。热爱教育、热爱学校，尽职尽责、教书育人，注意培养学生具有良好的思想品德。认真备课上课，认真批改作业，不敷衍塞责，不传播有害学生身心健康的思想。

热爱学生。关心爱护全体学生，尊重学生的人格，平等、公正对待学生。对学生严格要求，耐心教导，不讽刺、挖苦、歧视学生，不体罚或变相体罚学生，保护学生合法权益，促进学生全面、主动、健康发展。

严谨治学。树立优良学风，刻苦钻研业务，不断学习新知识，探索教育教学规律，改进教育教学方法，提高教育、教学和科研水平。

团结协作。谦虚谨慎、尊重同志，相互学习、相互帮助，维护教师在学生当中的威信，关心集体，维护学校荣誉，共创文明校风。

尊重家长。主动与学生家长联系，认真听取意见和建议，取得支持与配合。积极宣传科学的教育思想和方法，不训斥、指责学生家长。

廉洁从教。坚守高尚情操，发扬奉献精神，自觉抵制社会不良风气影响。不利用职责之便谋取私利。

为人师表。模范遵守社会公德，衣着整洁得体，言语规范健康，举止文明礼貌，严于律己，作风正派，以身作则，注重身教。

（2）美国《教育者誓言》

我在此宣誓，我将把我的一生贡献给教育事业。我将履行作为教育者的全部义务，不断改善这一公共福利事业，增进人类的理解和能力，并向一切为教育和学习做出努力的行为和人表示敬意。我将这些义务当作我自己的事，并时刻准备着、责无旁贷支持我的同事们做到这一点。

我将时刻注意到我的责任——通过严格的对知识的追求来提高学生的智力。即使非常辛苦，即使受到放弃这一责任的外界的诱惑，即使遇到失败等等障碍而使之更加困难，我也将坚定不移地执行这一许诺。我还将坚持不懈地维护这一信念——鼓励并尊重终身学习和平等对待所有的学生。

为了忠实地完成这一职业义务，我保证做到努力钻研所教内容，不断改善我的教育实践，并使在我教导下的学生能够不断进步。我保证寻求和支持能提高教育和教学质量的政策并提供所有热爱教育的人一切机会去帮助他们达到至善。我决心不断努力以赶上或超过我希望培养的素质，并坚持和永远尊重一个有纪律的、文明的以及自由的民主生活方式。

我认识到有时我的努力可能会冒犯特权和有地位的人，我也认识到我将会受到偏见和等级捍卫者们的反对，我还认识到我将不得不遇到那些有意使我感到灰心、使我丧失信心的争论。但是，我将仍然忠于这一信念——这些努力和对目标的追求使我坚信它与我的职业是相称的，这一职业也是与使人民自由相称的。在这次集会的所有人面前，我庄严宣誓，我将恪守这一誓言。

（3）我国《国家公务员行为规范》《法官职业道德基本准则》

2002 年 2 月，人事部印发新中国成立以来第一个《国家公务员行为规范》（简称《行为规范》）。《行为规范》以公务员履行职责、执行公务中应遵守的行为规范为主，兼顾公务员作为社会人应遵守的行为规范，并对近年来群众反映的公务员队伍建设中存在的问题和容易滋生腐败的行为作了约束性规定。主要内容为：

政治坚定、忠于国家、勤政为民、依法行政、务实创新、清正廉洁、团结协作、品行端正。

这是对全体公务员的统一要求，人事部将与公安、海关、税务、工商等执法部门共同研究进一步制定更具有行业特点的行为规范。

2001 年，最高人民法院制定了《法官职业道德基本准则》，规定：

法官在宣判前不得通过言语、表情或者行为流露自己对裁判结果的观点或者态度；不得参与可能导致公众对其廉洁形象产生不信任感的商业活动或者其他经济活动；应当尊重当事人和诉讼参与人的人格尊严；必须杜绝与公共利益、公共秩序、社会公德和良好习惯相违背的，可能影响法官形象和公正履职的不良嗜好和行为。

（4）《中国新闻工作者职业道德准则》

1991 年 5 月，中华全国新闻工作者协会第四届理事会，通过《中国新闻工作者职业道德准则》提出：我国新闻事业是中国共产党领导下的社会主义事业的重要组成部分，为人民服务是我国新闻工作者的根本宗旨；新闻工作者要贯彻执行党的基本路线，坚持新闻为社会主义服务、为人民服务的基本方针，发扬党和人民新闻事业的优良传统，抵制资产阶级腐朽思想的影响，反对违背社会主义道德的行业不正之风，加强职业道德修养。《准则》分八个方面：①全心全意为人民服务；②以社会效益为最高准则；③遵守法律和纪律；④维护新闻的真实性；⑤坚持客观公正的原则；⑥保持廉洁奉公的作风；⑦提倡团结协作精神；⑧促进国际友好和协作。

《准则》要求新闻工作者坚持对党负责和对人民负责的一致性，努力使党的政策、主张及时、准确、广泛地同群众见面，为群众提供各方面的新闻和信息，并正确反映他们的愿望、呼声和要求，积极发挥舆论的监督作用，批评、揭露那些违背人民利益的错误行为和社会不良现象。真实是新闻的生命。新闻工作者要深入实际，注重调查研究，坚持实事求是的思想路线，坚持客观公正原则，不得歪曲事实真相。新闻工作者要本着对社会对人民负责的精神，坚持以正面宣传为主的方针，自觉遵守宪法、法律和宣传纪律，在全社会形成积极的、健康文明的传说导向；要坚持和发扬优良传统，艰苦奋斗，廉洁自律。

中央电视台新闻评论部还制定了"部律""部训"和"部风"。

"部律"的内容如下：①不违反政治、宣传纪律；②不以任何借口影响节目的制作播出；③不以任何理由违背节目审定意见；④不向外界泄露内部工作秘密；⑤不擅自向外界提供有关资料和设备；⑥不擅自从事评论部之外的工作；⑦不破坏团结、影响合作；⑧不在工作台中盛气凌人，违背公德；⑨不在采访中接受任何形式的资助；⑩不利用职业之便谋取私利。

"部训"的内容是：加入新闻评论部工作是我们自愿的选择，我们愿意为中央电视台的荣誉和尊严尽职尽责，在这里我们崇尚求实、公正、平等、前卫。

"部风"的内容是：①敬业尽责；②创新进取；③务实高效；④团结竞争；⑤平等支援；⑥清廉公正；⑦谦逊诚实；⑧令行禁止。

(5)《中华人民共和国医务人员医德规范》

1988年年末，我国卫计委制定并颁发了《中华人民共和国医务人员医德规范及实施办法（试行）》，指出：医德规范是指导医务人员进行医疗活动的思想和行为的准则，医务人员的医德规范首先是救死扶伤，实行社会主义的人道主义，时刻为病人着想，千方百计为病人解除病痛。①尊重病人的人格权利，对待病人，不分民族、性别、职业、地位、财产状况，都应一视同仁；②医务人员要文明礼貌服务，举止端庄，语言文明，态度和蔼，同情、关心和体贴病人；③廉洁奉公，自觉遵纪守法，不以医谋私；④为病人保守医密，实行保护性医疗，不泄露病人隐私与秘密；⑤互学互尊，团结协作，正确处理同行同事间的关系；⑥严谨求实，奋发进取，钻研医技，精益求精，不断更新知识，提高技术水平。

6)《科技人员道德规范》

我国很早就参与了国际科技人员职业道德的制定。1946 年，包括我国在内的 14 个国际科学协会的代表和观察家在伦敦举行首次会谈，成立了世界科学工作者协会，初步制定了科学工作者的道德规范。1948 年，世界科学工作者联合会通过《科学家宪章》，1984 年，瑞典科学家制定了著名的《乌普斯拉规范》，成为全世界科学家和工程师公认的伦理规范。1982 年，我国国防科委的试验基地和研究所，制定了《科技人员道德规范》，还制定了《首都科技工作者科学道德规范》《上海科技工作者道德规范》。国防科委制定的《科技人员道德规范》有些要求规定得很具体，如：要献身国防科学事业；坚持真理、发扬学术民主，对别人提出的新的科学思想和科学设想要给予鼓励和支持，有不同观点，应通过充分讨论和实践来解决；治学严谨，保证实验数据准确可靠，绝不允许编造实验记录、拼凑实验数据、谎报研究成果；欢迎别人超过自己，不嫉贤妒能，对别人的研究成果，不采取不承认、不赞赏的态度；正直、诚实、尊重他人劳动，对引用别人的报告、文献，要注明出处；要勤俭节约、艰苦奋斗，要努力做到少花钱、多办事；要文明搞科研，建立一个安静、整洁的研究环境。

这些道德规范大同小异，其核心规范有：①应该保证所进行的科学研究的应用和后果不引起严重的生态破坏；②应该保证所进行的科学研究的后果不会对我们这一代及我们后代的安全带来更多的危险，因此，科学成就不应该应用于或有利于战争和暴力，应该保证所进行的科学研究的后果不应与国际协议提到的人类基本权利（包括公民、政治、经济、社会和文化等权利）相冲突；③科学家应认真地估计其研究将产生的后果并将对其公开负有特殊的责任；④当科学家断定他们正在进行或参加的研究与这一伦理规范相冲突时，应该中断所进行的研究，并公开声明作出这一判断的理由，作出判断时应考虑到不利结果的可能性和严重性。在这个核心规范外，还有如锐意创新，勇于进取；实事求是，严谨治学；真诚协作，友好竞争；民主讨论，自由探索；谦虚谨慎，勤奋好学；尊重前辈，奖掖后学；热爱自然，珍惜资源等。

从上述职业道德规范的实例中，可以看出虽然各行各业具有自己的职业道德，但也有许多共同的要求，这些共同的要求是无论从事何种职业都应该遵循的，是职业综合能力，或称关键能力的一个组成部分。

（三）应用伦理与职业道德

20世纪后半叶，随着科技、经济、社会的发展，产生了许多新的道德难题，传统伦理学，一直是元伦理学、规范伦理学占统治地位，已不能满足人们解决实践中重大道德问题的要求，应用伦理学开始显现。1982年美国伦理学家里查德·T. 诺兰等四位学者著《伦理学中的现实问题》、1997年中日学者实践伦理讨论会的论文集《应用伦理学的发轫》都是研讨这个问题的。目前，应用伦理主要涉及的范畴有社会伦理、经济伦理、科技伦理、生态伦理、政治伦理、婚姻家庭伦理、宗教伦理等。在社会伦理中包括法治伦理、管理伦理、职业伦理、组织（团体）伦理等。可见应用伦理与职业道德有密切关系，但比具体的行业的职业道德规范的范围要宽广得多。下面简略介绍我国学者在与职业道德关系密切的经济伦理、科技伦理和生态伦理中所涉及的职业道德问题。

1. 经济伦理

经济伦理学是研究社会经济中的道德现象和道德关系，并对经济进行道德评价的学科。经济伦理涉及的问题很多，这里只讲与职业道德相关较多的两个问题。

（1）公平与效率问题

在经济伦理中有一个重要的问题就是效率和公平的问题。公平是指普遍存在的一种人与人、人与社会之间合理地享有社会的基本价值如自由、机会、财富、尊严、荣誉等的一种要求而形成的道德意识。经济上的公平内容包括诸如：每个公民都应有同等的机会支配社会稀缺资源；应有同等的机会参与社会的经济活动；竞争应是平等的，竞赛规则对所有的人都是同等和同样有效的；所有人的劳动都是平等的、有效的；等等。效率是指消耗的劳动量与获得的劳动效果的比率。在经济学领域效率要求用尽可能低的成本，生产出尽可能多的产品。在实际经济生活中，两者虽然并非彼此消长的关系，高效率不是一定会失去公平，但是也会出现为公平而失去效率的情况，如过去我国实行的所谓"公平优先"的"一大二公"的所有制原则，"大锅饭"的分配制度，"低工资广就业"的劳动就业制度，结果导致经济活力的丧失和经济效率的低下。同时，也会出现因追求效率而失去公平的问题，在资本主义社会严重的社会不公与市场经济的高效率形成强烈的对比。在社会上对老、弱、病、残人群也会存在着社会公平与效率矛盾的问题。对此，应该认识二者之间既矛盾又统一的关系。它们的关系是：公平对效率起着推动的作用，公平会激励人们的工作热情和人与人之间的和谐关系，促进经济增长。严重的社会不公必然导致社会动荡，经济停滞不前，甚至引起采取暴力革命的手段打破旧秩序，建立新的社会公平。效率是实现和推动社会公平的物质基础。牺牲效率的公平，只能是一种没有激励性的平均主义，结果是对谁都不公平。在一个物质十分匮乏的社会中，公平只能是一种空想，公平也只能建立在经济不断发展的历史进程中。因此，可以说效率是实现公平的前提，公平是实现效率的保障。我们提出：要坚持注重效率与维护社会公平相协调，要把效率与公平的统一作为社会主义道德建设的重要目标，在全社会形成注重效率、维护公平的价值观念。把效率与公平结合起来，使每个公民既有平等参与机会又能充分发挥自己的潜力，促进经济发展，保持社会稳定。

（2）企业伦理问题

企业无论大小，其生产经营的目的都是为了赢利，所追求的是利润的最大化。企业是经济组织，所遵循的是经济规律。但这不等于企业就没有遵守道德规范的问题，就是"没心肝"的，唯利是图的。这是因为：

①任何企业都存在于一定的社会和自然环境之中。企业的经济活动要依赖社会各方面如国家政策、人力资源、文化资源、安全保障、法律保障、社会秩序等的支持与协调方得以进行。所以，企业必须处理好个体与社会之间的关系，具有社会责任，要承担社会义务。美国有人提出"公司公民"（Corporate Citizens）的概念是有道理的。企业要处理好企业与社会各方面之间的关系，处理好企业与企业之间的关系，处理好企业与顾客之间的关系；企业内部雇主与员工之间的关系和员工之间的关系。企业承担社会责任和义务，与其追求利润最大化的根本和长远目标是一致的，是为自身创造良好形象、创造生存空间。如果一个企业唯利是图、损人利己、巧取豪夺、坑蒙诈骗、欺行霸市，那么它也不可能长久地生存下去。

②企业的经济活动也是在一定的自然环境中进行的，生产要消耗资源、能源，要对周围的环境造成一定的影响等。企业在生产中所产生的各种污染、噪声，烟尘、有毒有害物质等，如不处理即会破坏生态，危害他人和社会，危及子孙后代。因此，企业要处理好企业与环境，即现实生产与人类生存环境与子孙后代的问题。以牺牲环境为代价进行掠夺性生产，不仅为法律所禁止，也要受到道义的谴责。企业要遵守正义、公益、节约、平等诸原则进行生产，参与竞争。

近年来国际上更提出 21 世纪是保护环境和满足消费者各种需求的世纪，提出企业要做到 6S，即：CS——顾客满意（一切满足消费者的要求）；ES——企业职工满意（员工有向心力，有发达的企业文化）；MS——经营者满意（同行业、关联企业满意）；SS——社会满意（地区、国之家满意）；IS——世界满意（相关的国家满意）SNS——地球满意（不对地球造成环境污染）。

因此，诚实守信、诚意待客、货真价实、恪守信义、尊重信誉，公平竞争、团结合作，勤俭节约、关心自然、维护生态，急公好义、勇于公益等就成为企业应该遵守的道德规范。职业学校所培养的学生，无论在企业中工作，或自己创业，都必须了解、认识和遵守企业道德，所以，企业道德是对学生进行职业道德教育的重要的内容之一。

2. 科技伦理

科学技术是第一生产力，是第一性的社会存在，道德是上层建筑，是第二性的社会存在，从这个意义而言，科学技术是社会与道德进步的推动力和最终的决定力量。但科学技术在现实社会生活中却是一把"双刃剑"，科学技术成果能够造福人类，也能给人类造成灾难，所以存在着对科学技术的"善"用与"恶"用的问题，关键在于社会和人们对科学技术如何使用和控制，因此，关于伦理的思考就成为科学技术发展的一个组成部分。一般认为人们在科学研究的选题上要解决三个问题，一是技术问题"做什么"，二是理论问题"能不能做"，三是伦理问题"应不应该做"，而第三个问题是最根本的。当前，人们关心的、与学校职业道德教育相关的一些科技伦理问题有以下一些：

（1）网络道德

信息技术和网络技术的发展给人们的生活带来了便利，但互联网的开放性也给不法分子的犯罪和不道德行为提供了新的工具。近年来，利用网络进行诈骗、盗窃、破坏、制造与传播病毒、侵犯知识产权等活动不断上升，引起人们对网络道德的重视。美国 20 世纪 90 年代已有开设网络伦理课程的学校，有的国家已制定了具体的网络道德规范。如美国计算机伦理协会制定的"计算机十戒"，其内容是：你不应该用计算机去伤害别人；你不应该去影响他人的计算机工作；你不应该到他人的计算机文件里去窥探；你不应该用计算机去盗窃；你不应该用计算机去做假证；你不应该拷贝或合作你没有购买的软件；你不应该使用他人的计算机资源，除非你得到了准许或者作出了补偿；你不应该剽窃他人的精神产品；你应该注意你正在写入的程序和你正在设计的系统的社会效应；你应该始终注意，你使用计算机时是在进一步加强你对你的人类同胞的理解和尊敬。美国计算机协会作为全国性的组织，要求协会成员遵循以下道德规范：为社会和人类作出贡献；避免伤害他人；要诚实可靠；要公正并且不采取歧视性行为；尊重包括版权和专利在内的财产权；尊重知识产权；尊重他人的隐私；保守秘密。法国、德国等欧洲国家也制定了大同小异的规范与准则。

网络伦理问题随着计算机应用的普及和网络信息技术的发展，越来越重要。现在，职业学校大部分开设计算机课程，学生从业之后，很多人要使用计算机。因此，对学生进行网络道德教育是职业道德教育的又一重要内容。

（2）生命伦理问题

生命伦理所要解决的问题是，在生物医学领域，在关系人的生命（出生、死亡、人性）等重大问题上做出合乎道德的选择，其中包括生殖技术、基因工程等。1997 年 5 月在世界卫生组织年会上，191 个成员国一致通过反对克隆人的决议，一致认为克隆人有悖于人类的完整性和道德观，是违背人类尊严和有损于保护人类遗传物质的。基因工程包括动植物基因工程和人类基因工程。基因工程也是一把双面刃，即给人类带来巨大的福音，也会造成（有的尚不知晓）灾难。在"生物伦理·国际挑战"圆桌会议上提出：人类基因组成果应该是人类共有的成果，任何试图将人类基因组成果专利化的做法都会阻碍这一研究的发展和应用。基因作物和基因食品的安全问题，目前也尚无定论。因为，人是有性生殖，克隆是无性生殖，那么"产生"的人是自己本身还是后代？克隆亦可产生基因缺陷，产生不可预见的灾难、怪物，生产某种用途的人，等等。了解这些对于相关专业如医药、农业等的学生，也是重要的。

美国学者哈代说："由于我们生活在一种技术化的环境中，因此不免要遇到这样一些问题：人类是新技术的主人还是奴隶？技术使人类的选择和自由得到了发展，还是受到了限制？到目前为止，从表面看来，人类有能力驾驭和引导技术向需要的方向发展。然而人类现在掌握的知识，已经赋予人类几乎能摆布自然的本领，因此必须谨慎小心地衡量各种技术是否合乎需要。这种强大的力量必须用于高尚的目的。"即造福人类而不是危害人类。

3. 生态伦理

马克思指出："人们在生产中不仅仅同自然发生关系。他们如果不以一定方式结合起来共同活动和相互交换其活动，便不能进行生产。为了进行生产，人们便发生一定的联系和关系；只有在这些社会联系和社会关系的范围内，才会有他们对自然的联系，才会有生产。"人与自然物发生关系，一切自然物都是作为人的生存条件、生活条件、生产条件和社会关系而存在的。人并不是唯一和最高的主体，自然才是最高的绝对的主体。非人存在物也有自己的内在价值和权利。如我们所说的"环境"是与人相对的外部存在；"资源"是人的生存、生产、生活的物资来源。所以，生态伦理主要是研究人与自然关系背后的人与人之间的伦理关系及其行为规范。严重的生态危机、环境污染、资源短缺迫使人们重新认识自然的资源价值、科研价值、审美价值。从认为"人定胜天"，自然是取之不尽、用之不绝的资源的观念，进一步认识到自然的生态价值，人不是可以为所欲为的，必须而且只能在自然生态系统的限度之内（生态平衡）从事改造自然的活动。

当代生态伦理中的主要问题是发达国家与发展中国家在自然资源的分配和消费方面的不平等问题（发达国家只占世界人口总数的 25%，却占有和消耗世界能源的 75%、木材的 85%、钢材的 72%。美国人口不足世界人口的 5%，却消费了全球 25% 的商业资源，排放了 25% 的温室气体），以及当代人与后代人在自然资源的分配和消费上的不平等问题和人类合理节制自己的需求欲望问题。如果不加以解决，长此下去，必然产生严重的社会问题，人类后代赖以生存和发展的自然资源和生态环境将不复存在。

因此，保护生态环境是每一个人义不容辞的道德责任，向学生进行生态道德教育，培养学生自觉地规范自己的职业行为，不掠夺性地开发自然资源，不以破坏生态环境为代价进行生产，节制无理性的奢侈浪费，有节制地开发和消费自然资源，并能积极投身于改善已恶化了的生存环境、营造生态平衡的社会实践，创造绿色家园，是学校职业道德教育的又一重要内容。

三、职业道德教育

学校教育要把德育置于首位，职业道德是职业学校德育的重要组成部分。在职业学校中只进行一般道德教育是不够的，因为各行各业都有其特定的一些道德规范，是从事这个行业必须遵守的。

职业道德教育的构成因素与其他领域的道德构成是一致的，即包括：道德认识，对职业道义上的认识和评价；道德情感，如对职业的荣誉感、责任感、幸福感等；道德意志，如献身事业、忠于职守、百折不挠、开拓前进的意志和毅力；道德信仰和道德习惯；道德行为要在职业实践中实现，"笃行之"应为验证道德修养的标准。但职业道德也有其自身要解决的现实问题和培养规律。

（一）我国职业道德教育面临的几个主要问题

作为意识形态的职业道德教育，在不同的历史时期、不同的社会形态、不同的国家和民族，所面对的主要问题不同。在进行常规的职业道德教育中还必须把握住一个历史时期职业道德所面临的主要问题，才能抓住重点，纲举而目张。当前，在我国的职业道德教育中至少有三个方面的问题需要注意。

1. 两个文明一起抓的问题

两个文明一起抓，即我们要在建设高度物质文明的同时，建设高度的社会主义精神文明，这是一个是否坚持社会主义道路的问题。我们发展生产的目的是为了摆脱落后、摆脱贫困，实现共同富裕，绝不是让剥削制度卷土重来，造成一个弱肉强食、损人利己的，伴随着各种极端严重的犯罪、堕落、绝望的社会。邓小平指出："社会主义的目的就是要全国人民共同富裕，不是两极分化。如果我们的政策导致两极分化，我们就失败了；结果产生了什么新的资产阶级，那我们就真是走了邪路了。"所以，作为建设精神文明的重要内容的职业道德的核心应是反映我们生产的目的——最大限度地满足广大人民在物质和精神上的需求，也就是全心全意为人民服务。

有一种颇为流行的说法，即"顾客是上帝""用户是上帝"等。用上帝来比拟服务对象自然是至高无上之意，有其合理的一面，但其内涵很不清晰，作为对学生的职业道德教育不宜提倡。因为，将顾客视为上帝可以有各种心态，可能是为民为公，也可能是为己为私。我们职业道德教育的核心思想应是清楚、明确的，即是全心全意为人民服务而不是半心半意，是为广大人民的利益服务，而不是为什么别的利益服务。这种社会主义的职业道德观念，不能动摇、不容含混。

在为人民服务的问题上，只讲服务不承认人们正当的物质利益是不对的，不符合社会公正的原则。道德要求也不能超出现实的经济关系和利益，如不能把合理地考虑劳动报酬，愿意到条件较优的地区、单位工作视为不道德；但道德观念中具有人类的、国家的、全民的利益的一面，因此，其思想境界则远不止于此。自古以来人们都在追求一种最高的道德理想，没有这个理想，就失去社会前进的动力，人们就不可能献身事业，虽赴汤蹈火，万死不辞。一个国家、一个民族、一个人，绝不可没有理想、没有精神。作为职业道德我们提倡无私奉献、不计回报得失，全心全意为人类的幸福、人民的利益、国家的繁荣富强而服务的品德。如果私欲膨胀、物欲横流、一切向钱看，无论社会或个人都会走向堕落，走向没落。孟子说的"生于忧患而死于安乐"是实践中总结而得的至理名言。

为人民服务还要摆正个人与社会、个人与集体的关系。所谓个人价值，只有在为社会作出贡献中才能实现。从上面所举的职业道德规范的例证中可以发现，"团结协作"是每个行业的职业道德中都有的，古往今来，一个人离开社会、离开集体，不要说成就，连生存都不可能。所以，必须反对一切以我为核心的极端个人主义，更要使只顾个人、不及公益，不择手段，谋取私利，坑害群众，为害集体等恶行，在学生心中成为过街老鼠，人人喊打。

建设高度的社会主义精神文明也包括弘扬民族文化的内涵。中华民族创造了独特、源远流长、博大精深的东方文化。我们提出实现小康的奋斗目标，"小康"二字即源于《礼记》，《礼记》中所追求的理想是从小康达到大同，就是孙中山先生后来赞赏和手书的"天下为公"。以公为重，以民为重，讲求气节是中华民族优秀的文化传统。古代儒家提出的修身、齐家、治国、平天下，可以说是一种从我做起、志在天下的道德修养理论。我们要建设具有中国特色的社会主义，这是前所未有的事业，我们也要在这个过程中建设前所未有的社会主义精神文明，这是摆在学校面前的责无旁贷的任务。

2. 改革与安定的问题

改革与安定从国家而言，改革是大局，安定也是大局。不改革不能发展，不能自立于世界竞争之林；不安定就谈不上改革，更谈不上发展。但任何改革都意味着变动，要打破旧有的格局，旧有的平衡，就会出现不稳定、不平衡。在社会改革中必然产生权力的再分配，利益的再分配，会触及一部分人的既得利益，甚至一部分人要做出某种牺牲，产生变革时期特有的惶惑、不平、磨擦。因而，从个人来说这是一个大局与小局的问题，局部与整体的问题。学生在其今后的职业生涯中，可能会趁改革的良机得到发展的机遇，但也可能有多种职业的变换、工作的动荡、失业甚至处于某种困境。改革中必然会泥沙俱下，有挫折、有坏人、有坏事。因此，要教育学生能正确认识和对待改革中的问题、前进中的困难，强调社会责任感的教育，顾全大局的教育；提高分辨善恶、美丑的能力，抵制不正之风，敢于向丑恶现象做斗争；提倡艰苦奋斗、淡泊名利、知难而进的精神；增强学生心理的承受能力；创造一种和谐、祥和的职业氛围和社会风气。

3. 正确处理人民内部矛盾问题

在当前改革开放和各种经济形式并存的情况下，人际关系日趋复杂，出现了许多新的情况与问题。如政府职能的转变、管理制度、管理方法的改革，人际关系随之发生变化；在双向选择的劳动人事制度下，如何处理个人与企事业单位的关系；在外资、合资、私营企业中产生了劳资关系；在市场竞争的条件下，如何建立新的协作关系、合作关系、和谐共事关系；等等。在上述关系中所产生的矛盾绝大部分是人民内部矛盾，但如果不能正确处理，矛盾就会激化，甚至性质发生改变。现在，一些道德失范的行为如私营业主欺凌雇工的事已屡见不鲜，职工因不满而寻衅报复的事件也时有发生，为了竞争不择手段，甚至要阴谋诡计、结党营私的事也是存在的。因此，应结合法制教育加强这方面的职业道德教育。

要教育学生，无论从事什么职业，无论处于什么职位，都要遵守社会主义的职业道德原则，要勤政为民，不得欺压百姓；不允许以强凌弱，也不屈于暴力，卑躬屈节。要秉公办事，不可勾结营私。要学会平等待人，公平竞争。要己立立人，己达达人，己所不欲，勿施于人，讲求社会主义的人道主义。更重要的是要教育学生懂得在特定的职业环境中人与人的关系是如何结合起来的，如果产生了矛盾和冲突，如何判断冲突的原因，和寻求解决矛盾的正确途径，获得在社会主义初级阶段处理人民内部矛盾的能力。

（二）职业道德教育的原则、途径与方法

1. 职业道德教育的原则

（1）规范性原则

职业道德是所有从业人员在职业活动中应该遵循的行为准则，作为一种具有专业性的道德、行业性的道德，有自己特定的内容和规范。因此，进行职业道德教育要遵循规范性的原则，不能以一般的道德教育代替职业道德教育，也不能带有任意性或不成系统地零敲碎打。在职业道德教育中一方面要使学生全面地了解职业道德的基本规范：爱岗敬业，要乐业、勤业、精业；诚实守信，要诚实无欺、讲究质量、信守合同；办事公道，要客观公正，照章办事；服务群众，要热情周到，满足需要；奉献社会，把公众利益、社会利益摆在第一位。另一方面，要使学生全面了解本行业的职业道德规范。已经制定了行业职业道德规范的，应按行业的职业道德规范进行教育，尚无制定成文道德规范的行业，按教育部《中等职业学校德育课课程教学大纲（试行）》的要求，由各校组织学生开展有关职业岗位及职业岗位群规范要求的社会调查，走访劳模，进行座谈和职业体验，搜集、整理、讨论、学习所学专业的行业职业道德规范。

（2）生动性原则

职业道德是从职业实践中总结出来的行为规范，内容丰富、生动，贴近生活。因此，职业道德教育绝不是一种枯燥的说教。

首先，学生在其已往的生活中无处不遇到职业道德问题，已经有了比较丰富的感性认识，这是进行职业道德教育的感性认识基础。

其次，德行是人的理性，为什么要遵守这些职业道德规范，是具有理论基础的，要使学生了解形成这些规范的依据，遵守这些行为规范对从职从业的重要性、必要性，达到从思想上的认可，这是进行职业道德教育的理性基础。

再次，职业道德是以职业行为表现出来的，因而是看得见摸得着的，可进行职业道德教育的信息资源非常丰富。如有人蔑视职业道德，说"良心值多少钱一斤"？我们就有从古至今良心无价的许多例证。如同仁堂就是靠无人能见到之处的诚信，而成为至今仍闻名遐迩的三百年药业老号；海尔集团，把自己不合格的产品毁悼，以建立信誉，从一个乡镇小厂发展成为我国的跨国公司；而像全球最大的能源交易商美国安然公司、全球第五大会计事务所安达信事务所由于欺诈而一夜之间崩溃。1982 年，东北铁路局由于一名铁道工工作不负责任，又擅离职守，造成火车出轨，三名旅客丧生，十节车厢报废，119 万经济损失。对比是很鲜明的。所以，进行职业道德教育要遵循生动性的原则，不要把非常丰富生动的教育变得苍白无力，干瘪无味。

（3）养成性原则

职业道德是以行为表现出来的。心理学认为行为，是人在客观因素影响之下而产生的外部活动，既包括有意识的也包括无意识的，在正常情况下，人的行为，一般都是有意识的。人通过行为表现出其与自然的关系、与社会的关系和人与人之间的关系。因此，一种行为表现是多方面因素构成的，依一定的外部环境，内部的心理活动而有不同的行为表现。人的行为表现有善的也有恶的，当人们的行为直接表现社会历史发展趋势，有利于改善社会关系，有利于推动社会历史前进，就是善的行为，反之就是恶的行为。具有鲜明的典型特点的善行，便是美的行为。所以，研究行为科学的人，都在寻找如何在实践中预测和控制人的行为规律。研究在一系列类似环境中会重复出现的规则行为，构筑某一种行为模式，使人的行为朝着社会发展所需要的方向发展。因此，对在一定的职业道德认识、情感、信念支配下的职业道德活动，按职业道德规范要求进行有意识的训练和培养，称之为职业道德养成。职业道德行为具有养成的性质，所谓"习与性成"。

如果只进行职业道德规范的教育，而不研究如何实现这些道德规范，研究怎样才能在行动上表现，职业道德教育也就流于形式。如果只注重职业道德的认知，而忽略心理素质和行为习惯的培养，讲道理多，培养具体解决问题的能力少，学生缺乏锻炼，在工作中遇到各种情况，就会难以应付自如，或正确处理，心理易于失衡。一旦心理失去平衡，在职业行为上就会现偏差。

职业道德的形成需要多方面的修养，所以，养成教育也是多方面的，包括认知、情感、意志诸方面。如"诲人不倦"是师德，"百拿不厌"是商业道德。要能够做到这点首先要解决认识问题，在认识上也会有不同的层次，如这样做可能出自生存的需要，怕被"炒鱿鱼"，或出自职务的自觉，也可能是一种对事业由衷的追求，或者兼而有之，要不断提高对职业职责的认识水平。但仅有认识上的要求还不够，在职业活动中，主客观的情况经常会发生变化，如个人有了不如意的事，情绪已经不好，学生又表现执扭不听教诲，或已经感到疲劳了，还碰上一个挑剔的顾客，等等。在这种情况下，怎么能克服心理上的烦躁，而做到情感上的"不厌""不倦"呢？仅知道应该如何做是不够的，还要训练学生如何能够做到这样。如提高冷静分析事物的能力，改善自己不适宜的性格（如缺乏耐心、好冲动、暴躁等），学会自我平衡的方法，增强对挫折的心理承受能力，形成习惯性的行为模式等等。

习惯性的职业行为，在长期的职业实践中有的已形成规则化的行为模式，甚至礼仪化了。如交警纠正违章要先敬礼，以示对对方人格的尊重；

火车开行时铁路站台工作人员要肃立目送，既是为了安全也是敬业和对旅客的尊敬。这种规则化、礼仪化的行为模式也是职业道德在行为上的外部表现。

（4）自觉性和自律性原则

道德是一种依靠内心信念、社会舆论、职业传统等维系的内心立法。所以，要形成稳定的人格品质，必须建立在自觉的基础上，必须启发学生进行职业道德修养的自觉性。道德也是对人行为的约束，对恶念的抑制，要不产生道德失范的行为，必须要求做到自律、自省。

宣誓是启发自觉和自律的一种很好的教育方式，可以增强职业的荣誉感和责任感。2002 年教师节前，北京丰台区万余名教师同时宣誓："履行教师神圣职责，依法执教，敬业爱生。为人师表，弘扬正气。传承文明，启智求真。严谨治学，勇于创新。为祖国培养合格人才努力奋斗！"宣誓后教师们认为感受到自己从事的事业的崇高和责任的重大。

2. 职业道德教育的途径与方法

进行职业道德教育的途径和方法主要有三个方面。

（1）教育

职业道德教育从实质而言就是"灌输"。因为，道德观念是后天形成的，人类不会天生就具有职业道德观念，做人是不能跟着感觉走的，职业道德必须通过各种不同形式的影响和教育、修习才能得到。当然"灌输"不等于"填鸭"、不等于强制，而是采取适当的方法、手段进行培养和训练。在教育方面的途径和方法主要有三种。

一是开设专门的职业道德课程。这是进行职业道德教育的主要途径。我国教育部规定在中等职业学校中设置"职业道德与职业指导"课，为四门必修的德育课程中的一门。在颁布《中等职业学校德育课课程教学大纲》中，提出课程的教学目标是："旨在对学生进行职业道德教育与职业指导。其任务是使学生通过了解社会、了解职业、了解自己，树立正确的职业理想；掌握职业道德基本规范，以及道德行为养成的途径，陶冶高尚的职业道德情操；形成依法就业、竞争上岗等符合时代要求的观念；学会依据社会发展、职业需求和个人特点进行职业生涯设计的方法；增强提高自身全面素质、自主择业、立业创业的自觉性。"有的行业还编写了本行业的职业道德教材，如北京医学院就编著了《医学伦理》，师范院校有《教师职业道德》等论著对学生进行职业道德教育。在教学上应采取课堂讲授、案例教学、角色扮演、参观讨论、社会调查、模范人物、事迹报告等多种形式生动活泼地进行教育。

二是通过各门课程特别是专业课程进行职业道德教育。职业道德的形成与专业知识分不开，各学科教学都应制定德育教学目标，有意识地进行职业道德教育，将相关的职业道德内容列入各科教学大纲，是职业道德教育的重要途径之一。

三是通过实训课和生产实习进行职业道德教育。在实践中（包括学生的社会实践、第二课堂的课外活动）特别是在生产现场的实习是职业道德教育的另一条主渠道。生产实习接近工作实际，能够使学生更深入地理解职业道德的道理和重要性，在实际履行职业道德规范中加深认识，培养良好的职业道德习惯，实训教学计划中必须包括职业道德教育目标，并要求学生在实践中做到，列入实习成绩考核。在现场生产实践中老职工的传、帮、带非常重要，是学习行业优良道德传统的一条重要途径。

（2）养成

职业道德行为是指从业者在一定的职业道德知识、情感、意志、信念支配下所采取的自觉活动。对这种活动按照职业道德规范要求进行有意识地训练和培养，称之为职业道德行为养成。

职业道德行为养成的途径和方法按《中等职业学校德育课课程教学大纲》的要求有：

①在日常生活中培养。从小事做起，严格遵守行为规范：从我做起，自觉养成良好习惯。

②在专业学习中训练。增强职业意识，遵守职业规范；重视技能训练，提高职业素养。

③在社会实践中体验。参加社会实践，培养职业感情；学做结合，知

行统一。

④在自我修养中提高。体验生活，经常进行"内省"；学习榜样，努力做到"慎独"。

⑤在职业活动中强化。将道德知识内化为信念；将职业道德信念外化为行为。

（3）修养

修养是一种自我反馈、反省与约束。人贵有自知之明，一个人无自知之明，绝不会有正确适度的言行举止；一个人不能自我反省、自我约束就不可能形成高尚的道德情操；如果不事修养放纵情欲，就会走上邪路。在自我修养方面我们有着丰富的经验积累。如①"自省"。《论语·学而》"曾子曰：吾日三省吾身，为人谋而不忠乎？与朋友交而不信乎？传不习乎？"②"学习榜样"。"三人行必有我师"。③"迁善改过"。闻过则喜，不迁怒、不贰过。遇事先"自省""不怨天、不尤人"。④注重积与渐。"积土成山""积水成渊"。"不积跬步［半步］，无以至千里；不积小流，无以成江海。"⑤注重意志的锻炼"锲而舍之，朽木不折；锲而不舍，金石可镂。"⑥重视实践。"道虽迩，不行不至；事虽小，不为不成。"这些都是道德修养的良好方法。

在道德修养上特别有意义的是孟子提出的"养气"的概念。他说："吾善养吾浩然之气。""气"按现代心理学的认识属于一种心理素质，带有美学的价值，如志气、勇气、邪气、正气、神气、义气、阳刚之气、阴柔之气等。孟子所说的浩然之气，是一种"至大至刚""塞于天地""配义与道"的、在道德修养上的一种最高的情操和境界。这个观念在道德修养上很有意义。

职业道德教育是一种理性的教育，人格的教育，情操的教育，是个人生存能力的教育，是使学生终身受益的教育，也是维持人类生存、社会发展所必不可少的教育，我们要深入研究其历史使命，研究其深刻的内涵和意义，研究其方法和途径。

第六章

职业指导的理论与实践

导言

2001 年 10 月 11 日，一年一度的诺贝尔经济学奖授予了美国加州大学的乔治·阿克罗夫教授、斯坦福大学的马歇尔·斯本斯教授和哥伦比亚大学的约瑟夫·E. 斯蒂格里茨教授，以表彰他们在不对称信息市场的研究所做出的杰出贡献。传统经济学认为，市场是万能的，通过自由竞争可以实现市场资源的自由配置。福利经济学的定理：阿罗－德布勒定理认为，社会上有两种人，生产者和消费者，只要消费者的偏好和生产者的技术具有某些合情合理的特性（边际效益递减、边际报酬递减），那么，在消费者追求自己效用和生产者追求自己利润的前提下，一定有一套价格体系，使社会上的资源达到最有效的使用状态。但这是假设信息是完整的，生产者和消费者都拥有充分的信息，知道自己的利益所在。而在现实的世界里，这种情况是不存在的，信息往往是不完整的。斯蒂格里茨提出了"搜寻理论"，如你要买一件东西，往往要逛好几个商场，搜寻比较，然后再做最后的决定。信息往往也是不对称的，如一方拥有更多的信息，而另一方却没有，从信息的角度看他们的地位是不对称的。如果卖方具有信息优势，买方就处于"劣势选择"地位。自由竞争的市场未必能带来最高的效率。因为信息不完整和信息不对称，所以，信息经济学家认为：第一，即使市场里有人想买、有人想卖，但是交易不一定会发生；第二，即使交易发生，可能具有非常特殊的性质；第三，当市场机制不能发挥作用时，

"非市场"的机制可能应运而生，不过这些非市场机制可能会造成更为不良的后果。这些信息经济学的理论，不仅在经济领域适用，在其他方面也有价值，如对于人们的升学与就业同样具有重要的意义。由于对职业、就业形势、学校等信息的不完整和不对称，个人升学和就业往往处于"劣势选择"地位，产生选择上的困难，可能选择不当，甚至上当受骗。又如不规则的人才市场，买者如无法观察到作为劳动力商品的内在质量，那么卖者就会以次充好，造成劳动力市场上假文凭、假学历泛滥成灾。因此，人们就要设法减轻信息不完整所造成的问题，产生各种类型的中介活动和中介组织，职业指导及职业指导组织就是其中之一。职业指导的主要功能之一就是为就业者提供有利于其选择的信息，改善其劣势选择的地位。

人除了出生不能选择外，一生中要面对无数的选择。选择学校、选择朋友、选择职业、选择伴侣……有无关大局的选择，也有干系重大的选择，有无悔的选择，也可能有悔恨终生的选择。一个人的职业生涯占有其生命的大部分时间和精力，是实现个人的社会价值和获得生活幸福的主要源泉。因此，职业的选择在人的一生中是一项极为重要的抉择，必须慎重对待。而选择职业又是一件很困难的事，困难主要来自人们在选择职业时所受到的巨大局限。择业首先要受到社会的局限，一个人不论其才能意愿如何，都不可能离开社会结构、经济结构等所形成的需求获得自己的职业，而职业结构的复杂性和个人获得择业信息的局限性又增加了选择的难度，有限的信息还可能经常受到各种误识和偏见的影响，甚至误导，就业的各种机遇往往是通过无数偶然来实现的，寻找和把握机遇亦非易事，再加上个人对自己估计的主观性，选择方法的缺乏，等等，都造成职业选择和决策上的困难与困惑，甚至造成失策和失败。所以，职业选择是一种高度理性的活动，是一种深思熟虑的判断，是一种成熟的决策，是对命运的挑战、对机遇的把握，对追求的执着，也是对某些愿望的放弃，没有放弃就谈不上选择。所以，职业选择是一种重要的能力。职业指导的另一重要职能就是给升学和择业者以帮助、引导和疏导，解决选择上的困难和困惑，使人们在不能有绝对自由选择职业的现实社会中，能够比较合理选择升学与就业，帮助人们学会选择。要使被指导者能够面对现实、正视自己；既能抓住机遇又要处逆不惧，在得不到合意的职业或一时失业时能找到自己的人生坐标，不丧失自我；追求职业应锲而不舍，也要善于放弃；在求职上敢于竞争，也要严于律己，不能以不正当的手段去获取。选择上的成熟是职业成功的基本保证，职业指导要提供选择职业的各种信息，更要注重对择业者心理素质的培养和科学决策的教育，使学生学会选择。

职业选择也是对社会的承诺，一旦决定从事某种职业，就要承担社会义务。职业给予你生存于社会的权力，你也必须尽你对社会的义务。要尊重选择，善待职业。任何职业都是有意义的，都为社会所必需，任何一种职业经历都是取得成功的一块基石。发展是人类永恒的主题，也是教育永恒的主题。如何发展自己以谋取职业，和在职业生涯中如何求得个人和职业的发展，是职业指导的第三项任务。这点对于正在成长中的青少年更为重要，职业指导在培养青少年成才方面，具有其他教育所不能替代的功能，是素质教育的重要组成部分。所以，在学校教育中，职业指导是课程的一个组成部分，在职业学校中职业指导是必修课。

职业指导是一门跨学科的课程，涉及经济、社会、劳动、教育、法律、心理等诸学科，职业指导的范围包括就业前和就业后，包括教育（升学、培训）指导和就业指导，本书主要针对中学生，特别是职业中学学生的职业指导工作，从职业指导的基本理论和实践两方面进行论述。

一、我国职业指导的源起与发展

分工是产生职业的基础，大约在旧石器时代晚期，距今约二万到四五万年前，我国的山顶洞文化时期，在氏族公社里存在着按性别和年龄的不稳定的分工，到了新石器时代晚期，我国人民的生活已进入畜牧兼农耕的阶段，社会生活有了较明显的分工。大约在五千年前我国龙山、齐家、良渚等文化时期，已经开始进入铜石并用的时代，轮制陶器和冶金技术是这个时期工艺发展最突出的标志。不仅氏族公社的首领要负责管理生产和社会生活，这些生产技术也一定要通过专门训练传授给后代，这时也产生了掌握一定文化知识的"巫",氏族公社的成员已经需要按分工来培养了。在萌芽的职业教育中,必然孕育着职业指导的萌芽。但明确的社会职业指导的产生,则应在春秋战国时期。当时"礼崩乐坏",奴隶制劳动的井田荒芜,私田数量迅速增长,一些奴隶主被迫把奴隶变为被称作"隐民""私属徒""宾朋"等的有一定自主权利的依附农。《墨子·非命下》说:"今也农夫之所早出暮入,强乎耕稼树艺,多聚菽粟,而不敢怠倦者,何也?曰彼以为强必富,不强必贫;强必饱,不强必饥,故不敢怠倦。"可见这种人身依附的农民已经可以占有某些自己的生产资料和生产品了,农业开始成了个人谋生的手段。一些从事手工艺的奴隶也挣脱奴隶的枷锁,成为独立的小手工业者。《孟子·滕文公下》称:"梓匠轮舆,其志将以求食也。"春秋时期出现了"天子失官,学在四夷"的局面,一些贵族没落了,流落到下层,学官星散,官府所垄断、秘藏的典籍文物扩散到民间。私学兴起,在社会上出现一批既非官吏,又不经营其他事业,所谓不狩不猎,不农不工,不贾不商,脱离生产劳动,"四体不勤、五谷不分",专门从事精神劳动的"士"阶层。虽然"士"的流品日益复杂,但士中间主要的还是作为"谋士"的脑力劳动者,"士"也成了一种谋生的职业。士农工商职业的确立和发展,使职业指导成为社会所必需,以从古代到当代职业指导经历了三个阶段。

(一)第一阶段——中国古代的职业指导

中国古代的职业是建立在以农业和手工业为主的自然经济和封建等级制度的政治制度的基础之上的,科学技术发展缓慢,社会生产力的发展主要依靠政策的调整和经验的积累,生产关系表现为社会的等级制度。为了维护这种政治制度,发展生产力,需要以职业的稳定性和职业与社会等级相适应为前提。因为,只有稳定才能积累更多的生产经验;只有职业与社会等级制度相一致,才能巩固封建等级制度的政权。因此,古代职业指导的特征是:

1. 以礼制分,上下分明、尊卑有等的职业观

在整个封建社会思想上占统治地位的儒家学说的创始人,春秋时期的

孔子已明确提出：社会中有君子之事和小人之事，君子通达于仁义，小人通达于财利。孟子进一步从分工上论述了分工的必然性和合理性，他在回答农家许行的学生陈相时说：许行并不能既耕种又织布做衣服，冶铁造农具，而是要用粮食去换，为什么人们不怕麻烦要与百工交易呢，就是百工之事"不可耕且为也"，人们不可能生产自己所需要的一切东西，要求人什么都自己生产，然后才用，是使天下人都疲于奔命，是行不通的。既然种地和冶铁都不能全干，那么"治天下独可耕且为与?"提出了劳心和劳力的概念。他说："有大人之事，有小人之事"。"或劳心，或劳力；劳心者治人，劳力者治于人；治人者食人，治于人者食人，天下之通义也"。战国时期的荀子明确将这种职业观与建立和巩固封建主义政权和等级制度联系起来，提出"礼者，养也"，即制度化的社会财富的占有和分配的等级关系。以这种等级关系来分工和占有社会财富就是"义"。所以要以礼制分。他说："夫贵为天子，富有天下，是人情所同欲也。然则从人之欲，则势不能容，物不能赡也。故先王案为之制礼乐以分之，使有贵贱之等，长幼之差，知愚能不能之分，皆使人载其事而各得其宜，然尽使悫禄多少厚薄之称，是夫群居和一之道也。""故仁人在上，则农以力尽田，贾以且察尽财，百工以巧尽械器，士大夫以上至于公侯，莫不以仁厚知能尽官职，夫是谓之至平。"并且提出"积"与"安"的问题。"积耨耕而为农夫，积削而为工匠，积反（贩）货而为商贾，积礼义而为君子。工匠之子莫不继事，而都国之民安其服（职业）"。知识和生产经验要靠积累，每个人都安于其职，社会也就安定了。

2. 子承父业，不迁其业的职业格局

古代职业技术的传授主要是靠父子相传或师徒相传，人口的流动性很小，子继父业、不迁其业，有利于行业的发展，有利于技艺的磨炼精湛，有利于社会的稳定和政权的巩固。《管子·小匡》桓公问："定民之居，成民之事，奈何?"管子对曰："士农工商四者，国之石民也，不可使杂处。杂处则其言咙（混乱、杂乱），其事乱。是故圣王之处士必就闲燕，处农必就田，处工必就官府，处商必就市井。"

历代对手工业者也有职业限制，如北魏太武帝太平真君五年（公元444年）曾下《禁私立学校诏》，其中有"其百工伎巧、卒子息，当习其父兄所业，不听私立学校。违者师身死，主人门诛"。后来虽无这样严峻的规定，但工匠有"匠藉"，要应官差，清初始除。《管子》中也反映出以农业为主的"重农"思想。

3. 学而优则仕的职业导向

士阶层的产生，并成为不从事生产劳动的"四民之首"，学而优则仕就成为高人一等的最好的职业出路。孔子说"君子不器"，就是读书的君子，不能像器皿一样只有一定的用途（一技之长或某种职业），君子是"谋道不谋食"。"耕也，馁在其中矣；学也，禄在其中矣"。小人才"学稼""学圃"。为了选拔人才和笼络人心，君主和封建政权也极力提倡读书做官，西汉明帝，就亲临太学讲学，"以纳人於利禄之途"。隋代开始的科举制度，更将这种导向推向极端，一直影响到现在。

4. 重农轻商和贵贱等级的职业限定

我国古代社会建立在农业经济之上，一直十分重视农业，认为稼穑是本业。"武王治镐，其民有先王遗风，好稼穑，务本业"。"汉文帝"躬劝农耕桑，务民之本。在重视农业的同时，采取重本抑末（商）的政策。对商人有许多歧视的规定。如汉代令"贾人不得衣丝乘车，市井之子孙亦不得仕宦为吏"。宋代规定商贾只能服皂白衣，不能穿紫色衣服（士是可以穿的）。直至清代雍正二年（1724年）仍谕各省都抚："朕惟四民以士为首，农次之，工商其下也。汉有孝悌力田之科，而市井子孙不得仕宦，重本抑末之意，庶为近古。"并规定娼优隶卒不得应科举等，在职业上做出贵贱等级之分和某些人不得从事某些职业的规定，从国家政策上对职业进行干预。

5. 学校与行业的职业指导

从学校教育看，古代的学校教育中已包含了职业指导的诸多因素。最早可见于孔子的私学。《论语》中孔子多处对学生论及他们的个性（柴也愚，参也鲁，师也辟，由也果、求也艺、赐也达），特长（德行颜渊、闵子骞、冉伯牛、仲弓，言语宰我、子贡，政事冉有、子路，文学子游、子夏）；根据他们的个性能力建议可从事的适宜的职业，如子路可以治赋——兵役、军政，冉求可以为宰——总管、政事，公西赤可以做外交官。了解学生的志向，多次要求学生"各言尔志"。教导学生重视职业能力，"不患无位，患所以立，不患莫已知，求为可知也"。"诵诗三百，授之以政，不达，不能专对，虽多，亦奚为?"明清之际的颜元，受明末市民经济的影响，教育学生要有谋生的学习目标。"今日之儒，非兼学农圃，则必学风鉴医卜，否则无以为生。"在教学注重实践与应用等。同时，行业、行会对于职业的指导也是很早就有了，行会中的某些规定也带有职业指导的性质。

这时可以说是职业指导的初始阶段，无专门的人与机构进行，也没有成为教育与社会中介活动的组成部分，但国家、政府已明确地对社会职业进行干预与导向，学校、行业、家庭对个人的职业也有教育与指导。

（二）第二阶段——近现代的职业指导

我国近现代的职业指导始于 1916 年，由清华大学的留美学生首先倡导，1932 年，清华大学设立了职业指导委员会。中华职业教育社是我国最早倡导和实施职业指导的民间教育团体，1917 年，中华职业教育社成立后即大力提倡职业指导。1919 年，中华职业教育社成立了职业指导部，并组织了职业指导委员会。1919 年社刊《教育与职业》出刊了职业指导专号。同年，职教社在上海澄衷中学、青年会中学、南京省立一中、济南正谊中学、武昌华大附中等校试行职业指导工作，并与南京市教育局等合办南京职业指导所，是教育行政部门参与职业指导之始。1927 年，中华职业教育社上海职业指导所成立，是我国第一个面向社会的职业指导机构。其间出版了一批职业指导的书籍，有俞兆明编写的《中学职业指导》《各国职业指导》，沈光烈译（日）增田幸一著《职业指导概论》，以及《职业智能测验法》《职业分类》《样表自审表》《职业指导实验》等，职业指导逐渐受到重视与推广。1930 年 9 月，"全国职业指导机关联合会"成立，同年 12 月在南京举行年会。抗日战争期间，中华职业教育社在昆明、桂林、重庆、贵阳等地均设有职业指导所。1946 年，职教社在上海创办比乐中学，实验初中职业指导的实施。

近代职业指导产生的背景是工业革命，大工业生产和自由贸易。"资本不是一种个人力量，而是一种社会力量"。这种社会力量促使有组织有计划的职业指导的产生。大工业生产使大批农民离开土地，手工业者丧失了生产工具和生产资料成为"无产者""资产阶级抹去了一切向来受人尊崇和令人敬畏的职业灵光。它把医生、律师、教士、诗人和学者变成了他出钱招雇的雇佣劳动者。"职业数量激增，流动性加大，就业和失业问题突出，在第一次世界大战前夕，在美国学校产生了有组织的职业指导，很快波及其他国家。

近代职业指导的特征为：

（1）以对现实的职业的适应为前提，所谓"使人得事，使事得人"，以事（职业）为中心，去认识、准备、选择、发展。

（2）具备了一定的理论基础，在理论上有"人职匹配""发展理论"等心理学研究成果的支撑，和现代的职业心理、职业能力的测试手段等。

（3）后期以人力资本理论和终身教育思想为指导，产生"职业前途""生涯设计"等指导思想与措施。

（三）第三阶段——当代的职业指导（20 世纪末到 21 世纪初）

中华人民共和国成立之后，受全面计划经济下国家统一分配的劳动就业制度的限制，职业指导工作停顿了 30 多年。1986 年，中华职业教育社深圳分社与深圳市教育局联合在深圳举行了全国性的"职业指导问题研讨会"，宣传恢复职业指导工作。1987 年，《职业指导的研究与实验》列入国家教委"七五"科研规划重点课题，在上海、北京、广东等地进行研究与实验。1989 年，国家教委办公厅发出《关于转发上海市卢湾区教育局对中等学校开展职业指导工作的经验通知》，要求各省、自治区、直辖市抓好试点工作，逐步开展职业指导。"八五"科研规划国家教委重点课题列入了《农村创业指导的研究与实验》，进一步将职业指导推向农村，并与创业教育相结合。1991 年，按国务院 55 号精神，国家教委规定在初中设置职业指导课。1994 年，国家教委印发《普通中学职业指导纲要（试行）》，明确规定"职业指导是普通中学教育的一个组成部分"，初中和高中都要进行职业指导工作，并在全国六省市进行试点，职业指导在全国中等学校中逐步展开。在此期间到 20 世纪 90 年代，也有大量关于职业指导的著述问世。如金一鸣主编的《中学的职业指导》、孙震瀚主编的《国外职业指导》、朱启臻著《职业指导理论与方法》、王珍等主编的《职业指导》、傅功绥主编的《职业指导研究与实践》、苏国炎主编的《中学职业指导教育概论》宋昆谋、闰丰古编著的《选择——中学生职业指导》、中华职业教育社主编的《生涯设计》等几十种。

1996 年，《中华人民共和国职业教育法》第四条规定："实施职业教育必须贯彻国家教育方针，对受教育者进行思想政治教育和职业道德教育，传授职业知识，培养职业技能，进行职业指导，全面提高受教育者的素质。"第五条规定："公民有依法接受职业教育的权利。"当然也有依法接受职业指导的权利，这是我国首次将职业指导列入法律，以立法保障其执行。

2001 年，教育部发布《关于中等职业学校德育课课程设置与教学安排的意见》规定"职业道德与职业指导"为四门德育课课程之一，列入中等职业学校一年级教学计划。随着我国社会主义市场经济的确立和全面素质教育的实施，职业指导已成为中等教育阶段学生的必修课程。

面对社会实施的职业指导，劳动部为促进劳动者就业，规范和推动职业介绍工作，根据《中华人民共和国劳动法》的有关规定，于 1994 年制定了《职业指导办法》，提出"职业指导的主要任务是向劳动者和用人单位提供咨询和服务，促其实现双向选择""职业指导必须依法进行，并遵循公平、自愿的原则。"职业介绍机构应开展职业指导工作，就业训练机构应开设职业指导课程。面向社会的职业指导也正在逐步开展。

当代职业指导具有以下特征。

（1）职业指导主要面对的是知识工作者

知识经济的到来与经济的全球化，信息社会与建立在可持续发展基础上的科学发展观都要求当代和未来的从职从业者是一种知识工作者。知识工作和体力工作的不同点在于：体力工作需要做的事是显而易见的，不需要问"应该做什么"，主要的问题是"这个工作如何做"和"把这件事做得最好的方法是什么"。而知识工作的"任务"则不是按部就班地操作，在完成任务时，他需要解决许多问题，或者做许多不同的事。现在，简单的体力工作越来越少，而相当多的知识工作者不仅做知识工作，同时也做体力工作，这不仅是一般操作人员，包括应用最高深知识的一些人也是如此。所以，知识工作和体力工作在一个工作者的身上，在大多数情况下，是完成任务不可分割的统一体。同样，现代的体力工作者，在很多情况下，要自己决定应该做什么，因而也需要足够的知识。

当代企业管理的理念也发生了变化，企业以雇客的满意度为经营的目标；生产流程的改变使企业管理趋向扁平化，知识工作与体力工作之间的界线变得更加模糊不清；经济全球化使竞争更为激烈，职业的不稳定性、流动性和变动成为常态。教育的扁平化也促进职业的转换和流动。

知识工作的劳动工具是他的头脑，满意度是一种自觉控制质量的意识，职业的变化和流动性要求人具有柔性就业能力；常规部门就业机会不足，要求加强自主就业能力。这些都要求人的自觉性、积极性、独立性和独创性。

因此，当代职业指导的特征是从以社会为本位转向以人为本。越来越多在工作职场上的人，需要学习"经营、管理自己"，他要懂得将自己放在最能有所贡献的地方，并学习发挥自己所长。彼得·杜拉克说："知道自己的长处、做事的方式、价值观，才能理解自己，也才能有把握地承诺一个机会，担任某项任务。同时，也正因为了解自己，我们才能够说：是的，我愿意做这件事，但是我认为这件事应该这样做……我与同事之间的关系应该是……你能够期望我达成的是……我需要的时间是……"因为，"我就是这样的人"。

（2）以人为本是职业指导的基本原则

以人为本的当代职业指导，目前尚处于初始阶段，还需要研究和实验。以人为本指导职业行为主要表现在以下几方面：

一是以人的本质——人的固有的尊严和人性为基础。要解决怎样以人为本，首先必须解决的是人的本质是什么。1948年12月，联合国大会通过的《世界人权宣言》提出：人皆生而自由，在尊严以及权利上均各平等，人各赋有理性良知，诚应和睦相处，情同手足。1993年，世界人权大会通过的《维也纳宣言和行动纲领》强调："承认并肯定一切人权都源于人类固有的尊严和价值，人是人权和基本自由的中心主体。"这里都提出了这样一个观念：人之所以为人，具有人权，是由于人具有固有的尊严和价值，亦即人与其他动物的根本区别。

因此，以人为本指导职业行为，应该：①强调和加强人对职业的理性认识，了解职业的本质和人与职业的关系、人与社会的关系，树立正确的职业观；②要提高人对自身劳动能力的认识，学习能力的认识，认识劳动的价值，创造的价值，自觉提高学习能力、创造能力，由"他学"转向"自学"；③加强对职业道德的指导，树立对德性与德行的自觉，由"他律"转向"自律"。提高人对自然和生命的认识，由对自然的无限的开发掠夺，对生态平衡的破坏，转向维护与共存。

二是以培养在迅速变化的环境里开发寻求就业、保持就业和变更就业的调整适应能力和竞争能力为导向——人的社会适应能力和人的全面发展。马克思指出："人的本质并不是个人所固有的抽象物。在其现实性上，它是一切社会关系的总和。"因此，不同历史时期以人为本的内涵和所要解决的问题是不同的。中国古代统治者从国家兴亡、政权更替的角度总结经验，重在"民本"，认为"民为邦本，本固邦宁"。指导和干预社会生产和职业，是以解决人民的衣食为主，所谓"仓廪实则知礼节，衣食足则知荣辱"。生活以稳定为主，职业以少变为主。欧洲文艺复兴时期提出的天赋人权自由、平等、博爱，则是为大工业生产、自由贸易和市场经济开路的。人被作为一种人力"资本"、经济的工具、生产的手段来教育和指导。当前，在知识经济的条件下，经济社会的发展主要不是依靠资源、资金、工具和原料，而是依靠头脑。所以，人的发展就成为根本。因此，联合国《教育——财富蕴藏其中》提出：当代的"教育不仅仅是为了给经济界提供人才，它不是把人作为经济工具而是作为发展的目的加以对待的"。"使人作为人而不是作为生产手段得到充分的发展。"要使人在职业上处于主体和主动地位，就需要指导人们在科技迅速发展、职业不断更新、生产过程与组织巨变的情况下，具有应对这种环境的能力。而这种能力的获得，最根本的是人性的自觉和人的全面发展。从人的本质是一切社会关系的总和出发，职业指导要重视地域、民族、家庭、教育、生活环境等的差异，做到有的放矢。

三是以自主就业、创新能力和学习能力的指导为重点——发展人的主观能动性和持续发展能力。在这个急剧变化的时代，一个人一生不会只有一个工作、不会只有一种任务、不会只有一个职业。在今天任何人都必须学会自我管理。不需要了解也不允许考虑个人长处的子承父业的时代已成历史。大多数人不需要也不必考虑我的贡献是什么，要做什么事职业本身已有要求，做别人告诉你的事，由"组织""单位"设计你的生涯的时代，也正在逐渐退去。当然这绝不意味着个人想做什么就可以做什么，爱做什么就做什么。而是要求能够更自觉地认识自己的社会责任和义务，认识自己的职务职责，明确自己应做出的贡献。同时，不仅能寻求就业，而且能自主创业，自己创造工作岗位。按美国著名管理学家被称为现代管理学的奠基人彼得·杜拉克所说，一个知识工作者、技术人员需要做到以下几点：

能够了解任务是什么，对自己的责任和贡献负责。"任务"的内涵不是知识加技术。"质量"是一组固有特性满足要求的程度。

能够自己管理自己的生产率，追求最佳品质，而不是起码品质。要从质上而不是从量上看待生产率的提高，品质的定义是"顾客的满意程度"。

要能不断地创新，要维持高品质就需要不断创新。要有一个不断变革的意识，创新不是刹那的灵感，而是辛苦的工作，创新就是要对已无生命力的旧思想、旧事物的有计划地放弃，发掘自己的成功，不断改进；最后这些小小的脚步，到某一个阶段，就会带来一个巨大的、根本的变革，也就是带来一个全新的东西。

持续的学习和教导，必须是工作里的一部分。持续学习、终身学习，能获得在职业上持续发展的能力。在学习态度上从"他学"转向"自学"，在学习化的社会里，学习将成为一种生活方式。

四是以确立人在职业中的主体地位为工作方式——个别化和人性化。职业指导的现代化，也就是指导的个别化和人性化的过程。现代信息技术为职业指导的个别化和人性化提供了条件和可能。现代信息技术已经可以做到零时差、零距离的交互传递，人们所能获得信息的丰富和便捷是以往任何传播手段所无可比拟的，这就极大地扩展了人们的视野和就业的空间。

职业指导已经开始实现了网络化。通过网络特别是人事、劳动、教育等部门的网站，求职者能够获得大量的培训与就业信息，学校网可以设置劳务市场就业信息栏目，帮助学生择业与就业；通过网络可以实现异地求职甚至异域求职，可以寻求创业信息和合作伙伴，有利于个人职业目标的实现，也大大提高了职业指导的实效和时效；通过网络还可以了解企事业的情况，用人单位也可以了解个人的有关信息，降低双向选择中由于信息不对称所导致的问题，降低就业成本，提高职业指导的服务质量。

职业指导机构通过各种现代化手段，进行心理测试、能力测验、素质评估，帮助被指导者更全面地认识自己，增强自觉性，减少盲目性，使职业指导更具个别化和人性化，凸显在职业中人的主体地位。

五是以加强对弱势群体的职业指导体现人性关怀——实现社会公平。

职业指导中所谓的弱势群体是指在就业问题上处于劣势地位的人群，如残疾人、文化水平低、缺乏劳动技能、年龄偏高、失业者、进城的农村流动人口，在一些地区、部门或行业中也包括妇女。社会上最需要职业指导帮助的是这部分人群，而他们往往又是不了解或不善于寻求职业指导帮助的群体。为此，政府和社会应加强这方面的宣传工作，劳动部门的职业指导机构要负责组织和进行这方面的工作；同时，加强职业培训机构的职业指导工作，在劳务市场中加强中介组织的指导功能。一方面正确引导用人单位的用工观念，消除性别、地域、年龄等歧视；另一方面提高弱势群体的自我发展能力，加强就业、转业培训，农村劳动力转移培训，为他们提供改善社会经济地位的机会，以实现社会公平，体现对人的关怀。

二、职业指导的概念与内涵

1. 职业指导的概念

职业指导，美国、加拿大称职业指导，日本称出路指导，苏联称职业定向教育，对什么是职业指导从不同的角度有不同的阐述。我国《教育大辞典》定义为"帮助人们选择并准备从事一项适合自己职业的过程"。《职业技术教育辞典》的定义是："一定的社会组织帮助人们了解职业、选择职业和走上职业道路的各种措施体系的总和"。美国全国职业指导协会认为："职业指导，它是帮助学生选择职业的过程，是为就业做准备的过程，也是在任职中求得发展的过程。"日本《世界教育辞典》称："为了使每个学生可以自主地设计和选择自己的去向，在以后的生活中实现自我，而在学校进行有组织有系统持续指导和帮助的中心活动。"天津职业技术师范学院王珍等编著的《职业指导》认为："职业指导是对青年学生、求职者和用人单位的职业咨询与指导。即职业指导是指教育、劳动及有关单位根据社会需要及职业活动的结构对劳动者素质的要求，结合每个人的个性特点，帮助学生、求职者选择适合的职业或专业，进行定向培养，帮助用人单位选择合格的劳动者，达到人与职业优化组合的指导过程。"广东教育学院苏国炎在其主编的《中学职业指导教育概论》中说："职业指导是帮助人们选择并准备从事适合自己的职业，以及在某类职业求发展的过程。"北京农业大学朱启臻在其所著《职业指导理论与方法》中提出："职业指导是培养人的职业意识、职业品德和职业能力的教育过程，是帮助个人根据国家需要、职业要求和自身特点选择职业并适应职业的活动。"西南师范大学肖宁灿在《现代职业指导》一书中同意职业指导主要是对于选择职业、准备职业以及在职业中求进步等提供知识和技能的观点，并认为：职业指导既包括学校内的职业定向指导，也包含学校外的社会方面的职业指导；既包括升学指导，也包括就业指导；既包括对一般人的指导，也包括对残疾人的指导。

2. 职业指导的内涵

综合以上观点，可以看出职业指导的内涵十分丰富：对个人而言，是一个职业化的过程；对社会而言，是社会对其成员在职业上的指导服务；对学校而言，是教育工作的一个组成部分。所以，职业指导是为使人职业化（包括认识职业、准备职业、从职从业、职业发展直至职业生涯结束）所进行的连续性的专业辅导工作、社会服务工作。人的职业生涯是一生中最重要、延续时间最长的经历，所以，职业指导是生涯设计的主要组成部分。

职业指导的实施主要分为两大部分。一是学校职业指导，包括职业培训机构的职业指导。初中以下进行的关于职业理想、劳动观点、劳动技能等的培养，属于职业启蒙教育，是一种职业陶冶，未进入正式职业指导的范畴，但有的国家如美国 20 世纪 70 年代提出的生计教育，则是从小学一年级就开始了。初中以上到大学一般是设置职业指导课程。二是社会职业指导，向劳动者和用人单位提供咨询和服务。本书主要讲授的内容是学校职业指导中的中学生职业指导。

三、职业指导的基本理论

（一）职业指导的理论基础

1. 职业的本质与作用

（1）职业的定义

职业指导的理论基础，首先是基于职业的本质与作用。职业是由社会分工形成的，社会最基本的活动是生产劳动。生产的三次大分工，第一次是农业与畜牧业的分工，第二次是手工业从农牧业中分离，第三次是商业的兴起，出现了农工商等各行各业。分工是产生社会职业的基础。

职业的载体是人，没有人也就无所谓职业。人类社会生活的长河是无限的，作为个体的人只能在其有限的生命的时间之中和在其活动的有限空间之内，在社会分工中占一席地位，这就是他的职业。所以，职业的本质含义是人对社会的关系。职业从分工的角度而言，指在业人口（从事社会劳动并取得劳动报酬或经营收入的人口）从事工作的种类，或劳动者从事相对稳定的有报酬的工作。对个人而言，指人们在社会生活中所从事的、作为自己主要生活来源的、在社会分工中具有专门职能的工作。不同的职业把劳动者区分在不同的职业岗位上，相互合作，职业成了人与社会联系的纽带。所以从其功能（价值取向）而言，正如黄炎培所概括的，职业是为己谋生，为群众服务，为不可分割的两面。

（2）职业的社会意义与作用

人类是使用工具从事社会性生产以维持生存、发展和繁衍的。社会性生产导致社会分工，分工产生职业。职业一旦产生就成为社会中的独立存在，成为人们认识、选择、从事和发展的对象，具有重大的社会意义，表现在以下几方面：

职业是现代社会组织的基本构架。复杂的社会分工构成了现代人类文明社会的复杂结构，随着生产力的发展，社会分工越来越细，越来越复杂。现代文明社会结构不仅有政治、经济、文化、教育、军事、外交等各方面，每个领域中又有各种不同的层次和结构，构成极其细致的社会分工和千差万别的职业，是现代社会组织的基本构架。联合国在 1958 年正式颁发了《国际标准职业分类》，将职业分为 9 大类，83 个中类，284 个小类，1506 个细类。按我国 1999 年劳动和社会保障部制定的《中华人民共和国职业分类大典》的职业分类，共分大类 8 个，中类 66 个，小类 413 个，1838 个细类，形成现代社会组织的基本架构。

职业反映着社会生产力和分工的水平。职业的种类、类别是社会生产力的水平和社会分工水平的具体表现。生产力决定社会职业的产生和消失，有什么样的生产力才会产生什么样的职业。在蒸汽机产生之前不会有火车司机这个职业，在电脑问世之前，当然也不会有电脑操作、程序设计这类职业。社会分工的水平越高，职业的分类越细。职业分工直接影响教育体系、职业学校专业设置和培养目标。

职业的层次结构反映着社会的生产关系。在阶级社会中职业的层次、结构与阶级、等级相关联，在消灭了阶级的社会主义社会，职业也与不同的社会阶层相联系，反映了基本的生产关系。不同的职业在社会中有不同的职责、权利、义务。职业与人的社会地位、经济收入相关，反映着社会权益的分配，构成不同职业不同的社会需求和对从职从业者的不同要求。

职业分类反映社会的经济、产业及人力资源结构。职业的社会构成，从事哪种职业的人数、比例反映了社会的经济结构、产业结构、人力资源的配置及其构成关系与比例，反映了社会所能提供的职业的种类和数量。

职业活动反映了社会运转的运作方式。各行各业的活动，包括不同职业的专门职责，各行各业间的相互关系与合作形式，以及为使职业活动顺利进行的职业道德、职业纪律等，反映了一定社会的运作方式。

职业反映了行业群体的特征。相同或相近的职业，构成不同的行业，职业也反映出不同行业所形成的不同职业群体所特有的社会地位、利益和特征。

职业所反映出的这些特质是不以人们意志为转移的客观存在，了解职业在社会构成中的作用，了解社会与职业的关系和人与职业的关系，认识职业，是选择职业和完满地从职从业的前提。

2. 教育的本质与价值

（1）教育是人类的生存方式之一

在一些动物中也存在着某些学习现象，但有目的、有计划、有组织的教育是人类社会特有的活动。因为动物主要是依靠本能生活，一般动物自出生就具有相当精确严密的本能活动图式，规定了动物在每一种场合中的行为。动物只是按照它们所属的那个物种的尺度来进行活动和塑造，如鸟巢、蛛网、蚁穴、蜂房。而人类的器官则并不片面地指向某种行为，而是原初就非专门化的。人的这种生理构造的未特定化，以及反应机制上的未确定性和生存功能上的不完备性，给人的发展提供了非常宝贵的有利条件，使实践中的自由创造成为人类最珍贵的特性。人懂得按照任何一个物种的尺度来进行生产，并且懂得怎样处处都把内在的尺度运用到对象上去，以弥补自身在本能上的缺陷和匮乏。人类的这种特性，就使得教育活动成为其必不可少的生存方式之一。所以，教育的本质是人类的主要的生存方式之一。

（2）教育的价值是使人社会化

基于教育的本质，教育的价值是使人社会化。这是因为：

首先，作为人类，其自身的生理构造不能自然地保证自身能够成长为一个具有正常的人类智慧的人。人的大脑是人类智慧发展的物质基础，由于人类反应机制的未确定性，大脑必须受到外界相应的刺激和对刺激做出反应才能形成和发展成人类的智慧。人的智力大约50%是在初生到4岁时获得的，30%是在4~8岁时获得的，20%是在8~17岁时获得的。所以，婴幼儿时期是智力发展的关键时期，一个人如果出生后受不到最广泛意义上的教育，甚至在智力发展上受到压抑或挫折，其智力缺陷将是难以弥补的，将不能顺利成长为一个正常的人。

其次，人类是依靠使用工具进行社会性生产而生存、繁衍和发展的，因而是依靠生产知识技术的积累和传递来延续社会的生存和发展的，而不是依靠遗传本能。生产的知识和技术是后天获得的，因此要从事生产劳动就必须学习。劳动力的再生产是社会再生产的必要条件，教育和训练又是劳动力再生产的必要条件。

最后，人类有语言、文字可以使所获得的知识经验富集，并一代一代地传递下去，形成人类独特的文明社会。所以人类社会不是简单的重复，作为人在他出生的时候即面对着一个处于一定生产力和生产关系之下的复杂的社会结构。这种社会结构最初是简单的，以后随着分工的发展越来越复杂。即使在原始氏族社会，人们也有一定的生产方式、生产技术、社会组织、生活方式，有语言、宗教信仰、生活习俗等。一个人只有获得这个社会所必需的劳动技能、生活知识、思想意识、习惯、行为准则等，才能融入这个社会，被社会承认，才能在一定的社会中生存。这就要通过学习、通过教育。

所以，没有教育，人类就不可能生存、繁衍和发展；作为人，接受一定的教育和训练，不论这种教育和训练是以什么方式和怎样进行的，是使其成为一个社会成员的先决条件。因此，教育的价值就是使人社会化。

（3）人的社会化的核心是职业化

人的社会化是教育的总目标，亦即通过教育使自然人成为特定社会中的社会人，使个体成员成为社会的合格成员。使人社会化的一个核心内容是使人职业化。因为，职业是一个合格的社会成员所必须从事的，在一生中占主要地位的活动。作为一个合格的国家公民，不仅要受到一定年限的基础文化教育，而且也应当受到合格的职业教育，能够承担社会职业的义务。职业指导是教育的一个组成部分。

职业对于个人的发展也是十分重要的。人作为社会成员其需要是多方面的。对个人来说职业是谋生的手段，个人通过职业实现生存的需要。"民以食为天"，解决好就业问题，是个人最大的安全需要。职业使人获得对社会、对行业、对集体、对单位的归属感，提供一个最经常的社交场所，满足人们对归属和爱的需要。个人的价值不通过社会职业是不可能表现出来的，择业的成功和职业上的成就，能够提供成就感，满足人们实现社会价值和受到社会尊重的需要，使其成为在社会中有所作所为的人。满足世界上没有完全相同的人，这种个体差异有先天的生理和心理上的差异，更主要的是由后天环境、教育、机遇特别是职业所形成的，军人、教师、艺术家各有特质。人们可以通过对职业的选择，发挥自己的特长，发展自己的兴趣，实现自己的理想，满足人们展示个性的需要。人们对职业的关心，在职业化方面的需要，在一定意义上说是占首要地位的。如失业就会感到惶恐，退休会感到失落，从终身教育的观点而言，职业指导是终身教育的一个组成部分。

3. 劳动力的本质与价值的学说

在市场经济条件下，劳动力具有使用价值和交换价值，劳动力是一种商品，但是一种极为特殊的商品。这是因为劳动力或称劳动能力，是在活的人体中存在的、每当人生产某种使用价值时运用的体力和智力的总和，劳动力和劳动力的持有者是不可分割的统一体。商品交换需要在产权清晰、交换双方都具有独立意志的情况下方能进行。在奴隶制和农奴制情况下，劳动者不具有或不完全具有支配自己劳动能力的自由，劳动者大多被强制从事某种职业，因而他们的劳动力不具有或不完全具有商品的特质。在社会主义计划经济条件下，劳动力被纳入强制性的经济计划，国家的统包统配的劳动政策使用人单位和劳动者本人都不具备自由选择、交换劳动力这种商品的可能，所以劳动力也不具备商品的特质。

在社会主义市场经济条件下，实现就业的含义是：劳动者根据对自己劳动力的所有权，通过与使用这个劳动力的一方共同一致的意志行为，通过签订合同等形式，主动让渡自己的商品（劳动力），占有别人的商品（一般以等价物货币表现），从而取得劳动报酬，以维持生计，因而具有商品的性质。但是劳动力又是一种特殊的商品，与一般的商品不同，这是因为：

首先，劳动力这种商品与持有者不可分离，劳动力的持有者——人不是商品，而是具有独立自主意志的个人。因此，这种让渡是有限度的（用人单位购买的是劳动力不是劳动者），选择是双向的（其他商品没有自我选择买主的可能）。表现在用人单位有选择、聘任、解聘的权力和自由，就业者有择业、应聘、辞职、转业的权力和自由，构成一种双向选择的契约关系。

其次，劳动力的价格仅能在一定含义下表现劳动力的价值。劳动力的以等价物表现的交换价值，仅在以维持劳动力再生产的需要为衡量尺度这样一个特定的意义上存在。事实上劳动力是最积极、最活跃的生产能力，人是无价之宝。所以，劳动力就其实质而言也是无价的。劳动力的交换价值（使用价值）表现在其职业资格上，而其价格仅表现在一定意义上的劳动力再生产的价格。因此，一个有着独立意志的人，在选择职业时不仅是考虑经济的收入，工作的价值、意义，个人的爱好、兴趣、志向，职业的前景、个人在职业上发展的可能性，以及在就业上的审时度势，都是起主导作用的因素。无论是择业者还是用人单位，都需要对此具有明确的认识，了解据此而制定的各类法规，如劳动法、合同法、劳动保护和职业病防治法、未成年人保护法等，才能在保证和保护双方利益的条件下实现劳动就业。

4. 人与职业的依存与矛盾关系

职业产生于社会分工，虽然职业的载体是人，但职业的产生、变化或消失不以人的意志为转移。职业的载体是具有独立意志和不同个性特征的人，不同的职业对人的素质又有不同的要求，因此，职业与个人之间存在着一种既依存又矛盾的关系。

因为，社会的物质生产决定人们的生活方式，截至目前的各种社会人们都还不能获得任意决定自己生活方式的自由。从总体上看，迄今人的个性、意愿从来与社会分工和社会职业存在着矛盾。古代的奴隶之所以为奴隶当然绝不是他们的个性、素质、能力适合当奴隶；封建社会中农民世世代代固着于土地也是被迫的。在现代社会各种职业的存在、变化、新职业的产生和一些职业的消失也不以任何个人的主观愿望为转移。尽管人们选择职业的自由随着生产发展和社会进步越来越大，但都不可能离开一定生产力条件下的社会结构、经济结构所形成的职业需求来获得自己的职业。要实现就业就必须了解社会、了解职业，协调个人与社会的关系，在不能满足自己的愿望时，能够处理好个人的志趣和现实的矛盾。

5. 心理学有关人职匹配关系的研究

各种职业之间的差异和各人之间的个性差异是客观存在，并不是每个人都同样地适应某种职业，在人与职业之间存在着某种匹配关系，因此，在个人与职业之间除了矛盾关系之外，又存在着一种先天的适应关系。关于这方面的研究比较有代表性的理论有特质—因素论、人格—职业类型论和发展理论等。

（1）特质—因素论

该理论由美国职业指导专家弗兰克·帕森斯创立，由威廉士和佩特森发展成型，其核心是追求人与职业的合理匹配。认为所有的人在成长与发展方面都存在着差异，每一个人有着不同于其他人的特点（特质），这些特点与某种职业所需的特质存在着某种相关性，人的特性是可以用科学手段测量的，职业因素也可以运用一定方法进行分析确定，职业指导就是研究两者的相关性，通过职业指导达到人与职业两者之间的合理匹配。这个理论在职业指导中一直居于主导地位，对各种职业指导理论的形成都有很大影响。

（2）人格—职业类型匹配论

由美国职业指导专家霍兰德创立。1959 年霍兰德首次提出职业选择的理论，经过多年的研究，形成了一套系统的职业指导模式，包括人格类型和职业类型的划分、职业分类、类型鉴定表等。人格—职业类型匹配理论将人格类型划分为六种，即现实型、调查型、艺术型、社会型、企业型、传统型，具有某种类型人格的人会对某种相应的职业发生兴趣。

（3）发展理论

20 世纪 70 年代，金兹伯格和萨帕倡导发展理论。该理论是重点研究人的职业意识、职业行为、职业发展和职业成熟的系统理论。认为人的职业发展与成熟是一个连续的、长期的发展过程，进而将人的职业意识发展划分为几个连续的阶段，每个阶段又有一定的特征和职业意向发展的任务。因此，职业指导也是一个长期的系统的工作，并贯穿于人生的各个阶段。10 岁左右为幻想期，想象将来长大了干什么。11 ~ 17 岁左右为尝试期，认识到将来从事职业要做什么准备，确定职业目标，选择职业。18 岁以后为实现期，又分为三个阶段：探索阶段——试图将自己的职业愿望与社会要求联系起来；成果化阶段——专心从事某种职业并取得成就；特定化阶段——有了特定的职业目标，有了深思熟虑的选择（发展、深造、转业）。萨伯是发展理论的另一代表，1953 年形成较为系统的发展理论。他把人一生的活动分为五个阶段：出生到 14 岁为成长阶段。15 ~ 24 岁为探索阶段。在这一阶段学生通过学习、参加课外活动与一定的劳动，探索不同职业的要求，多做一些尝试性的职业决策，为职业做好准备，过渡到就业。25 ~ 44 岁为建立阶段。在这一阶段早期虽然还有某些尝试和职业的变换，但大多数的人已经有了一个适合的职业领域，并努力在其中建立一个永久的地位。指导的重点是充分发挥其潜能、寻求晋升和发展的途径。45

~64 岁为维持阶段。这一阶段已经取得了一定的职业成就，重点在保持和发展。65 岁以上为衰退阶段。工作活动变化将会停止，逐渐退出职业生涯。

6. 青少年心理成长的特点

心理学的研究说明，15～18 岁年龄段的中学生正处于成人前期。他们的认知能力有了显著发展，情感丰富但不稳定，意志过程的理智性明显提高，个性倾向比较明显，自我意识发展较快，自制力和独创性较强，世界观已初步形成，但他们的心理和生理还都处于成长时期。成人远不止是一个年龄上的概念，成人应是一个有独立性的人，他不像儿童或少年那样需要依赖他人才能生活，他本人承担安排生活的责任，承担独立做出决定的职责。成人能够担负起具有成年特征的社会职责，如劳动者、丈夫、妻子、父母等职责。虽然这一年龄段的青少年尚不能担负起这些职责，但是他们已经开始确实地考虑自己的前途，对未来和职业充满憧憬，有相当的判断和决策能力，因而青少年时期是进行职业指导的黄金时期。青少年由于心理上的不成熟，涉世不深，信息有限，对未来的设想有时不切实际、主观片面，也容易受到各种误识和偏见的影响，都需要进行指导和教育。

（二）职业指导的价值

职业指导对社会而言，是社会对其成员在职业问题方面所进行的连续性的专业性的辅导工作；对学校而言是教育工作的一部分；对个人而言是实现其生涯设计的一种指导和帮助，具有特殊的价值和效用。从中学生的职业指导而言，有以下三个主要的方面。

1. 社会价值

一是通过对社会劳动力需求的预测和就业现状调查，给予学生引导、指导、疏导，合理开发利用人力资源，调节供求关系，有利于实现对社会劳动力的宏观调控。

二是对择业者及用人单位进行双向指导，促进创业与就业，有利于减少失业，保持社会稳定。

三是引导学生树立正确的职业观，促进人职匹配，使事得人、使人得事，增进职业效益。

2. 教育价值

（1）实现三级分流的途径，促进教育制度向多样化发展

我国义务教育为九年，因此，主要是从初中阶段开始分流进行职业教育，在经济欠发达的少数地区一段时期仍将存在着小学后分流，在经济发达的城市地区，已开始走向高中后分流。职业指导帮助学生选择升学或就业的方向，确定今后个人发展的途径，使学生了解可以通过多种途径实现升学、就业和不断提高，避免千军万马挤独木桥，实现合理分流，促进教育向多样化和终身化发展。

（2）实现素质教育的手段

职业指导是转变应试教育的重要措施，使学生从应付考试的书本知识学习转向为获得今后从职从业能力的基本素质的养成。职业指导的过程也是学生全面素质发展和形成的过程。

（3）改革学校教育的动力，是改变应试教育的重要措施

长期困扰普通教育的应试教育，实际上是我国古代在自给自足的自然经济条件下，生产技术发展缓慢，经济发展主要靠政策上的调整，而不是科学技术的快速更新。因此，国家教育的重心是围绕选拔政务官的科举考试进行的，设学是为了应试，读书是为了应试，考中就可以不从事其他职业，获得最好的出路——做官。这种读书做官的思想在我国根深蒂固，但不是现代的职业观念。现代职业对人才的需求为多样化、专门化和综合化。因而，我国的教育也正在从传统的精英式的选拔教育向普及的大众化的方向发展；选拔的标准从重学识、学历转向重职业能力和经历；职业的迅速变迁和流动，要求人们职业发展目标的多样化和职业的适应性。职业指导就是要以现代的职业观念，去改变学校和学生的陈旧的教育观念，从根本上解决应试教育的问题。学校进行职业指导必然要了解社会、了解职业，了解社会对人才培养的要求，这就有助于更新教育思想，促使教育目标、内容、方法、手段的改革与现代化，增进教育效益；在职业学校对于专业设置与建设、课程的开发更具有重要的作用，使学校教学更符合职业

的实际要求。

3. 个人价值

一是认识社会、认识职业。树立正确的职业观；树立明确的人生目标和学习的目的性；树立全心全意为人民服务的思想。中学生不可能对社会职业有全面系统的认识和了解，其人生目标和学习目的往往并不清晰明确。职业指导通过对职业的意义、产生与发展，对产业、行业、职业分类的介绍等为学生展示一幅广阔、明晰、具体的社会职业图式和可供学生选择的人生坐标，激发学生自我成长的自觉性。

二是了解自己，探讨从事各种职业的可能性。职业指导帮助学生了解自我，发现自己的长处和潜能，了解成功的条件、能力的补偿和迁移、发展的机会和前途等。职业指导为学生开通了一条自审、自省、自我完善的科学通道，使学生能扬长避短、顺势成才。

三是获得日趋成熟的职业意识。了解升学与就业的形势和途径，获得择业、择校的能力，学会选择，做出升学、就业的抉择。

四是学会从学校到工作世界的转变，使学生能顺利地从学校过渡到社会，能够适应和正确处理职业中的问题，取得职业上的成功。

五是使个人的兴趣、特长、才能得到发挥，获得优良的生活质量。

4. 当前进行职业指导的必要性和紧迫性

（1）社会主义市场经济条件下实现就业环境的变化与学生和家长的不适应

我国自新中国成立以来，近40年的时间，实行的是升学与就业纳入统一计划的政策，学校按指标招生，毕业统一分配工作；人才部门所有，铁饭碗、终身制，除部门调动外极难流动。农民被户籍管理限制固着于土地，除城市招工、上学"跳龙门"外很少能进入其他产业。甚至从理论上认为社会主义社会不存在职业问题。造成群众的职业观念淡薄，养成一种上学靠国家（自己不做智力和职业投资），就业靠政府（分配工作）的心理，缺乏职业意识，如市场意识、资格意识、敬业意识、风险意识、竞争意识等。近年由于劳动人事制度的改革，这种情况有所改变，但无论是学生还是家长，对这种变化都有一个适应的过程。目前学生自主就业的观念有所增强，但缺乏独立创业的思想，寄希望于学校解决、家长帮忙；就业动机不成熟，盲目奔热门，讲条件怕艰苦；父母望子成龙，但又不清楚孩子究竟适合做什么；有的独生子女缺乏独立生活能力，经不起挫折、冒不了风险等。这些都需要通过职业指导加以解决。

（2）社会发展、科技进步、生产变革对劳动者素质要求的提高和教育的不适应

随着社会和科学技术的发展，对劳动者应具备的素质要求越来越高。人类由于对自然和社会的影响不断加大，面临着一系列的资源、能源、生态、环境、社会、疾病等问题，从而促使人们力求减少盲目性、增强自觉性，对自己的行为负责，对人类的生存和子孙后代负责，更加自觉、更加自律。对于从职从业者而言，职业道德意识、环境意识、质量意识、思想品德、行为态度已经成为其基本的生存能力。在信息时代，知识经济时代，生产发生了革命性的变革，人们要经常面对新情况、解决新问题，因此既要有创新能力和独立工作的能力，又要有相互合作、协调一致的能力、和良好的人际关系，等等。现在的学校教育在培养现代劳动者方面还有很多不适应的问题，通过职业指导可以起着促进和补偿的作用。

（3）初高中阶段学生的特殊需要和选择中的困惑

我国的教育制度和劳动就业政策（我国允许就业的最小年龄是 16 岁）使初高中学生面临升学与就业的选择。目前可选择的范围越来越广阔，如升学是选择普高、职校、还是综合高中，高中生选择高职还是大学，人文科还是理科，选择哪所学校，选什么专业。又如就业是立即就业还是参加初高中后培训再就业，是寻找工作岗位还是自己创业，是选择符合愿望的、专业对口的工作岗位还是"先就业后发展"，等等。再如学校有不同的类型，选择公办还是、民办，就业的单位有政府机关、国有企业、私营企业、中资企业、中外合资和外资企业，如何来选择，创业是独自经营还是合资经营，创业需要什么条件、手续，等等。每个学生个人自身的条件、家庭与社会环境、可能的机遇都不相同，这些对于心理上尚不成熟、

对社会了解有限的中学生来说，没有指导与帮助，作出抉择是很困难的。

（4）我国现实的就业形势和就业政策

我国人口众多，在就业上供大于求的形势是长期存在的问题，结构性失业和农村劳动力向非农业和城市转移是当前就业中的一个主要问题，因而就业形势严峻，需要通过职业指导使学生认清形势，把握机遇，正确处理社会需要、就业可能和个人愿望之间的关系，特别要加强创业指导，培养自己能创造职业和能为别人创造职业岗位的人。

四、职业指导的原则与方法

（一）职业指导的教育思想

1. 要遵循素质教育思想

即职业指导是全面素质教育的一个组成部分，应贯穿于全部教育、教学之中，而不是在学生毕业时的临时之举。

2. 要遵循终身教育思想

职业指导的立足点是终身教育，无论升学或就业都不是学习的终结。职业教育的优势在于培养的人具有直接上岗或直接谋生的能力，但职业学校不可能为他一生可能从事的职业都做好准备，每个人今后的发展是要通过一生中各种形式的学习来实现的，要使学生懂得他们必须学会学习、终身成长。

3. 要遵循个性化教育思想

在职业问题上每一个人都是不同的，必须采取个别化的教育，尊重学生的个人选择，防止追热门、随大流的从众心理。

（二）职业指导的原则

1. 科学性与导向性原则

职业指导必须以马克思主义的辩证唯物主义和历史唯物主义及邓小平建设有中国特色的社会主义理论为指导思想，坚持实事求是，不能搞形而上学和主观主义。以社会需求为基本导向，教育学生正确处理国家需要和个人志愿的关系；认识自己在职业上的可塑性和可迁移性；正确处理爱好、兴趣与现实选择职业的可能性的关系。

2. 客观的咨询性原则

亦即以学生为主体的原则。选择升学与就业的主体是学生，要由学生自己做出决定。职业指导提供的建议与咨询要客观，切忌主观和代替学生下决心。

3. 循序渐进的养成性原则

职业指导是一个教育和培养的过程，要遵循教育规律，系统地进行，不仅要使学生从理论上了解职业，更重要的是要在学校教育的全过程中培养学生适应职业的能力，着眼于学生的成长与发展，帮助学生做好生涯设计，而不能限于一时一事（如何选择学校、怎样准备面试、具体职业介绍）的指导。

4. 因材施教、注重实效原则

职业指导的某些部分可以通过班级等集体形式进行，但每一个学生的学习、身体、心理、家庭、社会关系以及升学或就业意向都是不同的，要做到具有实效，必须积累个人资料，做到因材施教。

5. 专业性与规范性原则

职业指导是一项专业性很强的工作，有自己的理论和方法体系，需要专门人才按规范进行。

（三）职业指导的途径与方法

1. 职业指导的途径

（1）设置专门的职业指导课

上好职业指导课是进行职业指导的基础，是进行职业指导的主渠道。教育部已将职业道德与职业指导课列为四门必修德育课程之一，颁布《职业道德与职业指导教学大纲（试行）》规定，课程的性质与任务是：旨在对学生进行职业道德教育与职业指导。其任务是使学生通过了解社会、了解职业、了解自己，树立正确的职业理想；掌握职业道德基本规范，以及职业道德养成的途径，陶冶高尚的职业道德情操；形成依法就业、竞争上岗等符合时代要求的观念；学会依据社会发展、职业需求和个人特点进行职业生涯设计的方法；增强提高自身全面素质、自主择业、立业创业的自觉性。课程教学的总目标是：①教育学生了解职业、职业素质、职业道德、职业个性、职业选择、职业理想的基本知识与要求。②指导学生提高职业道德实践能力，根据市场需求自主择业能力、立业创业能力、依法从业能力、职业生涯设计能力。③培养学生树立正确的职业理想，初步养成适应职业要求的行为习惯，激发学生提高全面素质的自觉性。

（2）通过实习、实训进行职业指导

通过实习、实训进行职业指导是职业指导的又一重要渠道。因为，实习与实训，特别是现场的实习更接近实际的职业环境，更有利于培养学生从学校向职业生涯的过渡和创业能力的培养。

（3）通过各科教学进行职业指导

使学生了解各门学科与职业的关系，了解所学专业与相关职业群对职业能力的要求，把今天的学习与明天的就业和将来的发展联系起来。

（4）通过社会实践、课外活动进行职业指导

通过各种课外活动如兴趣小组、文艺演出、演讲、书法竞赛、技术比武等，培养学生的职业兴趣、综合能力、职业能力等。

（5）利用社会提供职业指导

社会是进行职业指导的大课堂，可以请家长或有关人士做报告，利用劳动部门、人才中介机构等进行职业指导。

（6）建立职业辅导室或心理咨询室进行经常性的、阶段性的和集中的指导。有条件的学校都应建立单独的职业辅导室或心理咨询室，因为职业指导具有个别咨询的性质，也具有一定个人隐私的性质，辅导教师应为学生保守个人隐私和不愿在公开场合讨论的问题。创造一个能轻松交流的环境，谈话的环境与氛围应是教育的一个组成部分。咨询与辅导的过程也是一个收集信息、提供信息和做出建议的过程。咨询中主要需要了解学生生理特征、学习成绩、一般智力、特殊能力倾向、兴趣和家庭环境等。

2. 职业指导的方法与手段

职业指导是一门被列入教学计划的课程，但与其他文化课程、专业课

程不同，其教学目的更重于学生思想行为的变化，教学的多样性是其重要的特点。教学方法有讲授、参观、看录像片、主题班会、角色扮演、社会调查、社会服务、收集与展览相关资料等；心理测试与咨询辅导；职业能力测试与咨询辅导；建立职业指导档案，进行职业指导工作成效地追综与评估，可参照目标管理和系统工程的方法——设置目标、工作程序设计、工作程序结构、工作程序控制、反馈系统、绩效分析；建立学生个人职业指导档案；建立地区经济和就业趋势档案（数据库）。

五、职业指导的分类

（一）职业指导的分类

职业指导涉及面广泛，可以从不同的角度进行分类。

从指导对象划分，主要可分两大类，学校职业指导和社会职业指导。学校职业指导中又可划分为小学、中学和大学的职业指导；社会职业指导中包括对个人的职业指导和对企事业等用人单位的指导。

从指导的内容划分，可分为自幼开始的职业陶冶、职业准备与择业指导、就业与转业指导和职业发展指导等。

从年龄划分，可分为对未成年人的职业指导和对成年人的职业指导，一般而言，对大学生的职业指导应属于对成年人的职业指导。

（二）各类职业指导的共性

不同类的职业指导既具有共性，也有各自不同的内容和特点。其共性表现在无论哪一类职业指导的逻辑起点都是生涯设计。

什么是生涯设计？一个人的一生是怎样度过的就是他的生涯设计。每个人都在走自己的人生之路，只不过有的人自觉，有的人不自觉或不完全自觉，而自觉和不自觉之间差别是很大的。

一个人不可能离开社会去走自己的人生之路，总要受到社会的规范和指导，职业指导是社会指导的一部分。以生涯设计理念为指导，职业指导不仅是为了帮助人们选择确定职业，更重要的是帮助人们掌握生涯设计的方法，树立正确的职业观和就业观。要从人的一生的工作着眼，帮助人们探索工作世界、认识社会，认识自我，了解各种可行性；学会如何在竞争中努力求存，掌握从事任何职业都需要的能力，如处理人际关系的能力和解决困难的能力，掌握生活技巧；帮助人们学会寻找工作的意义和从工作中得到满足，以及如何不断反省、检讨改进自己的工作，提高工作的效能等。

生涯设计还包括这样一种思想，即不是孤立地看待职业生活，而是把人生中学习、工作和康乐三者结合起来。职业指导要以终身教育思想为指导，发展性地看待职业。终身教育认为：教育过程必须持续地贯穿在人的一生之中，要从人的一生的发展来规划教育工作，为每一个人提供一系列不同种类的适合各人个性、独创性和职业的教育和训练。使对职业的指导、定向和整个教育过程和人的全部职业生涯结合起来，是当前职业指导发展的趋势。

（三）中学生职业指导的特点

中学生是一个特定的群体，因而在职业指导上也有特定的目的和要求。中学生的职业指导具有如下特点：

1. 全体、全面、全程的教育过程

从生涯设计出发，中学生职业指导是一种全程、全体、全面的教育过程，是学校教育的一个有机组成，而不仅是面对少数学生或不升学的学生，也不仅仅是学生升学或就业的指导。中学生职业指导是职业指导的起始部分，包括认识自我、认识社会、认识职业、学会发展、学会选择，在职业学校还包括学习从学校向职业社会过渡。所以，对中学生的职业指导重在教育工作、成长过程和学生的发展，要全体、全程、全面进行指导工作。这与就业后接受某种单一目的的指导，如想转业需要咨询、失业后寻求帮助或为了职业上的发展接受指导不同。中学生职业指导是学校教育工作的一个组成部分，是素质教育的重要内容。

2. 有组织有计划的教育过程

中学生职业指导由于指导的对象与社会上的不同，目的和内容不同，所以工作的方式方法也不同。学校职业指导要求有计划、有系统地进行，要列入教学计划，进行课程开发、教材建设，由专门的教师负责。学校职业指导要形成一门课程，通过课程开发与设计，采取各种不同的教学形式进行，使职业指导更为科学、有效。学校教育是教育群体对学生的全面教育，因此，学校的职业指导不是孤立的工作，也不仅仅是职业指导教师的责任，而是学校全部教育过程中的一个有机组成部分，要形成一个职业指导的系统，学校的群体共同参与指导。启发、渗透、渐进、养成是其特点。

3. 指导和辅导的过程

职业指导是对学生的辅导、给予咨询和帮助而不是代替学生下决心、做决定。在职业指导过程中学生是主体，教师的主导作用只在于从思想上进行教育，从升学、就业的方向上给予咨询与建议，从升学、求职的具体工作程序上给予指导。至于具体解决学生的就业问题，只能是职业指导工作在可能做到的条件下，一种有益的延伸，而不是职业指导的必定工作。中学职业指导要考虑学生的年龄特征，从连续性的教育出发，要建立学生的个人档案；同时，由于中学生仍是未成年人，要与家长工作相结合，这也是与社会职业指导相异之处。

（四）社会职业指导的特点

社会职业指导面对的是成年人，成年人最主要的标志就是"独立性"。当个人成熟起来时，他的自我概念从依赖型变为自我指导型，具有自我指导的人格特征，趋于成熟的社会道德意识和主观能动的自我调控能力。成年人不像儿童或少年需要依赖他人才能生活，他本人承担了安排生活的责任，独立做出决定的责任；同时，要承担成年人必须履行的社会职责。成年人具有丰富的生活经验和不同的工作经验，有的有技术、有专长，形成他们各自不同的个性和生活方式，成人之间的个性差异比儿童要大得多。因此，对成人指导要注意以下特点。

1. 咨询性

对于成年人，一般说可以改变他的观念，但不能改变他的个性；成年人一般具有比较丰富的人生经历，他也十分珍惜这些经验。要尊重他的独立意志、就业意愿；倾听他的意见，理解和体谅他的困难；采取相互切磋的方式，帮助他解决问题。

2. 针对性

社会上成年人寻求职业指导都会具有明确的近期目的。与学校职业指导具有较长期的教育目标不同，社会职业指导要针对其当前的需要，如就业、转业、职业发展等，并根据其自身的情况，如在职还是失业、有无专长，是否需要培训或再培训等，有针对性地进行指导。要特别关注和做好社会弱势群体的职业指导工作，一般而言，社会的强势群体，不大会求助于职业指导。但不同的弱势群体有不同的情况，如农村向城市转移的人口、文化水平低缺乏技术者、年龄偏大就业困难者、残疾或家庭有困难者、刑满释放人员等。要针对他们的特点有区别地进行工作。

3. 实效性

成年人要独立生活，有的要养家糊口，就业意愿强烈。职业问题对他们是现实的需要，而不像在校生那样是一种未来的期望。要着重帮助他们解决实际问题，提供有效信息，做好求职者和用人单位双方的工作，提高就业成功率。对有条件者指导他们创业，以减轻社会就业压力，提高其生活质量。

六、职业指导的内容

《孙子兵法》说：知己知彼，百战不殆。对中学生职业指导的主要内容就是帮助他们了解社会、了解自己，学会选择、求职与就业。如帮助学生了解社会职业的基本结构，了解现代职业对从职从业人员基本能力的要求，了解职业的适应与发展。了解什么是职业资格、职业能力，什么是职业素质。帮助学生了解个人在能力、兴趣以及个人需要和价值观念上的差异，评价个人的生理和心理特征，判断何种职业适合自己。为他们介绍可能的职业选择范围，以及获得职业的途径。介绍详细的教育机会和职业信息资源，当地的就业结构，各种职业的异同。使学生把对自己的了解与职业信息结合起来考虑。引导学生评论性地评价和分析职业信息，意识到职业选择的重要性以及产生的后果，帮助他们利用职业指导服务，作为学会决策的媒介，等等。如英国普通中学的职业指导包括发展自我意识，增进职业机会意识，发展决策技能，学会从学校到社会的转变等。

（一）了解社会、认识职业

1. 树立正确的劳动观、职业观、人才观、价值观

认识职业最重要的是具有正确的职业观。职业观是指人们对职业的基本认识，在不同的历史时期、不同的社会制度中，职业观会有所不同。远古人对待分工，大抵没有什么高低贵贱之分，也没有固定不移的观念，只存在着按性别、年龄的不稳定的分工。随着体脑的大分工和阶级的产生，我国古代形成了严格的等级社会。统治者要与被统治者建立严格的区别和界限，并使之固定下来、神圣化，因而产生了"君子"与"小人"之分，君子劳力，小人劳心，"劳心者治人，劳力者治于人"。体脑的分工和职业的固定对生产力的发展起着巨大的推进作用，同时对职业的观念也就有了有高低贵贱之分，"学而优则仕"，从事脑力劳动、读书做官是最好的职业出路，而且职业要世代相传，不迁其业，是最高的职业准则。《左传·襄公九年》记："其卿证于善，其大夫不失守，其士竞子教，其庶人力于农稼，商、工、皂、隶不知迁业。"《唐六典》载："工巧作业之子弟，一入工匠后，不得别入诸色。"这种古老的陈旧观念，在我国社会至今仍有相当大的影响。资本主义的商品经济，打破了这种人身依附的等级关系，马克思和恩格斯在《共产党宣言》中写道："资产阶级抹去一切向来受人尊敬的和令人敬畏的职业的灵光。它把医生、律师、教士、诗人和学者变成了他出钱招雇的雇佣劳动者。"人与人之间的关系变成赤裸裸的金钱关系，商品交换关系。马克思和恩格斯又说："资产阶级除非使生产工具，从而使生产关系，从而使社会全部关系不断地革命化，否则就不能生存下去。""生产的不断变革，一切社会关系不断的动荡，永远的不安定和变动，这就是资产阶级时代不同于过去一切时代的地方。"这样就在职业中产生了尊重"个性"的问题和职业的流动问题，认为职业是可依人的个性而自由选择的生活方式或谋生方式，劳动力成为一种特殊的商品。在社会主义制

度下，我们的奋斗目标是为了摆脱贫困、摆脱落后，实现共同富裕，因此，我们对于劳动、职业、人才应有如下认识：

（1）正确认识职业的本质

职业是社会分工，只有职责的不同，没有贵贱之分。无论从事任何职业都是社会的平等成员，如李素丽、徐虎、张秉贵等先进人物，表明只要诚实劳动，都会受到社会的尊重。由于社会分工和分工中职责的不同，职业有层次之分，有复杂劳动和简单劳动之分，但就个人的发展和成就而言不存在高下之分，仅是发展方向的不同。如牙科医生和制作义齿的牙科技师，他们之间在个人的发展上有方向的不同，而不存在高下之分。因此，三百六十行行行出状元。事业有成与否不在于从事哪种职业，而在于是否去争取成功。

（2）正确认识职业的社会意义

职业是以承担社会劳动中某一种社会职责为主要内容的，职业给予你生存于社会的权力，即与他人交换劳动产品的可能，你也必须对社会尽义务，为他人服务，尽职尽责。社会主义的生产目的，就是为了满足广大人民群众日益增长的物质和精神文化的需求。全心全意为人民服务是我们最高的职业准则。

（3）正确认识职业与个人的关系

职业是个人谋生的手段，职业也是服务社会使个人得到发展、得到精神及各方面满足的条件。所以，仅从职业所能得到的物质利益考虑，不是一个有独立人格的人对待职业和人生价值的态度。职业观与人的世界观、人生观分不开，是建立在人生观和世界观的基础之上的。

职业的三要素——为己谋生、为社会服务、为个性发展，三者缺一不可。

2. 职业分类与职业资格

（1）职业的特征

职业是以劳动为基础的。劳动包括体力劳动和脑力劳动，不劳而获的不正当活动如赌博、算命等也有人以此为生，但不能称之为职业，在职业分类中没有它们的位置。

职业是要有经济收入的劳动，对社会和个人而言都具有相对的稳定性，是个人主要的生活来源。流动人口今天打工，明天卖货，后天可能又无事可做，无稳定收入，往往被称之为无业。

职业是在分工中具有专门职能的工作，各种职业都有其特定的规范与技术要求，即必须具备职业资格。所以职业又往往被作为精通某种业务的代称，如职业外交家、职业军人等。

（2）职业分类

职业分类是运用一定的科学手段，通过对全社会就业人员所从事的各类职业进行分析和研究，按不同职业的性质和活动方式、技术要求及管理范围进行系统划分和归类的一项工作。或指以就业人员所从事的工作的同一性为依据，对不同职业进行科学的类别划分。其目的在于为劳动力社会化管理提供依据；为国民经济信息统计和人口普查、就业人口统计提供服务；为职业教育与培训和就业服务。职业分类中学生需要了解的主要概念有：

①产业：指国民经济中的生产部类，按其形成的先后，归为三大产业，即：第一产业有农、林、牧、渔业；第二产业有工业、建筑业；第三产业有交通、邮电、通信、商业、文教、体育、卫生、饮食、服务、金融、保险、物质供销和仓储等。

②行业：指根据使用原料、生产的产品、提供的服务相同或相近的职业分类；或依据所从事的生产或其他社会经济活动的性质的同一性进行的分类。大行业划分有工业、农业、商业、运输业、服务业等，大的行业中还可以包括许多行业，如工业有纺织、冶金、建材、制造等，纺织行业中又有棉纺、毛纺、针织等。

③工种：工种是根据劳动管理的需要，按照生产劳动的性质和工艺技术的特点而划分的工作种类，如安装工、锻工、钳工、车工等。

④岗位：根据工作的性质所确定的职责范围，和为完成职责所应具备的劳动环境、劳动条件。每种职业都有特定的岗位，离开岗位即无法履行

职责，所以，我们将失业也称之为"下岗"。

这里需要注意的是学校中的专业划分不是职业分类。选择专业与选择职业相关，但不是绝对的对应关系。专业是教育主管部门或学校以职业岗位中具有相关性的职业群（岗位群）为基础，按照教育的规律如教育的层次（高中初）、人才的类型（学术型、工程型、技术型、技艺型等）划分而制定的学校教学的学业门类。因此，专业比职业的数量要少得多，应使学生了解所谓的就业中的专业对口，实际上仅是相对的，选择宽口径专业与选择窄口径专业各有长短。

（3）职业资格

马克思在《德意志意识形态》中说："历史不外是各个世代的依次交替。每一代都利用以前各代遗留下来的材料、资金和生产力；由于这个缘故，每一代一方面在完全改变了的条件下继续从事先辈的活动，另一方面又通过完全改变了的活动来改变旧的条件。"① 也就是说，人类的社会生产和社会生活不是简单的重复，而是在世代的传递过程中，每一代都将自己在实践中获得的新知识、新技能收集、整理加入到传递的内容中去，使文化不断富集，构成社会的进步与发展。所以，在一定的社会中，每一个从职从业者，都必须达到一定社会的职业道德水准和劳动熟练程度，才能使自己的劳动为社会所认可，成为社会所需要的有效劳动，亦即必须具备一定的职业资格。社会对职业资格的要求与认定，从古至今都存在着，最初是自发的，随着社会的发展越来越趋于自觉。我国古代的行会已对从事本行业的人有许多严格的规定，达不到要求的不被承认是这一行中的人。在当代对职业资格的认定已经成为政府行为，是劳动和人事管理的一部分。职业资格是经政府有关部门、劳动部门或行业认定的，从事某种职业所必需具备的基本条件。

加拿大《职业分类辞典》中就包括按照职业分类体系说明每一种职业的合格条件。例如对渔轮船长的职业资格规定如下：学习能力——能够学习

① 马克思，恩格斯．马克思恩格斯选集：第一卷［M］．北京：人民出版社，1976：51.

有关船舶驾驶、渔场、船舶性能的知识，能掌握使用导航雷达、渔用声呐等电子技术，并能应用这些技术协调渔轮船员的活动；语言表达能力——能够有效地进行无线电联络和指挥船员；数学计算能力——能够运用数字计算解决航海问题，计算员工工资以及处理船舶的经营业务；空间感——能观察本船与他船的相对位置和相对运动，能防止航海事故的发生，特别是在雾天或其他恶劣天气条件下；形体感——能分辨出导航仪器显示屏幕上和海图上的各种细节，当检查渔轮装备和渔具时，能判断出它们的状态。眼、手、手指能协调配合，能操纵航海仪器并标航迹于海图上；手指灵活——能迅速调节旋钮，操纵仪器以便能记录下助渔导航仪器显示的数据，决定船只方位；体力好，敏捷灵活、能耐受持续作业；当驾驶船只，标绘航迹或当指挥甲板人员或操舵室工作时，能在纵横摇摆的甲板上保持平衡，能够举起、搬运、检查可重达 75 磅的渔具；极好的听力，能听清钟声和雾号等航海报警信号；目力敏锐，能清楚观察远近物体，有良好的辨色能力；室外工作能力，能适应在阴雨天和潮湿的环境中工作；适应工作的能力——能适应发自主机、海浪和风的连续不断的噪声，能适应在有绳索、缆、绞机等机械危险的环境中工作。对总吨位为一百吨或一百吨以上的渔轮船长的培训要求和录用条件是：受过十一至十二年的普通教育；具有十二个月的海上实践，年龄至少满二十一周岁；通过交通部考试，持有渔轮船长证书。对总吨在一百吨以下的渔轮船长和大副的要求是：对最低限度的普通教育未做规定，但需具有在经验丰富的渔民指导下进行若干年海上实践的经历。

可见职业资格是一种综合的职业能力，包括思想品德、职业道德，职业的知识、技术、技能和综合能力，从事某种职业所必需的个人素质和实践经验等。

应该明确的几个概念是：①"学历"是代表一个人曾经接受正规教育的程度，是教育水平的衡量尺度，是职业资格的一个重要组成部分，但不等于职业资格。②"职称"是所从事的职务的称谓，如教授、副教授、讲师、助教，不从事这个职业就不具有这个称谓，与任职资格相关但不是专业资格的证明。③"职业资格证书"是衡量职业资格的文件。在从职从业中职业资格证书的地位将越来越重要。了解职业资格的目的是：可以帮助人们做出正确的职业抉择，了解哪些职业是自己所爱好的，并且是可以从事的，哪些职业是自己所不能从事的；了解获得某种职业所需的条件，以便确定为获得此职业所采取的途径；可以自我规划，扬长补短，向着自己选择的职业目标努力，培养自己、做好准备。

3. 职业资格证书制度

（1）职业资格证书

职业资格证书是经政府有关部门、劳动部门或行业部门认定颁发的，证明其从业资格的文件，也是经过规范的考核对社会劳动力供给者拥有的劳动力产权和质量的认定。

1994 年，劳动人事部颁发的《职业资格证书规定》提出："职业资格包括从业资格和执业资格。从业资格是指从事某一专业（工种）学识、技能和能力的起点标准。执业资格是指政府对某些责任较大，社会通用性强，关系公共利益的专业（工种）实行准入控制，是依法独立开业或从事某一特定专业（工种）学识、技能和能力的必备标准。"职业资格证书制度的基本内容是：按照国家制定的职业技能标准或任职资格条件，通过政府认定的考核鉴定机构，对劳动者的技能水平或职业资格进行客观公正、科学规范的评价和鉴定，对合格者授予相应的国家资格证书。如会计岗位证书是从业资格证书，注册会计师证书就是执业资格证书。按国家的劳动准入制度，职业资格证书是求职的先决条件。执业资格证书是从事相关职业（如开业律师、注册建筑师、注册资产评估师、结构工程师等）的必备条件。

"技术等级证书"是认定某一单项技能的证书，有的技术等级证可以视为等同职业资格证书，如厨师、钳工等，有的不能视为职业资格证书，如计算机等级证书、外语水平测试证书等，后者是职业资格的一个组成部分。

（2）实行职业资格证书制度的重要意义

国家之所以要建立职业资格证书制度，是因为这是国家劳动管理的一个重要组成部分，也是个人就业的保障，是保持先进生产力和社会生存与发展的需要，是人民群众生存和发展的需要。

第一，有了健全的职业资格审定制度，才能使全国人民建立起正确的职业观，了解本职工作应负的社会职责和对自己思想品德、职业道德、专业知识技能的要求，形成一个全民对劳动质量重要性的认识，全民劳动素质的提高才能有可靠的保证。

第二，对各种职业有了明确的任职条件，人们就可以根据自己的个性、爱好、特长、条件选择职业，用人单位也有切实的标准录用人才，使人得事，使事得人，能够最大限度地开发人力资源。只有在劳动力的所有权和水准明晰的情况下，劳动力市场的交换行为才能有效进行。

第三，只有使合格的人才进入工作岗位，才能保证社会生产和各项工作在应有的水平上进行，充分发挥科学技术和设备的效益，提高劳动生产率和工作效率，避免生产事故。

第四，对从职从业者的资格有了明确的规定，就为职业教育与培训提供了依据，使职业教育与培训规范化，同时，必将大大推动教育和职业教育的发展，从而推动经济与社会的发展。

第五，有利于储备技能。了解职业资格及职业资格证书，可以有计划地去获取各种所需的证书，在就业竞争中占据优势。如从事秘书工作，外语水平测试和计算机文字录入员等级证书是必不可少的，如果再有驾驶证就更具优势。多一个证书等于多一个就业的门路。

第六，有利于人才流动和国际交流。随着我国加入世界贸易组织，人力资源要素也在走向全球化，许多职业的就业标准开始国际化，一些国外的培训机构进入我国。如美国微软认证（MCPS、MCTBA、MCSD、MCSE）、CGA 加拿大注册会计师认证、ACCA 英国特许公认会计师认证、SOA 北美精算师认证、PMP 项目管理专业资格认证、HIAA 医疗保险资格认证、WBSA 商务策划师认证以及 ECC 企业家创业职业资格证书、IBL 国际商务职业资格证书、MSSC 营销战略职业资格证书、SEBP 电子商务职业资格证书等，我国的一些证书也将寻求与国际接轨，取得国际上的认可。国际的职业证书认证，对于劳动就业和劳务输出起着积极的推动作用。

（二）认识自我

开展职业指导的一个理论前提是：承认各种不同的职业岗位需要不同的知识技能，因而，也就需要具有不同的生理和心理特性的人；同时，承认人的这种心理特点是可以用一定的方法来了解和加以测定的。如果能使适当的人，担任适合的工作，就能充分发挥其能力和积极性，提高工作效率，获得好的职业生活质量；反之，则有可能产生消极的效果。但是，人的生理和心理的条件除某种不可逆转的之外，也不是一成不变的，是可以通过教育、训练、修养得到加强、发展、弥补或迁移的，具有相当大的可塑性。通过职业指导使学生了解兴趣、性格、能力、个性与职业的关系，了解自己的个性特点，可以帮助学生有根据地选择职业，有目的地培养自己，向自己理想的目标前进。

1. 兴趣与职业

（1）兴趣与职业的关系

①兴趣是力求认识、探究某种事物的心理倾向，由获得这方面的知识在情绪体验上得到满足而产生，在选择和从事职业上有重要的意义。通过测试研究可以识别：个人对事物的爱好和厌恶，代表其对事物的兴趣。

②相同职业或工作有成就者，其兴趣多半大同小异。

③职业上有成就的两个群体，应有可识别的、不同的兴趣类型。

④学生在学习期间所表现的兴趣类型，常表现为以后的职业兴趣。

（2）兴趣与志趣

兴趣与需要相联系。好奇是有大脑的动物都具有的天性，这是一种出自生存的本能，要了解环境、探究自己不熟悉的东西，或对自己（满足某种需要）有吸引力的东西。人们开始是对某些事物感到好奇、有趣，通过探究，加深了认识，产生了参与意识，兴趣趋向稳定和专一，就成为爱好。这种爱好与将来的人生计划、职业结合起来，就成为志趣。所以，兴趣对职业有着重要的意义，兴趣是认识事物的起点，是推动行动的动力。

有了兴趣才会努力地、孜孜不倦地去追求，充分发挥出自己的才能，学习与工作才能成为乐趣。所以，兴趣是择业的一个重要参照值。

稳定的兴趣是后天形成的，在实践活动中，社会的需要与个人的需要相融，形成了一种具有个人倾向性的兴趣，这种具有稳定性和个人倾向性的兴趣对职业的选择和职业的成就更具有意义。

（3）职业兴趣的分类

①户外型。大多数时间愿意在户外度过，喜欢与大自然打交道。适宜从事地质、地理、农林、海洋等方面的工作，或登山运动员等。

②机械型。喜欢工具、机器、机械之类，而不愿意从事与人打交道的职业，相应的职业有机械师、驾驶员、车工、钳工、装配工等。

③计算型。喜欢与数字计算和文字符号有关的活动，以及规律性强的工作，如会计、统计、图书管理、档案管理等。

④科研型。喜欢发现新的现象和解决问题，从事分析和推理或长于理论分析。愿意从事科学研究、工程设计、刑侦、医生等工作。

⑤说服型。善于与人交往、协调人际关系、组织管理、推销、宣传鼓动，相应的职业有教师、管理人员、记者、销售员、推销员等。

⑥艺术型。具有创造性的艺术兴趣，喜爱色彩、布局。适宜绘画、雕塑、建筑设计、装饰装修设计、服装设计等职业。

⑦文学型。喜欢阅读和写作，具有丰富的想象力。适于作家、演员、编辑等工作。

⑧音乐型。喜爱音乐、唱歌、乐器演奏、戏曲等。相应的职业有音乐家、歌唱家、作曲、演奏、舞蹈演员、音乐戏曲评论等工作。

⑨服务型。对社会福利、帮助人们解决问题、解除痛苦的活动有兴趣。相关的职业有医生、护士、社会福利工作、社会救济工作，航空、列车、宾馆等方面服务员等。

⑩文秘型。喜欢准确、有规律能发挥主动性的办公室式的工作。如秘书、保管、交通管理、列车调度等。

以上分类并不一定准确，每一个人的兴趣也不是完全单一、不变的。

指导学生了解兴趣分类的目的是帮助学生了解兴趣对职业的重要性，了解自己的兴趣倾向，作为个人升学与择业的参考，指导学生培养良好的兴趣品质。

（4）培养良好的兴趣品质

兴趣对职业有着重要的关系，但要发挥兴趣的效能和这种效能的水平，则与这种兴趣是积极的还是消极的相关。良好的兴趣品质表现在以下几个方面：

①要有积极的兴趣。一个人如果对生活淡漠，对什么都不感兴趣，是一种较严重的心理障碍，需要进行心理治疗。不过这种现象在青少年中较为少见。如果对什么事物虽然有兴趣，但仅是静观，不能成为一种实际活动的动力，产生实际效果，这种兴趣也不是积极的兴趣。积极的兴趣是一种有效的兴趣，它不停留在静观阶段，而是为获得兴趣对象而积极活动，成为一种追求的动力。

②要有广泛的兴趣。一个人兴趣狭窄，则生活单调，其职业的选择就会很有限，知识和技能的迁移性小，职业的适应性差。这和对现代的从职从业者的要求是相悖的。所以，要培养具有广泛兴趣的良好品质，能够注意多方面的新问题，获得较广泛的知识。

③要形成中心兴趣。具有广泛的兴趣还需要在诸多兴趣中有一个中心的、主要的和核心的兴趣，这种兴趣对职业的选择、专门人才的培养和事业的成就都有重要意义。如果有多方面的求知欲，但形不成中心，只能什么都喜好，什么都难以有成。如果只有中心兴趣，其他都不感兴趣，则会知识、能力欠缺，也得不到全面发展。能将某种中心兴趣和广泛兴趣有机结合起来，才是一种良好的兴趣品质。

④要有相对稳定的兴趣。兴趣是在社会实践中形成的，也会随着社会活动而变化、改变。兴趣能够持续的时间，对职业也是很重要的。如果对什么的兴趣持续时间都很短，朝秦暮楚，经常见异思迁，对什么都没有恒心，那么在选择职业上就会犹豫不定，见异思迁，事业上也难取得成就。兴趣的稳定性与一个人的理想、信念、价值观等有直接的关系。但兴趣的

稳定也是相对而言的，兴趣是可以培养的，如果不能改变与迁移，会降低各种职业能力的获得和职业的适应性。

⑤要培养间接兴趣。由事物的表象引起的兴趣是直接兴趣，由对事物的理解、认识而产生的兴趣是间接兴趣。如由白衣天使的形象引起对医生的兴趣是直接兴趣，进而认识医生的社会职责，救死扶伤的意义，引起研究医学、锲而不舍的兴趣，就是间接兴趣。我们要培养的是心理上成熟的相对稳定的间接兴趣。

2. 个性与职业

人是有多方面的心理特征的。个性亦可称为人格，是指一个人的整体精神面貌，即具有一定倾向性的心理特征的总和。人的个性结构是多层面的由复杂的心理特征的独特结合而构成的整体。这些结构有：完成某种活动的潜在可能性的特征，即能力；心理活动的动力特征，即气质；完成活动任务的态度和行为方式等方面的特征，即性格；活动倾向方面的特征，如动机、兴趣、理想、信念等。这些特征不是孤立存在的，是错综复杂交互联系、有机结合成为一个整体，对人的行为进行调节和控制的。个性不是天赋的，个性是在先天生理的基础上，在后天环境和教育下形成的，受一定社会历史条件和所处的社会地位所制约，它具有民族的、阶级的、团体的共性，又由于每个人的天赋处境不同，又具有区别于他人的独特性。人的个性一经形成，就具有稳定性的特点。当然个性也不是完全不可变化的，受人生观和世界观的支配，在多样和多变的现实中，人的个性也会或多或少地变化着。

（1）气质

气质是对表现在一类人身上共有的或相似的心理特性的典型结合，分为四类：多血质、胆汁质、黏液质和抑郁质。它们之间的比较是：

	多血质	胆汁质	黏液质	抑郁质
感受性	低	低	低	高
耐受性	较高	较高	较高	低

	多血质	胆汁质	黏液质	抑郁质
速度与灵活	快、灵活	快、不灵活	慢、不灵活	慢、不灵活
可塑与稳定性	有可塑性	可塑性小	稳定	刻板
不随意反应性	强	强	弱	弱
内向与外向	外向	外向	内向	内向
情绪兴奋性	高	高	低	体验深
情绪与行为特征	愉快机敏不稳定	容易激怒	冷漠	悲观

（2）性格

性格是人对现实的态度和行为方式中的比较稳定的、具有核心意义的心理特征。

①从认知活动的特点与风格考查是性格的理智特征。主要表现在：

感知方面	思维方面	想象方面
被动感知型与主动观察型	独立思考与搬用现成答案	主动想象与被动想象
详细分析型与综合概括型	偏好分析与偏好综合	狭窄想象与广阔想象
快速感知型与精确型	富于创造与思想保守	创造想象与再造想象
描述型与解释型	辩证全面与主观片面	现实与幻想空想

②性格的情绪特征。表现在强度：情绪对人的行为活动的感染程度、支配程度及受意志的支配程度；稳定性、持久性；特久、波动、忽冷忽热。主导心境方面：乐观、多愁善感。

③性格的意志特征。即自觉调节自己行为方式和水平上表现出来的心理特征：对行为目的的明确程度；对行为自觉控制水平；在紧急和困难情况下表现出来的特征；在执行贯彻决定方面表现出来的特征，如严肃、轻率、马虎等。

④性格的类型。从性格类型来研究职业与的性格关系，可以将性格分为三类，即内向型、外向型和中间型。内向型的人倾向安全、规律、计

划、缜密、求稳妥、守信誉，专心致志、持之以恒是其长处，但往往犹豫不决，处理人际关系不如外向型爽快，易于接近。适合内向型性格人的职业有自然科学家、技术人员、艺术家、会计师、程序设计人员等。外向型的人倾向活动、灵活、开放、现实、适应、开朗，但有时做事马虎、松散，有始无终，容易急躁，适合的职业有管理人员、律师、教师、推销员、警察、记者等。

需要注意的是，虽然对性格有各种划分，事实上具有某种单一性格的人很少，绝大多数人兼有各种特征，只不过其主导倾向不同而已。性格与职业的适应具有较大的相关性，了解自己的性格特征，有助于对职业的选择，培养良好性格，克服如自卑、傲慢、猜疑、忌妒等不良性格。

3. 能力与职业

（1）能力的含义

能力有两种含义，一是指人们成功地完成某种活动的必需的个性心理特征，二是指具备胜任某种工作或某种职业岗位（职业群）的能力。一般能力是生活、学习和工作的基本条件。

（2）能力的类型

人的能力具有差别性和倾向性，存在着个别差异。不仅在一般能力上存在着个别差异（能力倾向、性向），而且存在着特殊能力的差异（特殊性向）。能力的特殊性向是指完成某一方面特殊活动所必需的特殊潜力，如音乐工作者的乐感、节奏感。这种特殊性向（能力倾向）得到发展就可以形成特长。特长对职业有着重要的意义。

心理学上根据能力倾向对能力划分的类型有操作型、研究型、艺术型、社会型、管理型、常规型。在心理学上有能力倾向测验，分特殊能力倾向测验和成套能力倾向测验两种。主要测验：①个人的具体能力，如视觉的敏锐、手的灵巧等；②被试者是否有接受某种专业训练的能力；③学术专业上取得成功的基本能力，如语言能力、推理能力等。

（3）发展能力、挖掘潜能、培养特长

使学生了解能力形成的要素：遗传、环境与教育和个人的主观努力。

在这三方面中除不可逆转的生理和心理因素外，教育和个人的努力起着重要的、在某种程度上是起着决定性的作用。使学生了解什么是一般能力、职业能力和特殊才能，了解自己的能力倾向，知道培养和发展自己的特长，对职业具有重要意义。认识和挖掘自己的潜能，了解现代职业对能力的要求，多方面发展自己的能力，以适应未来职业的需要。

（三）树立职业理想，确定职业目标

1. 职业理想、职业目标

（1）树立职业理想

理想也可称为志向，是一个人人生的奋斗目标，是对未来的向往与追求；职业理想是个人对未来职业的向往和追求。职业学校的学生，在入学时，已经有了对职业定向的选择，但由于入学动机的多样，如追求热门专业、家长的安排、从众随大流、没考取普通高中找个学校读书就行、想尽快就业等，不等于入了职业学校所有的学生都有了明确的职业理想。职业指导要帮助学生在入学时，尽快认识专业、熟悉专业，挖掘每一种职业内在的魅力，激发学生热爱所学的专业、欣赏自己将要从事的职业，从而执着地追求职业上的成功，树立职业理想。以职业理想激发学生自我成长的积极性，确定人生发展的目标，增强人生前进的动力，激励人生价值的实现，解决学习的目的性和自觉性问题。

（2）确定职业目标

职业理想是人生的奋斗目标，职业目标则是更具体、更现实的职业目的。

在职业学校中，所学专业可以是职业目标，也可以是一个职业的方向。学生可以有多种职业目标的选择，如在实行学分制教学的职业学校中，学生可以选择不同的选修课，满足个性发展的要求，在实行宽基础教学的职业学校中学生在第二学年要选择更具体的专业方向，有的学校可以选修第二专业。在不同出口的职业学校中，学生可以选择不同的出口，如进一步升学或立即就业，获得学历或只获取职业资格证书，等等。职业指导要为学生提供各方面的信息，帮助学生根据当时、当地的社会经济和就业情况，职业需求状况，学生自身的愿望和实际条件，做出合乎实际的选择。

职业指导还需要帮助学生了解实现职业理想和职业目标的途径，如一贯式学习还是工读交替，有的学校特别在农村可以半工半读等。了解如何制定实现职业理想的计划（生涯设计）——确定职业目标，分析自身条件，规划发展阶段，制定实现措施；怎样积极储备知识、培养良好的思想品质和职业道德品质，掌握职业技能，提高职业的综合素质；在一时不能按照自己的愿望实现职业目标时，如何调整心态，适时、适当调整职业发展方向等。

2. 指导升学与就业

（1）信息的收集利用

要做出升学或就业的决定，信息是十分重要的，要指导学生学会收集与利用信息的能力：

①如何快速、准确地收集所需信息，了解信息的来源、收集方式、对信息进行筛选与评价。

②如何比较、确定升学或就业目标（学校、求职岗位、创业目标），因为无论是升学考试或谋取职业，都必然存在不确定的因素，所以，至少要有两个以上的方案。

③如何在几个方案中比较与优选。了解什么是确定型决策、非确定型决策和风险决策。

④如何实施方案和修订方案。

（2）就业指导

①了解求职途径。如由学校就业指导机构推荐、自己到劳务市场求职、到企事业单位应聘或自荐、报考国家公务员、自愿组织起来就业、个人自我创业等。

②了解就业政策。包括劳动法规、合同法规，营业法规、双向选择等，做到依法就业。

③了解求职程序。包括资料的准备（如求职信、简历、证书、证件

等），面试的准备与技巧，考试、考核的准备与应考技巧，签约的知识，上岗前的准备等。

（四）创业指导

1. 创业指导（创业教育）的重要性

"创业"这个概念包括多种含义，可以是指开创一种前所未有的事业、工作领域，或在工作中做出前人所未有的业绩；也可以是指在事业或职业成长中的某一阶段，如创业阶段、立业阶段，职业指导包括对这方面的指导。但目前我国在职业教育中专门提出的"创业教育"中所谓的"创业"，则有一个特定的含义，即专指自己创造就业机会、自营职业、自主经营。也可以认为是一种"非工资就业"，即依靠个人劳动、经营、创作，服务获得职业收入，而不是依靠哪一个"单位"发工资，属于既不是国家公务员，也不是雇员、"打工仔"的个体劳动者、独立经营者和自由职业者。这里所讲的创业指导是指对后者所说的创业的指导。进行创业指导在我国当今社会具有重要意义。

（1）非工资就业存在是社会经济不可缺少的组成部分

改革开放以来，特别是社会主义市场经济的建立与发展，对私有经济的承认，非工资就业在国民经济中的巨大活力日益显著。江泽民在党的十五大报告中说："非公有制经济是我国市场经济的重要组成部分，对个体、私营等非公有制经济要继续鼓动、引导使之健康发展，这对满足人们多样化的需要，增加就业，促进国民经济的发展有重要作用。"在市场经济的国家中，中小企业所占的比例是很大的。据经济合作组织提供的材料，中小企业占美国私人企业的50%，占欧盟的65%，占拉丁美洲加工业的90%。何况我们这样一个经济不够发达，人口众多，发展又很不平衡的大国，自营职业、自主经营，在社会经济中的地位更为重要。

（2）非工资就业是大规模就业的一种形式

非工资就业范围十分宽广，从开业律师到街头烤白薯小贩，从自由撰稿人到私营企业主，不仅在工商业、服务业，我国从事土地承包的农民也在其列。因此，非工资就业是社会大规模就业的一种主要形式，具有巨大的就业市场。

（3）非工资就业是社会劳动力的蓄水池

自营职业，自主经营，在调节社会劳动力的供求关系，缓解失业方面有着重要的作用。当企事业需求人才量大时，一部分人会向常规部门谋求职业，当这些部门用人减少时，一部分人就会转向自营职业。这种人才的流动，可以减轻社会的失业压力，改善群众的生活处境。同时，为了谋求更多的收入，个人还可以在正式工作之外，从事某些个人的经营。所以，在一定意义上来说，自营职业的能力是一个人职业能力的重要组成部分，也是个人就业的一种较为可靠的保障。

（4）自营职业也是社会经济的一个新的增长点

自营职业不仅可以解决个人的就业问题，往往还可以为别人创造就业机会。有的自营职业者，补社会所缺，或别出心裁创造出新的职业，成为社会经济的新的增长点。

（5）自营职业可以充分发挥个人的特长、爱好，使职业充满乐趣

自营职业、自主经营往往能够更好地发挥个人的特长、积极性和创造性，满足个人的兴趣和爱好。法国一家周刊《星期四事件》的一篇文章说："如今，越来越多的人开始自谋生路；爱狗的人养狗；喜欢喝啤酒的人开一个小酒吧；喜欢读书的人当了校对。"我国现在也有一批从个人的实际或爱好、特长出发而自营职业的群体。

2. 创业指导的内容

创业教育是职业学校教育、教学的一部分，创业所需要的职业能力是通过学校的全部工作培养的，有的学校还专门开设了创业教育的课程，如青岛市职业学校开设了"小企业创业指南"课等。创业指导主要是配合学校的创业教育，进行相应的指导，其主要内容有以下几方面：

（1）转变就业观念，树立创业的意识和意志

学生和家长在就业心理上希望能有个"单位"录用，最好是国家机关、企事业单位，对于通过职业教育，开发职业能力，以自身获得的职业能力为基础，自谋生路，创造工作岗位，开拓新的就业门路，心存疑虑、

有畏难情绪。近年来由于农村就业的特点，创业教育在农村开展较好，培养了一批创业有成的学生，城市职业学校则开展得还不够。因此，职业指导要帮助学生认识非工资就业的意义、前景和广阔天地，转变就业观念，树立创业意识。培养敢于自立、勇于创新的精神；树立以创业为荣的思想和创业的志向。同时，还要锻炼艰苦奋斗、勤俭节约、知难而进、自强不息的创业精神；具有风险意识，培养创业的意志。

（2）选择创业目标，了解创业的途径和方法

职业指导要为学生提供相关专业的创业信息，帮助学生根据社会需要和个人的条件去选择适合的创业目标或方向，了解哪些是可以从事的职业，哪些行业和商品不准个人经营，如 1997 年，国家工商总局会同有关部门根据已有法律决定共有 13 类行业和商品不准个人经营。①金融业：包括建立银行、信托投资公司、保险公司、经营存款、贷款、个人储蓄、信托、保险等业务；②军工业；③化学危险品业；④贵重、稀缺和特优矿开除；⑤黄金业：包括开采、选冶、加工、收购、销售等；⑥污染严重生产项目；⑦淘汰产品；⑧特殊管理的药品：包括精神药品、毒性药品、放射性药品和麻醉品等；⑨民用爆炸物品（经公安部门同意设点零售的烟花爆竹除外）；⑩仿真手枪式电击枪、猎枪等；⑪国家烟草专卖局规定的卷烟烟草制品（但经批准零售卷烟、雪茄者除外）；⑫迷信用品（未加工成迷信用品的土纸和有关部门同意生产的宗教活动需用的产品除外）；⑬进口服装等。

使学生了解要从事个体经营一般的途径和方法，如申请程序、取得营业执照或执业资格的条件和手续、贷款方式、税务登记、卫生许可证的办理等。

（3）进行法制教育、环境保护与生态教育，了解相关法律知识，指导学生遵纪守法、文明经营。